木齋集

이 책은 2013~2016년도 정부(교육부)의 재원으로 한국고전번역원의 지원을 받아 수행된 '권역별거점연구소협동번역사업'의 결과물임.

This work was supported by Institute for the Translation of Korean Classics-Grant funded by the Korean Government.

韓國古典飜譯院 韓國文集校勘標點叢書／慶北大學校 嶺南文化研究院

木齋集

洪汝河 著

宋熹準
金崇浩 校點

本文

1. 이 책은 洪汝河의 文集인《木齋集》을 標點·校勘한 것이다.
2. 이 책의 底本은 韓國文集叢刊 제124輯에 실린《木齋集》이다.
3. 原底本의 자세한 편찬 경위와 간행 연도는 알 수 없고 英·正祖年間에 간행된 것으로만 확인될 뿐이다. 초간본은 다만 행장이 작성된 1729년 이후에서 행장을 작성한 저자의 손자 洪大龜가 졸한 1737년(挽洪國寶, 玉川集 卷2) 사이에 간행된 것이니, 본집 간행 또한 그 이후로 추측된다. 所藏處는 延世大學校 中央圖書館(圖書番號 811.98-홍여하-목판)과 고려대학교 중앙도서관(D1-A2232)이다.
4. 이 책의 對校本은 國立中央圖書館(圖書番號 한古朝46-가1720) 所藏本을 參校하였다.
5. 校勘에 사용된 주요 參考資料는 다음과 같다.
   - 《高麗史》:鄭麟趾(朝鮮) 等受命編, 刊寫年未詳, 國立中央圖書館(圖書番號 한古朝53-나1-2) 所藏
   - 《孟子》:1820年刊 內閣藏版, 學民文化史 影印本, 1990年.
   - 《宋史》: [元] 脫脫 等撰, 中華書局 1974年.
   - 《詩經》:1820年刊 內閣藏版, 學民文化史 影印本, 1990年.
   - 《新唐書》:〔北宋〕歐陽修 、宋祁 等撰, 中華書局 1974年.
   - 《新增東國輿地勝覽》:盧思愼(朝鮮) 等奉命編 ; 李荇(朝鮮) 等奉命補訂, 中宗 25年(1530)刊, 國立中央圖書館(圖書番號 한古朝60-3-2) 所藏
   - 《周易》:1820年刊 內閣藏版, 學民文化史 影印本, 1990年.
   - 《豐壤趙氏世錄》:豐壤趙氏花樹會 編, 1981年刊, 國立中央圖書館(圖書番號 3647-26-1-3) 所藏.
   - 《漢書》:〔後漢〕班固撰, 中華書局 1974年.
   - 《彙纂麗史》:洪汝河 編著, 서울대학교 奎章閣 韓國學研究院(請求記號

3108) 所藏.

6. 影印 과정상의 문제로 인해 현재 底本에서 判讀이 어려운 글자나 變形된 글자는 原底本에 의거하여 補充·訂正하고 별도의 校勘記는 달지 않았다.
7. 여러 參照本과 글자의 차이가 있을 경우 이를 校勘記에서 밝히고, 本文은 修訂하지 않았다. 혹 차이 나는 글자의 正誤와 관련해 校勘記에 校勘者의 見解를 밝히기도 하였다.
8. 本文의 誤謬가 명백한 경우 본문을 고치고 校勘記에 그 근거나 사유를 밝혔다.
9. 本文의 誤謬로 의심 가는 점이 있으나 根據할 만한 對照本이 없을 경우에는 校勘記에 그 내용을 언급하였다.
10. 底本과 異本 간에 글자의 차이는 있지만 어느 쪽이 옳은지 확정할 수 없는 경우 校勘記에 그 내용을 밝혔다.
11. 本文에 쓰인 異體字 가운데 현재 일반적으로 通用되지 않는 글자는 모두 代表字로 고쳐 쓰고 校勘記는 달지 않았다. 代表字 여부의 판정은 韓國古典飜譯院 異體字 檢索 시스템을 準據로 하였다.

    예) 盖, 蓋 / 窃, 竊
12. 板刻이나 筆寫 과정에서 관행적으로 通用하던 글자는 文脈에 맞게 고쳐 쓰고 校勘記는 달지 않았다.

    예) 己, 已, 巳 / 蕭, 簫 / 藉, 籍
13. 이 책에 사용된 標點符號는 다음과 같다.

。	疑問文과 感歎文을 제외한 敍述文 및 語調가 약한 命令文의 끝에 쓴다.
?	疑問文의 끝에 쓴다.
!	感歎文이나 感歎詞의 끝, 강한 語調의 命令文, 請誘文, 反語文의 끝에 쓴다.
,	한 文章 안에서 일반적으로 句의 區分이 필요한 곳에 쓴다.
、	한 句 안에서 竝列된 單語 사이에 쓴다.
·	名詞의 竝列이 重層的인 경우, 모점(、) 안에서 竝列語를 구분하는 데 쓴다. 書名號(《 》) 안에서 書名과 篇名 등을 구분하는데 쓴다.
;	複文 안에서 구조상 분명하게 竝列된 語句 사이에 쓴다.

:	완전한 引用文의 경우 引用符號와 함께 쓰거나, 話題 혹은 小標題語로서 文章을 이끄는 語句 뒤에 쓴다.
“ ” ‘ ’ 「 」『 』	각각 1차, 2차, 3차, 4차 인용문에 쓴다.
【 】	原文의 註를 나타내는 데 쓴다.
《 》	書名, 篇名, 樂曲名, 書畫名 등을 나타내는 데 쓴다.
__	人名, 地名, 國名, 民族名, 建物名, 年號 등의 固有名詞를 나타내는 데 쓴다.
□	빠진 글자의 자리에 쓴다.
▨	毁損된 글자의 자리에 쓴다.

目次

1. 目次는 底本의 目錄과 관계없이 별도로 整理·收錄하였다.
2. 本文에 제시된 題目을 그대로 싣는 것을 원칙으로 하되, 題目이 없거나 文體名이 題目을 대신하는 경우 등은 여타의 제목에 準하여 임의로 작성하였다.
3. 底本의 誤謬가 분명한 경우는 修正된 사항을 目次에 반영하였다.
4. 題目 아래 附記된 紀年·人名·篇數 등은 原註로 처리하였다.
5. 底本에 被傳者의 이름이 明記되지 않은 墓誌·碑銘·行狀 등 傳記資料에는 그 이름을 조사하여 밝혔다.

目次

木齋集 卷一

詩

木齋集 卷二

詩

木齋集 卷三

疏

木齋集 卷四

書

木齋集 卷五

說

論

記事

議辨

文

記

傳

策題

序

木齋集 卷六

記

跋

箴

銘

頌

贊

上樑文

木齋集 卷七

祭文

碣銘

木齋集 卷八

行狀

木齋集 卷九

讀書箚記

雜著

木齋集 卷十

雜著

木齋集 卷十一

附錄

木齋集 卷十二

附錄

木齋先生文集序

周子曰:“不知務道德，而第以文辭爲能者，藝焉而已。噫!弊也久矣。”

夫文章有門戶，門戶有大小、純駁，通明道德而發之言者，其門戶大而純，首嚮正學，篤信先師，言足以達其心，文足以達其言者，次之。雜反之學，守一隅之見，偭常以言、分徒以訟，雖氣焰動視聽，光澤潤簡策，其門戶小而駁，駁故小也。

然志氣專於所適，堂宇猶之，魁然通於道者，間取之以備一察，若招世之士，習爲市道兒碎屑語，以會俗以規榮利者，君子所不道。然亦有以敗人性、傷世道，故君子著爲戒。

木齋 洪公嘗語余曰:“我未之能也，我所願則學治世之文也。”乃今讀其集，豈不誠學治世之文者也。治世之文者，卽若云“通明道德而發之言”者也，學治世之文者，卽若云“首嚮正學，篤信先師，言足以達其心，文足以達其言”者也。有所輸也，流乃遠;有所據也，條始達，治世之道多少畜於中，而後治世之文大小發於外。此謂“源也、委也”。義歸，有宗本。故善學者，先明理，理明則其言若於道，而可立於後世。故古之君子，或註經、或著書、或隨遇立說，折諸聖而體究之，參百家而端辨之者，蓋皆邀乎此也。既其失也，卽如無文，此周子所爲戒勸後學而公之所嘗孜孜以自幾者也。

公自能讀書，知文以道立，道以經得。專志力於六經群聖賢之書，左右採穫，得所安乃已。既性嗜學，聰明又過絶人，覽輒誦，誦輒歷久不忘。凡六學箋、疏、傳、義、集註、雙註，先儒所論辯，通共大潭思，明其旨而口諷無所遺，不徒訓詁通而已。

及諸大小傳記、異家者流與夫瑣言、雜志前世所不滅者，古之詩賦可以觀志尙知厚薄者，一皆迹其得失，脈其蔽短，刪拾其胥類，討覈其興寄品格，要以耀明吾志，恢廓吾神，思以美其身，以爲德榮國華，不徒聞見博而已。

平生所尊述，晦庵、陶山所，於其書，貫究之，解會之，尤盡心焉。故其文帥志取鎔，理順辭達，沛然若濬源吐流。規撫有所承，氣意靡少匱，博練弘裕，決蔽析結而心無滯用，有可以開道人者。詩亦隨手感變，意到筆從，藹然若茂樹發英。情韻無所局，詞理有所主，體裁雅醇，値境造耑，語不虛假，有足以起後人者。

未嘗釋道而苟爲文，未嘗捨理而苟爲詞，不傾側於異學，不誘惑於事態。據度行當，偉如也、彬如也，有所于大觀而自樂焉。視世之飾無用之文，習浮靡之辭，穿求崖穴，要射聲名者，相去遠矣。

如所以素具於己者，若終始學，以之其殊議、正論，必淑人紀、扶世道，以化正之庶幾云。而登朝不幾年，以直道，忤當路，廢斥十餘年，不復甄收，至困約。然守學彌敦。若云法志、訓詁、多物之講求是者，積爲吾生業，無一日懈所服。榮悴利害計，不少干之胸中，唯不能衛道而道日敗是懼。

今上始卽位，聞公賢，特召拜司諫。召命初下，而公已歿，悲夫！

公得之經、史，懷治古已試之道，卒不能百之一試之時，而早遭命。獨標心而送懷者，在集中，後之君子觀乎此，可以識其人，可以想其時也。所著又有《彙纂麗史》、《東史提綱》、《庸學口義》，不及刊行。若居家所修爲歷官行事，具《碣文》中。

上之十九年癸酉十二月上澣，安東 權愈序。

木齋集

卷一

詩

詩

偶吟【二首】

靜坐春風裏，胸襟浩如許。
獨憐草長時，因知雷起處。

萬物各性命，皆以我爲可。
借問變化初，那箇是眞我？

呈李菊窓【燦○壬午】

夙慕厓門心法正，當年承受想丁寧。
先生莫吝從頭說，小子如今洗耳聽。

贈崔放翁【倜○壬午】

天與萬物衣，不與萬物食。
湖海衣波浪，峯巒衣草木。

草木有枝葉，龍鱗龜有甲。
翼禽毛諸獸，餘皆各有合，
於人不與一，豈爲智能謀？
種田充口腹，治絲文體軀。
問君何太貧？道豐而智嗇，
短布不掩脛，三旬九遇食。
天不毛翼君，匪謀那可得？
君曰不知我。箇中存至樂，
人溫若吾軀，人飽若吾腹，
在我未覺少，在他豈云足？
孰笥萬疋錦，孰箱千鍾粟，
持以要諸我，我終不願易。
吾嘗多足下，聞此重歎息。
可憐世之人，分外饒謀營，
義失泰山重，利獲秋毫輕。
乃禽耳獸耳，烏足以智名？

述懷【乙酉，避瘟在山幕】

東海有布衣，生苦晚好古。
所懷業回、軻，魂夢繞鄒、魯。
撥棄戰藝具，日夜諷訓誥。
擧世不我與，嘐嘐復踽踽。

豈無君民志？櫝玉羞衒賈。
況復遭陽九，寧期佩圭組？
澆風扇天行，濁穢浸寰宇。
轉丹慙伯陽，愼疾欽尼父。
鬼神泣李白，隙地潛杜甫。
猜訝類杯蛇，怖畏甚蜀虎。
江湖似越州，峯巒恍天姥。
縣壁巢翡翠，豐林竄麏麌。
同住休他姓，今來半吾譜。
旁巖築架三，臨溪結廬五。
始到逼餘寒，倏已送春煦。
黃鳥囀北岡，白鷗飛南浦。
倩蔬時訪僧，談數偶要瞽。
庭闃葉書字，隣邑笥遺脯。
薇蕨欲梗口，蒿苢初長圃。
物妨來市曁，米嫌貸倉庾。
谷嵐設門關，巖淙聽磬拊。
不管忘肉味，堪愁絶鹹滷。
餐霞沃飢火，酌溪當清酤。
遇節違展塋，看雲時陟岵。
咫尺論萬里，鈞金重輿羽？
脆弱幸完全，壯健或鬼簿。
聞道擧國人，一半吟疾瘉。
致此豈人事？抑恐天難怙。

園葵驗世故，憂時腸欲腐。

仁皇捲至和，懿文悲率土，

國步漸迍邅，蒼生命絲縷。

燮理徵臯、夔，辛勤荷湯、禹，

殷史書七年，《春秋》錄不雨。

雷師久曠職，旱魃更跋扈。

謾哂暴尫羸，誰復催農扈？

穎栗欠來牟，萌芽斷秔稻，

十室九餓莩，坊市總襤褸，

朱門任傾奪，白日喧歌舞。

黃鍾混瓦缶，美玉謝玞珷。

吏胥性猰貐，搢紳口鸚鵡。

算略眞捉影，慰諭飜童羖。

難瞻鶴鳴皐，愁聞鴇集栩。

豈復思賑濟，但增催歲估？

南徼連烽煙，遼塞響戰鼓，

朝家困策應，赤子忘恤撫。

缾罄北燕飢，罍恥東國窶。

湖、嶺竭倉廩，渤、澥橫舳艫。

大小別規模，存亡同理數。

江南又作宋，版圖半屬虜。

蒼黃比天寶，奔走似典午。

殺氣迷河、汴，妖星纏杜、鄠。

紋楸玉帝前，一片乾坤賭。

荒淫悼孱孫，宏綱憶皇祖。
治雖王霸雜，所貴名節樹。
磊落滌弊根，嚴緊勒規矩，
立紀正三綱，遵古建六部。
一統山河在，萬國風雲聚，
青田謀子房，中山勳尙父。
英雄漢、唐上，禮樂虞、周伍。
九廟格神人，千春陳簠簋。
嘉靖屬河淸，萬曆承祖武。
玉燭揚光明，金甌不苦窳。
鴻恩我國偏，至治天下普。
六載勞王師，三韓再安堵。
朔方悉稽首，扶桑頓慄股，
飜覆遽至此，成敗寧逆覩？
事有不忍說，志士傷肺腑。
鹿走縣庖廚，鴻冥避網罟。
時無不可爲，蹇劣將何補？
摩頂休黔突，魋顔遇奪釜。
秋懷會擊節，壯志初題柱。
每思撥鉛素，便擬把弓弩。
其柰病纒身？斗覺愁塡肚。
矧此避疾癘，分宜甘伏僂。
防虎籬仍牢，怕客扉恒杜。
驅蚊巧作煙，撲蠅懶把麈。

峯田雜霧鋤，谷泉侵星斞。
任敎山鳥怪，苦遭樵童侮。
閱卷謾興愁，逢人輒增憮。
慙倖脚被撻，疼若腦受鹽。
匡時乏籌奇，鍊神宜力努。
最好捐書史，次忌妄喜怒。
從今斷麴糱，久已斥眉斧。
冥契至道精，擺落形象粗。
聞來貴食母，見得衆父父。
物我爲一體，今古倏仰俯。
編籍上南斗，遨遊躡紫府，
藏斂此身穩，發用蒼生祜。
海內除禍障，赤子得哺乳，
卽遣化風吹，便敎恩雨溥。
時艱憐命薄，性僻嫌仕膴。
名實孰作賓？煙霞舊無主。
奇羽掠簷椽，紫草生堂廡。
屋疏雲濕衣，山空月當戶。
玄理入有無，禪談繹橫竪。
休對白眼俗，獨坐靑燈炷，
一別幾時見？二子吾差取。
魯直文章古，谷口風節俁，
胸襟燦星斗，令聞被文黼。
汩汩詞源涌，灑落英音吐。

元亮採菊華，靈均攬宿莽。
報國思效軀，承家法幹蠱。
渠輩總瑚璉，異日堪宰輔。
資品雖不同，一般此辛苦。
洞廬苔上扉，書齋花滿塢。
隔歲阻來音，何人動歸櫓？
洛水暮瀊漾，金烏明媚嫵。
淸詩儻我投，擬遣頭風愈。

奉呈李澤堂【植○乙酉】

讀書了萬卷，人物閱千載。
平生澤風子，使我興感慨。
風靜古澗冷，葉盡栴檀在。
曾將一瓣香，朝暮受淸誨。
敢道便有得？歸來遣疑晦。
山川莽寥闊，幾日登門再？

附和澤堂
美人一封札，珍比靑玉案。
屬我掩郊扉，披讀再三歎。
斯文千古的，期子一矢貫。
老夫等朽株，丹飾焉能煥？

深知情素重，謬推顔更汗。
歲晏霜雪濛，江嶺杳涯畔。
無由展良晤，安得生羽翰？

漫吟戲呈李大方【棐】

文章誦說十牛車，秋水由來便自多。
不遣東流看北海，吾長見笑大方家。

題水月菴【乙酉】

境卽羅溪古，山瞻太白尊。
僧孤坐秋色，菴小倚雲根。
繫馬巖邊樹，聞鷄水上村。
玉燈曾比帶，留與鎭山門。

輓李大方【甲午秋○二首】

南朝只君子，東國一名儒。
夕死知無恨，嗚呼命也夫！

君當入地日，我尙未歸程。
秋風無限淚，獨灑漢陽城。

輓李龍宮【大圭○甲午】

前輩風流遠，能如此老無。
子良元稟賦，《詩》、《禮》更漸濡。
素蘊何多也？淸標映友于。
工夫出脚踏，謝父得膏腴。
乍怨梅州鶴，仍飛葉縣鳧。
歸歟陶靖節，貧似范萊蕪。
歲月淹書囿，林泉任藥壺，
乃知全性寶，不是爲名軀。
考德珠無纇，傳家鳳有雛。
西山餘爽氣，舊煙泣靑膚。
痛矣難重覩，翛然與道俱。
先人曾託契，小子幾趨隅，
所幸承提誨，尋常仰範模[1]，
由來成阻闊，瞻戀謾縈紆。
承訃心如擣，題詞眼欲枯。
神禾高四尺，他日奠靑芻。

1 模 : 저본에는 "摸". 의미에 근거하여 수정.

寄黃玉相【霮】

新詩題罷寄情朋，春雨蕭蕭撲曉燈。
萬里梅花消息斷，江南唯有一歸僧。

大明殿春日早朝【丙申】

殿門晨闢樹龍旗，虎拜嵩呼法漢儀。
日色纔臨三角岫，春風先到萬年枝。
熙熙耕鑿昇平日，袞袞衣冠際會期。
禁掖詞臣多大筆，何人敢和賈、岑詩？

次《獨樂園》韻，奉呈龍洲 趙先生【絅】

東國學中州，文章相上下。
齊氣固應有，夷音僻而野。
崔子觀周樂，淸廟列瑤斝。
益齋及陶、牧，相繼變用夏。
直到先生降，春容振大雅。
晩節遯丘園，風流傾白社。
未許俗士遊，獨與造物者。
淸名播益遐，《白雪》和彌寡。

蒼生勤悵望，物色賴陶冶。
芳潤漱姚、姒，頹波建揚、馬。
餘事何足道？靜裏驗操舍。
執役今幾年？僵走顔發赭。
知音自難逢，萬古黃鐘啞。
【一作“可是臭婆啞”。】

永嘉謠二首。爲尹純甫【鏶】作

永嘉山水淸而姝，樓臺隱映活畫圖。
風流何處最堪翫？佳人蕩槳浮南湖。
徑山六月冷侵座，錦帳不受飛蚊涴。
使君定是元微之，謫居猶得蓬萊臥。
【杭州、徑山無蚊，安東亦然。】

太白雲深天醴瀉，丹葩翠剡發三椏。
羅侯入貢唐帝家，上黨第一此其亞。
龍瘦虎羸日催輸，山下十室九流逋。
天遣公來樹佳政，遙知合浦自還珠。

贈蔡大提學【裕後】、李奉教【溟翼】藏史之行【丁酉】

天祿纔敲太乙藜，旋擎寶典路從西。
方持文柄眞司馬，却到名山似會稽。
江左風流成邂逅，罇前雪落記分攜。
龍鍾曾忝陪靑瑣，瑞日觚稜夢裏迷。

送徐監司載邇【必遠】赴湖西

杖節南來是舊遊，名都形勝控湖州。
相如入蜀榮堪比，翁子還吳事罕儔。
山驛亂蟬紅樹晩，海門歸雁碧雲秋，
龍鍾偏覺離懷苦，莫惜詩筒數遞郵!

北遊

繁絃淸唱解相留，倚遍關山處處樓。
北塞政要追去馬，東溟却得泛歸舟。
功名春夢婆應笑，歲月秋風客自愁。
流落天涯君莫恨! 聖恩猶許辦玆遊。

望東海

天淸日朗絶纖埃，望裏波濤萬里開。
不是浮雲遮目力，滄溟元未有蓬萊。

詠金剛山【丁酉九月】

山與雲俱白，雲山不辨容。
雲飛山亦露，一萬二千峯。

表訓寺

閑隨白鶴訪蘇耽，一宿毗盧頂上菴。
節物會逢殷七七，峯巒數到後三三。
難分月曉山光潑，不盡秋天石色涵。
瑤草只應生是處，向來秦帝未曾諳。

海山亭却望九井峯

踏穿萬二千峯頂，眼力纔高脚力慵。
歸到海山亭上臥，臥時還對踏時峯。

叢石

雲濤亂石雪崩堆，默想天公巧翦裁。
飛出玉塵盈萬斛，削成金柱立千枚。
不因禹斧隨山到，應爲秦鞭過海來。
王母去時波已淺，蟠桃花落幾回開?

長安寺

層巒玉立海天東，千點閑雲萬壑楓。
欲識此山奇絶處，遊人端合趁秋風。

天逸臺夕晴

落日登高處，秋雲忽自開。
山靈應我識! 曾伴永郎來。

正陽寺

偶入蓬萊山裏行，正陽佳處更多情。
捲簾看盡一山勢，欹枕聆來萬瀑聲。

丹壑最宜秋後翫，香城偏向夕陽明。
三生笙鶴曾遊地，不用石間題姓名。

到摩訶衍，憶趙子羽【威鳳】，却寄

楓嶽諸峯白勝雪，秋來剩得漲紅雲。
一笻穿破千重嶺，每到休時獨憶君。【子羽至此便還】

登水嶺，用杜詩《望嶽》韻

皆骨何崔嵬，三日登未了。
紅林萬壑秋，白雲千嶂曉。
北溟看修魚，遼山認歸鳥。
休問此山高！斗覺天地小。

憶金剛山【戊戌】

天開萬二千峯玉，地閟尋常寸土金。
爲問山中舊風月，儻能容我得重尋？

次東坡韻

中宵發長歎，我道竟何在？
浮沈百年中，寵辱一笑外。
志業晩無成，得州如斗大。
都忘撫字義，第急簿書會。
歲惡催科峻，何由免狼狽？
已矣□侯鐵，鑄錯始堪悔。
責及安石緩，微祿詎足賴？
邊圉類羈管，低回不敢退。
由射失正鵠，天人莫歸罪。
歸去更何求？女織男勝耒。

記夢【在北關時】

秋風撼長白，衰鬢颯如蓬。
思鄕轉悄悄，雲海隔萬重。
歲晏道無成，中夜涕橫縱。
忽夢陶山子，函丈接從容。
微言雖未了，光景挹昭融。
俄然夢蘧蘧，身在碧海東。
此理誰復解？感歎正由中。
千載會心人，朝暮得相逢。

歸歟理遺篇，蚊蝱視千鍾。

印八分，寄趙晦余【威明】，黃毛副焉

青丘翰墨謾紛紛，蓄眼何曾見八分？
我今摹出開元字，魯國豐碑北海文。
印訖題封寄子昂，家傳妙法世皆聞。
筆勢翩翩晉風度，豫章、眉山焉足數？
勸君於此更着功！割取二分差近古。
要令東國見斯邕，何異達摩開禪宗？
長白巉巉獵黃鼠，毛頭氣與秋爭銳。
贈君端合置墻藩，絶勝中山毛穎孫。

靈蓍歌

天地變化蓍乃生，聖人既作蓍卽靈。
寶根藏六問幾齡？玉葉上覆祥雲青。
羲、文作《易》朝繫銘，揲揃掛扐觀虧盈。
宣尼晚節集大成，至道應須四聖更。
翼以十傳燦日星，紛紛九師遂晦冥。
明暗都輸燕蝠爭，千載歸來得考亭。
指南斯理喚人醒，先公好讀《洗心經》。

航海問道趨神京，魯國先生蓋初傾。
白而長也尙典刑，贈以大衍五十莖。
東還呼走勑丁寧，此物乃出夫子庭。
再拜藏襲鏗有聲，不待呑晝契潔精。
博士家言雜利名，閣束朱傳但誦程。
次第門戶本不扃，獨向空山亂石聽。
如何爾之爲物通神明？可憐萬里隨飄零。
悠悠三載傍滄溟，燕坐明窓巾篋馨。
蓍乎蓍乎，
爾卽圓兮卦則方，木齋與爾同行藏。

東國無蓍。退陶老先生、愚伏先生，揲蓍皆用蒿，或以竹代之。崇禎壬申，先大夫奉使皇京，衍聖公孔胤植，贈蓍草五十一莖， 副以《孔子廟前樹手植檜圖》及《八分書碑文》。 先大夫甚珍之， 俾宗家世守。 蓍藏於篋中，亡其一，余自是出入相隨。昔年携到高山，今又致之鏡城，感歎有作。余嘗恨東入全廢《本義》。因及之。

元帥臺

拂劍高歌逸興催，登臨大海獨徘徊。
千峯雪色女眞國，萬里春風元帥臺。
躡盡丘陵連更割，坐看天地闔仍開。
孤舟却泛滄溟去，不到三山不擬回。

奉別許肅川西行【二首】

羸驂天嶺雪，孤棹薩川風。
磊落平生志，羈危半道中。

去國三年淚，思親萬里情。
望中滄海闊，愁外白山橫。

無題

塞鴻飛盡暮雲平，南客思歸萬里情。
戍鼓不驚寒夜永，臥看秋月滿樓明。

北關故事

明月樓頭天下白，秋風架上海東青。
使君好領流來事，不是文星是酒星。

天君【八首○己亥】

明見萬里外，天君乃聖神。

都將不欺義，盡瘁作忠臣。

臣妾不相治，何以事天君？
盡禮唯在敬，閑邪要策勳。

王道在愼獨，戒懼不覩聞。
中和天地位，然後得君君。

降衷元年正，靈臺儼紫宸。
歸仁一朝驗，富有四海春。

君有堯、舜質，受命火德王。
致知資賢輔，懲忿遣良將。

克己卽匪躬，省察是諫諍。
若論帶礪功，第一曰唯敬。

人心每聽命，作德逸於上。
恭己定無爲，太平還有象。

天君眞富貴，持盈愼終始。
莫敎頻出狩，端坐明堂裏！

詠懷【辛丑】

還鄉倦客自長沙，病眼依俙舊物華。
芳草空洲六七里，杏花疏雨兩三家。
候門童僕悲兼喜，滿架書籤整復斜。
把酒東隣來釣伴，共嗔何事到天涯。

輓李通禮【元圭○辛丑】

東國文章盛，公才稟賦全。
考論師友善，樂有父兄賢。
鯉對初濡染，龍門幾鑽研?
群經纔汎濫，諸子遂淹穿。
文許先秦上，詩追正始還。
騷壇如豹嘯，雲路得鵬騫。
逸氣推長吉，高名埒仲宣。
御筵香滿袖，掌制筆如椽。
入幕頭因白，爲郎意尙玄。
志長輕濩落，才大竟迍邅。
名利倘來耳，湖山興杳然。
亭亭塵外趣，灑灑酒中仙。
忽報文星晦，猶疑落月縣。
凄涼西嶽色，冷落西溪煙。

嗇壽人皆惜，傷心我最偏。
從遊自先子，託契許忘年。
風格留揚扢，波瀾借泝沿。
談詩如服楚，把酒共遊燕。
契闊途仍阻，光陰去更遄。
醉羊堪慟哭，御李復何緣？
永閟青霞氣，空餘《白雪篇》。
忍將他日淚？芻束置山前。

眼疾廢書，日事惺惺法

長山海北白江東，身世飄飄若轉蓬。
未了百年長作客，同來萬里主人翁。
工程後面都要實，名利前頭看破空。
領取孔、顏眞樂在，眼中無日不春風。

次山谷古詩【七首】

歸鳥破煙急，空山秋日翳。
手把淵明篇，感歎讀未旣。
世人不求我，我自欲避世。
哂彼劉、阮醉，僅名挈缾智。

筆力愧不如, 事類大蘇傳。
一上萬言書, 謫在黃岡縣。
江山自千古, 幾經三國戰?
樓頭羽衣客, 時許夢中見。

緬懷汶上士, 高標逈離群。
世人識者寡, 故我獨多君。
漢山碧岧嶢, 白江去沄沄。
何處許對談, 淸風聞一薰?

玄牝衆妙門, 一待玉匙啓。
無問亦無答, 嗒焉初隱几。
氣象未發前, 此事無多子。
君看萬籟寂, 却從空處起?

文章勝富貴, 亦不潤黃壚。
釣周蘊經綸, 可待胸垂胡,
賢轍環天下, 歸來拳尙麤。
志士貴立名, 留皮死於菟。

晦菴宗博約, 立言眞不朽。
云何新建子, 離此別鑿牖?
玉琢器粹美, 鑑空物姸醜。
箇中有妙處, 試問君解否?

君詩已得力，修途騁逸軌。
我射失正鵠，焉得中君矢？
詩成輒寄似，秋天歸雁喜。
吾得致師法，先摩屈、賈壘。

偶書

老泉讀書破萬卷，斗覺胸中言益多。
見處都在枝葉上，却欠眞功著自家。
我老簡帙慵不理，有書不讀心無事。
撑腸文字盡澡洗，然後始得書中趣。

寄贈睦達夫【兼善】

海上毗盧高揷天，舊遊回首却茫然。
人間逆境十八九，物外名山萬二千。
蓬島獨來看舞鶴，石橋先去躡飛仙。
淮南舊桂秋風老，應有當時《招我篇》。

送別睦尙州 行之【行善】令公

夢裏三刀亦偶然，歸期那待及瓜年？
都將東閣探梅興，却泛西湖載鶴船。
別態欲摹詩欠巧，春愁難破酒無權。
丁寧寄語山陰叟，爲送劉侯莫袖錢！

贈金善鳴日者

三山自是神仙鄕，道人寶訣碧瑤箱。
膠著離朱始含明，浙東何限眼不盲？
多生習氣未全磨，綺語遠追《三朵花》，
他年有意訪寒梅，湖上孤山是吾家。

自歎

黃州 團練正坐詩，我今無詩作湘纍。
鸜鵒階亂雁默烹，禍福悠悠寧可期？
今年捨琴苦不早，棄詩何年方入道？
曾坑寸芽莫浪誇！醉眼誰復認眞茶？

午睡

綠樹陰濃午鷄鳴，南村北村聲相答。
幽人高枕夢初回，一霎微涼風滿榻。

箕子

殷有三仁跡不同，朝鮮偏仰父師功。
風流遠紹玄禽後，禮樂都隨白馬東。
祇爲先王人自靖，却緣公物範陳《洪》。
試論抱器奔周義，何似當年諫死忠？

述仁

年年作客問如何，少在堂中路上多。
屋宅由來安穩在，也無人解是吾家。

初度日，黃以坤【德承】、 鄭鳳輝【道應】、全明叟【翼耇】諸公，不期而會，各賦一詩，仍及去年孤寂之意【四月十日，卽初度也。】

紅粧千指勸金巵，爭似騷人賦一詩？

何幸情朋來滿座，絶勝身在北闕時。

次喚仙樓韻

外高祖高大諫府君莅沃川郡時，名此樓。一松諸公，皆有作。李進士 汝果【碩馨】，來示板韻，次而贈之。

翠碧寒流聳玉樓，靈區擅勝幾千秋？
煙霞是處通鼇島，幢節何年過鳳洲？
聞說詩仙題美號，謾傷遷客阻同遊。
他時儻許乘槎到，擬向河濱問飲牛。

《急難圖》引

《急難圖》者，月澗、蒼石 李先生兄弟，遇賊捍衛之圖也。壬辰亂，先生兄弟在憂中，得避兵於白華山中，蒼石適患疾危篤，賊至不能避。月澗義不獨全，負而上山。賊刃垂及，月澗彎弓向賊，呼天仰祝，賊不敢逼，遂皆獲全。人以爲至誠所感。後蒼石倩工圖其狀，一時名公，咸褒歎有作。余到黃岡，始得見之，敬題其後。

二叔不咸姬公吁，作詩《常棣》淚眼枯。

姬公既殂詩更無，《急難之圖》欲幷驅。
留與斯人勖友于，歲在執徐島夷呼。
華嶽避兵兄弟俱，弟病遇賊墨而癯。
僵仆頓地氣不蘇，泣謂伯氏亟先趨。
我生何翅輕錙銖？乃兄煢煢膽氣麤。
誓死不肯獨全軀，背負余季手彎弧。
走上峻嶺如坦途，仰天大聲喝倭奴。
二人性命脫斯須，誰知大勇出文儒？
至誠正賴神明扶，此事當年塞寰區。
此圖千秋敦薄夫，名公賞激盡操觚。
滿幅字字驪龍珠，因嗟季世不令徒。
幾多骨肉相翦屠？獨無是心胡爲乎？
嗚呼，皇天降衷不應殊，仔細看取《急難圖》！

石角種竹，生新葉，爲賦一篇

謫來天地一郵亭，老樹荒村獨掩扃。
石色滿窓依舊翠，竹枝臨水漾新青。
江關日月此君醉，騷苑風流楚客醒。
斷送睡蛇無定力，床頭抛却《換鵝經》。

次金龍宮 士一【萬元】韻

遺音三歎只堪傷，更有何人與點狂？
始識江山閑者主，偏憐日月靜時長。
一床共客成牢睡，萬卷休看學坐忘。
忽荷永州詩寄贈，燦如秋菊稟坤裳。

評《易》、《詩》、史法，寄睦來之【來善】、李士徵【元禎】二學士

男兒大業受命初，生此東韓亦不虛。
萬里山河《禹貢》外，千年禮樂《箕疇》餘。
碩儒譚《易》多臻妙，騷客言《詩》或起余。
祇有史家門路錯，發揮心法正須渠。

題李進士【亨復】孤柏堂

伊昔苔軒翁，大節百世範。
家口逼塡壑，海宇迷鬪艦。
飄零到玆境，兵戈稍休犯。
栢堂於我館，義同麥舟范。
白眉辱知久，京洛手幾摻？
此來得其詳，襟期益不減。

幽居枕華陰，古槐倚風檻。
交道貴若水，俯挹琴溪湛。
題詩勖兩家，遺澤庶不斬！

次山谷《晝寢》韻

入井老蛇忙裏四，過墻蝴蝶夢中雙。
睡回午榻微涼動，十里松聲拍翠江。

題《陽明集》後

文王、周公演羲畫，宣聖何緣著工夫？
若道晦菴添註脚，《十翼》可有亦可無。

學問工程有階梯，莫須辛苦說良知！
倘教上乘人人曉，一貫先將語樊遲。

敬題外曾祖《霽峯集》後

大節乾坤仰斗杓，更將詩卷汗牛腰。
妙臻六馬蹄餘地，壯比三軍氣欲朝。

瑞石山高秋日白，南溟雲盡碧天遙。
遺風愧久袁公額，握管空令萬景驕。

偶吟

醉裏題詩醒復刪，晚來携杖看秋山。
身世優游如此足，欲於何處更求閑？

重陽日會話直指寺

看雲臨水息塵機，迢遞琳宮傍翠微。
湖外白頭人更到，樓邊紅葉雁初飛。
停觴盡惹鄉園思，對菊偏霑逐客衣。
別後那堪浪相憶？一罇留醉得忘歸，

是日會者，永同倅金萬元士一、朴參奉惟棟時甫、呂進士潡果明、呂茂長潡果善、黃德方配坤、黃德承以坤、尹千之强哉、尹一之敬仲、姜進士汝渠方叔、呂監察榮徵子達及余也。留宿一宵而別。

閑適

春來隱几似枯枝，未覺秋風拂面吹。
壺中剩得乾坤大，靜裏添敎日月遲。
看已讀書如宿契，逢初熟酒若新知。
閑適百年今日最，了無餘樂比於玆。

待友人不至

雀羅門外客來遲，草屋蕭蕭竹作籬。
只有溪風與山月，相將夜夜趁幽期。

奉呈張大成【應一。號聽天，時守金山。】

詞客逢秋感慨多，遷流那用怨長沙？
鏡中白髮緣憂國，罇畔黃花正憶家。
瘴海絶遙看月共，鄕山雖近望雲賖。
偶然來就陶彭澤，一任風前醉帽斜。

聲谷 黃遠甫【緬】置酒邀之，阻雪未赴

朔風號怒振崔嵬，歲暮幽懷未易裁。
雪徑聞君松下掃，巖扉爲我月中開。
山杯却阻愁來把，剡棹非關興盡回。
自幸眉間黃色動，東歸準擬訪寒梅。

從張聖源【槃】、郭興叔、黃遠甫、黃以坤諸公，會話頭陀寺

羈蹤何幸辦茲遊！共宿頭陀舊寺樓。
處士梅花香透罫，高僧竹葉夢登舟。
天從物外酬佳景，人到閑中盡勝流。
別後那堪浪相憶？一罇風雪更淹留。

冷泉八詠

餘杭泉在較何如？我欲於茲置屋廬。
倘得此間淹百日，勝他二十考中書。【冷泉亭】

金華羊叱幾千齡？醜石應須變幻成。
忽見牧童山外過，世人無復識初平。【山羊壁】

日落江空暮靄橫，更憐寒月靜中生。
東岑玉立三千仞，留得淸輝夜夜明。【月留峯】

碧山雲盡鶴飛時，踏罷寒松尙有枝。
紫府眞君傳玉字，海波淸淺得歸遲。【靑鶴窟】

春波澹蕩玉虹淵，石上花飛鏡裏天。
醉倚高臺轟鐵笛，一聲驚破毒龍眠。【龍淵洞】

靑蓮仙尉揖遺蹤，別洞風流亦可宗。
看取山枝花欲放，陽春先到使君峯。【尹別洞，守黃澗。】【使君峯】

茶罷山樓入定禪，花明南嶽映前川。
却疑龍女擎紅獻，香雨霏霏落梵筵。【花獻嶽】

苔滑雲深石路低，法遵菴在月峯西。
洞門十里春波闊，滿地落花山鳥啼。【法遵菴】

次退陶先生和東坡韻

嶠南曾別臘梅村，四年悵望空銷魂。
關山萬里誰折寄？天寒驛路風塵昏。
夢中疏影傍水竹，春深逐客歸田園。

相逢一笑宛如昨，冷艶蕭蕭含玉溫。
月軒凝坐聞暗香，曉窓忙拓看初暾。
憶在蓬山共仙賞，却隨桃李薦金門。
試把清興辨眞妄，我已醉睡花無言。
但願從此謝簪笏，年年花下倒芳罇！

卽事

栗林濃綠午陰淸，竹露山風灑面輕。
萬卷床頭慵不看，睡回斜日隔花明。

渺渺春波鏡面開，扁舟獨往訪山梅。
等閑分付園中鶴，休報門前俗客來！

贈李勉余【馥】

巖下孤舟繫碧波，江花欲落客重過。
雲橫愁外碧山遠，日暮罇前風浪多。

鶯花三載別秦京，臥病江湖白髮生。
此日送君唯有淚，茂陵松栢夢中聲。

卽事效韋蘇州體

松靜山樓夕，翛然塵慮淸。
微涼生竹早，花影倒池明。
得得閑中趣，悠悠身外名。
似將心上會，漸覺省經營。

海棠之東，野棠花比盛

紅玉春邊白雪堆，野棠還傍海棠開。
最宜扶杖雨中過，更合携罇月下來。

六月九日，醉賦所見

萬井俱已渴，吾池不受旱。
老石近嶼寒，荷莖出波短。
修竹自千竿，閉門無客款。
棠花紅已襲，梅仁黃欲袒。
却怪爲國憂，不緣酒後散。

輓全監役【克恬】

嶺海風流盡，空餘篋裏篇。
位年較貞曜，孝友掩庭堅。
世事江波外，詩魂暮雨邊。
春山孤絮酒，多病白渾顚。

次權山立《晩翠堂》韻

太白山南瀛海東，積扶輿氣盛其中。
二松枝踏千年鶴，八耋兒將百歲翁。
亥首泥塗詩較勝，鴻冥商嶺跡應同。
至人一見終無語，淸籟空傳萬壑風。

白蓮

月中唯見葉，風外尙聞香。
玉井何人到？移花擬作裳。

無題

《實錄》旋擎石室藏，喬山松柏轉凄涼。
何人解撰《尊堯集》？祇有龍洲瀝血章。

送李濟州子方【禬】令公

刺史淸名第一流，耽羅開國幾千秋？
駭鷄黑夜通蠻邑，抵鵲黃柑似惠州。
天外客星隨指點，缾中挈水舊分留。
好憑南海春風道，穩送明年載鶴舟！

家山北距四十里，有仙巖窟，其深不測，產異石焉。戊戌秋，送人斲取得十一枚來，皆詭巧巑岏，其最大者，宛若皆骨之穴望、國望。東坡蓄蓬萊石數百枚，然其孔穴達背，則以仇池石一顆爲甲，動輒相隨。今此十一石，箇箇類仇池，而高大或過之。余所得富於坡翁者，以近山而易致也。坡翁與王晉卿、錢穆父、王仲至、蔣穎叔，賦詩詠仇池。今次其韻，求和於丁道元【昌燾】、鄭鳳輝、李勉余諸公，以足東坡故事。仇池石安於高麗盆，此石盆不能容，故知其差大也。

去歲遊關東，一望群山綠。

歸來淸夢斷，勝賞嫌未足。
衆峯入我堂，孔竅通背腹。
恍再躡仙境，正恐楓嶽蹙。
牛嗜太湖輸，羊叱金華牧。
陶盎貯沆瀣，竹籬環四瀆。
列峙像叢石，孤秀比削玉。
徙池若鵬蹲，登坳類虎伏。
莫道山淺小！幽居此堪卜。
相對意也消，免敎名利逐。
羲畫玩山澤，玄譚味谿谷。
著意便成癖，此物差足欲。
蘇仙去已久，誰復和此曲？
壺中天地別，一笑千劫速。

贈一慵軒 金終卿【時忱】

龍潛九淵深，鳳飛千仞逈。
顯晦各有時，可以人相訂。
慵翁天下士，標格人中挺。
蘭生谷底香，月印江心冷。
平生經濟心，擬與伊、周竝。
時命日蹉跎，林園醉酩酊。
幽居苦喧卑，乃卜秋山頂。

至樂在簞瓢，不羡羅鐘鼎。
披雲采靈藥，帶月尋漁艇。
美玉待善價，利器別肯綮。
風雲感屠釣，一起公其肯。

造桂漿

曉汲山泉二斗水，風爐煎取十升來。
桂香屑作霏微落，崖蜜添經滾盪回。
瓊液頓除三伏熱，紙封須待七重開。
金莖正解相如渴，從此休斟濁酒杯。

偶書

玩索遺文在驗躬，寒齋方夢退陶翁。
古來事業君看取，出自窮居喫緊中？

梅始開，憶趙子羽

梅蕊今朝破，天涯思渺然。
江南無驛使，折取若爲傳？

蓬山謠【二首】

皆骨山白天下無，衆香城高天下無。
海雲擎出玉芙蕖，萬二千峯似畫圖。
玉京群帝驂白虯，振迅颯沓爭騰趨，
銀河閃飜衆星落，瀏流森羅雜斗娵。
神苞一元太素闢，老石千年秋色癯。
崑崙 閬風視伯仲，雁蕩 天台俱不如。
休言禹跡不曾東！高名已勒伯益書。
仙人終古在蓬壺，檀帝辰年竝唐虞。
嗚呼！皆骨之山天下無。

昔我求道計太早，一入仙山掇瑤草。
萬壑楓樹寒颼颼，獨立金剛臺上秋。
永郎舊遊在何處？六字丹書鐫島嶼。
天鷄一鳴出陽烏，化鯤六月鵬南圖。
若使此山在中夏，便知五嶽風斯下。
千古英雄幾浪過？不到玆山亦夢也。
歸來塵累似舊多，夙志無成鬢已皤。
蒲團兀坐驗自家，至道在邇求諸遐。
靜中心法沒多子，斗覺坐忘成千里。
何須吸盡東海水，了此人間一大事？

擬古

有鳥生丹穴，五彩何葳蕤？
含章縱自珍，覽德一來儀。
翺翔到中州，獨繞岐山飛，
姬、文去已遠，歎息將安歸。
百鳥頗見怪，啁啾送嘲譏。
色擧八山來，深藏閟其輝。
但令竹實在，一啄寧憂飢？

感興【五首】

十載劇馳騁，風塵關路永，
歸來臥江湖，頗爲白鷗請。
田廬十畝貧，圖書四壁靜。
世故如醉夢，松風喚我醒。

學道拚朝聞，富貴任在天。
蓬堵蘂不糝，白髮更肅然。
呼貧問何氏，乃祖友憲、淵。
素風承累葉，從此許忘年。

天下旣宗周，夷、齊遂不回。

爰有白馬客，翩翩亦東來。
爲有斯道傳，故作暫徘徊。
千秋一片心，佯狂誠可哀。

東方俗醇仁，不居鄒、魯下。
但恨文章陋，至今愧《風》、《雅》。
史法全欠功，詩格外更野。
爲告後來賢，努力學左、馬！

一千年間氣，東國柳文忠。
忠侔諸葛侯，行方司馬公。
平生學道心，盡向靜中得。
却似羅豫章，不遣旁人識。

偶吟【六首】

敬義相夾持，雾然放不得。
只得直上去，故便達天德。

表裏夾持處，東西沒走作。
君看此上面，只有箇天德！

學御心在馬，學射心在的。

讀書看義理，築基方立屋。

整肅心自一，於敬最切急。
儼恪非敬道，致敬從此入。

容貌辭氣間，往往不加工，
設令能存得，釋、老將無同？

最後朱夫子，說敬畏爲近。
此義尤精切，至哉萬古訓！

陶山院青藜杖歌

宣尼蚤作逍遙歌泰山，忽失曳杖兮緇履空傳。
周家制作尙宛然，繶紃博寸三千年。
退陶老人講道汾、河上，奎緯呈祥絶學倡。
太乙星官扶杖來，聽餘慇懃贈劉向。
磈砢多節瘦更淸，堅硬敵鐵携還輕。
乃知神物之生爲賢聖，淑氣扶輿鐘元精。
我來再拜尋古院，手澤猶存配書硯。
湖上秋光擁千岑，當年杖屨經行遍。
雲山路迷隔幾重？却憶先生淚霑胸。
杖乎杖乎，爾其留作吾道之受用，愼勿去學葛陂龍！

余自夏間停飮，是年稻田被水，鸚鵡杯又破，感而有作

秫田曾捲怒濤歸，鸚鵡還隨抵鵲飛。
天意不敎長酩酊，醒來四十二年非。

賀龍洲壽辰

驚姜此夕菊花天，天降先生豈偶然？
三日差先紫陽誕，六旬纔後鳳洲年。
纖瑕瑩盡方球琢，止水波寒古澗泉。
聞說雙眸明似鏡，濡毫細寫《素臣篇》。

去婦詞

世間多棄婦，棄婦多悔咎。
人生辛苦不自知，我更思量行未虧。
驅車下山涉江水，欲墜未墜心已死。
爲問緣何絶王郎？摘取棗子東家墻。

採蓮曲

采蓮花，漾輕波。
俯采波中花，仰視雲間月。
妾顔如花易盛衰，郎心似月圓更缺。

古別離

別日約遄返，至今胡不歸？
別年渾似夢，憶得尚依俙。
相逢苦晩莫相怨，但願征人身更健。

輓全幼長【尙耈】

世誼重如山，欲說心轉悄。
俱纏孤露恨，風樹愴未了。
豈料堅貞姿，遽復中道夭？
襟期得子多，學問愧余謏。
偉有君子風，筆法臨王、趙。
邇來世情隘，苦被憂患繞，
流丸止甌臾，月啖行復皎。
窮通命也何？百歲同過鳥。

所慰仁有後，駒駼群矯矯。
年前往問疾，炎雨竺城曉。
惡音俄踵至，我更赴嶺表。
歸來歲已換，聞君始卜兆。
抱病但遙想，閉門閑騣褭。
新隴起若堂，落日松聲小。
題輓獨霑襟，風來撼寒篠。

【《南史》全元禮有士君子之風，善楷法云。故使其事。】

過桐溪 鄭先生墓，次金伯剛【千鎰】韻

十年南海闕三木，晚節孤城一片心。
莫道先生身困阨！民彝罔墜到如今。

先生齎志家山麓，雲木蒼蒼歲月深。
三復遺文曾攬涕，經過此地重傷心。

海印寺遇雪

東風三月入伽倻，只恨紅流不見花。
却似天公眞會意，萬山琪樹綴晴葩。

憶搜勝、滌愁兩臺，寄呈鄭兄

疇昔金猿洞裏遊，瓊臺雙峙玉虹流。
秖今夜夜仙區夢，飛繞千巖桂樹秋。

暮煙

簷日微微下，村煙細細橫。
浮空翠雪落，漫地素波生。
宿鳥渾迷樹，幽人獨掩扃。
居然風捲盡，依舊衆峯青。

蠶

食綠千枝破，圓黃百果成。
天下文明物，都從腹裏生。

寄次安誠甫《農亭》韻

畇畇原隰望中平，聞說茅亭屬更成。
却恨十年身未到，田間不見帶經行。

贈人【二首】

那料夾溪處，翻成隔歲違？
清添周顒瘦，義勝卜商肥。
野草閑侵戶，江雲故滿扉。
時將黃卷閱，倍苦想清徽。

只爲耽幽僻，非關與世違。
松飀花正落，梅雨子初肥。
只有書攤案，曾無客喚扉。
時來荷谷口，珍重嗣音徽。

結網

春來苦多雨，澤國魚兒長。
漁翁博新絲，做網何太忙！
森然羅衆目，提來束一綱。
橫金綴裔沈，團木縣領翔。
人誠殫精巧，微物能周防。
借問庖犧時，制度如許詳？
吾聞神龍種，時雜鱣鯉旁。
寄語愼出入，莫學都相忘！

觀史有感

大義君臣際，寧容外貌爲?
召公捐己子，杵臼覓他兒。
眞趙猶存處，宗周不滅時。
爲言諸受託，道理合如斯!

題《西涯樂府》後

雅樂章章訓戒垂，前人得失不難知。
自家心事終何似? 試看朝陽門外碑!

輓李學官【錫成】

秋來百感鬢邊新，忍說靑山葬故人?
詩社舊遊渾似夢，屋樑殘月更傷神。

水落臺

渡水穿雲路幾回，滿襟淸興浩難裁。
風煙正屬重陽節，罇酒相逢水落臺。

天末賓鴻看漸沒，峯頭駕鶴豈曾來？
因同仙伯溪齋宿，爲說千秋勝會開。

到鳳巖懷寬師，書贈守巖上人

秋峯突兀入青空，古寺蕭蕭落木風。
却恨坡翁來苦脫，傷心不見老圓通。

寄閔聖與【點】太僕

十載曾同羿彀遊，別時風雨滿城樓。
不知容鬢今何許？少爾七年吾白頭。

寄閔聖與太僕

城南一分袂，何日重相逢？
天地容君放，江山著我慵。
攻駒來渭水，調鶴向雲松。
縱似閑忙別，牙琴自爲鐘。

次閔方伯 聖與韻

此地先公帥幕開，更看持節二難來。
只應宣化堂前樹，風雨中宵轉送哀。

贈金景謙【啓光】

吾祖與承旨，聯翩占榜蓮。
及余方四世，得子復同年。
鹵莽金根誤，芬芳玉樹姸。
唯將敦厚誼，留與子孫傳。

無題

細雨龍滓泊，金風動荻花。
地形分禹貢，山勢擁周家。
二水波濤壯，千峯氣□多。
男兒經濟志，倚棹日西斜。

海山亭

看山意思雲生處，觀海精神日出時。
多少海山亭上客，箇中幽趣有誰知？

輓李義城【堂揆】室內

伯鸞吾契友，早識孟光賢。
執弁相門日，鼓琴單父年。
卿輳當北斗，天地幻南鵾。
黼輓題詩罷，秋風爲颯然。

輓鄭參奉 仲則【侙】

南州稱獨步，文軌騁夷途。
史潔追堪逼，郊寒叱欲奴。
忽驚藏夜壑，誰復置生蒭？
不用招魂些，君今白玉都。

愚伏堂

愚翁遯世地，今日始來尋。
獨照空山月，千秋一片心。

拙齋八詠

春蔬滿畦雨浥翠，畦頭日遣藜杖植。
便教腸胃作菜園，會見他時做百事。【春畦種蔬】

園日初長花影畔，曉汲寒泉幾回灌，
斟得淺深存經綸，賸作工夫了一段。【夏園灌花】

書齋晴罷秋天暮，月華澄涵虛室素。
解教心地遣纖塵，贏得氷壺貯寒露。【秋齋對月】

雪窓對爐罷畫字，鐵筯時將撥灰死。
不信人間粟萬鍾，臥啖數顆山栗子。【冬爐烘栗】

花中巢、許品題裁，珍重文公說得來。
居士淸標堪底比，衆生叢裏着寒梅。【梅】

爽籟蕭蕭逈絶塵，看來月下更精神。

獨憐風雪交爭處，一段貞操轉益新。【竹】

自是奇姿冠百花，百花時節欠榮華。
問渠那得遲如許？會向風霜獨做葩。【菊】

青山數疊隔煙塵，草屋蕭然陋巷貧。
擬把枯桐彈一曲，好風吹作杏壇春。【琴】

《東坡集》中，感金平章事，贈金甥元吉【履祥】

我讀眉山詩，包羅百代文。
嗟哉東國士，不得附青雲。
獨愛金平章，執玉入都門。
遇勝輒寫歸，風流蘇子云。
斯人去已遜，遺躅問無因。
忽逢光山客，知是幾世孫。
丈夫貴立志，垂名動千春。
努力崇明德，汗竹繼芳塵！

福泉僑居

岸上置廬眞鵠卵，溪頭設罩取魚兒。

如今活計風流甚，可是平生得意時。

題不換亭

蓬牖常關姓不陶，溪樓新構占東皐。
浮空玉立圍千髻，繞砌銀泓浸半篙。
釣瀨煙波輕寇、鄧，商顔雲物傲蕭、曹。
若教仁智沖襟會，不換須知一著高！

輓李正郎【光洽】

末路滔滔諛佞風，風流前輩獨吾公。
家庭緒論扶儒術，看取淵源學問中。

道原誦《孟子》七篇不錯一字，叔父嘉歎。仍誦朱氏贈文匡公詩“《魯論》二十篇，慣誦珠走盤”之句，余感而成一絕

涵虛負笈朱門歲，慣誦《魯論》珠走盤。
汝讀《鄒書》今復爾，學山他日刮眸看。

輓權都事【以說】

嶷嶷名賢後，奇窮命也夫!
天心庸玉汝，人爵擢金吾。
一子繼宗嗣，兩孫今已孤。
人殊持重論，誰許禮家無?

呈李瑞山【晉哲】

大業今寥落，高名旅食時。
楚山王粲井，巴峽少陵詩。
溪溜穿籬響，荊扉傍石危。
秋山孤載酒，悵望暮雲遲。

詠雨

晦冥天地晝濛濛，快掃難呼一陣風。
誰識萬重雲霧外，碧空依舊日輪紅?
【人欲掩蔽之時，天理本體，未嘗泯息也。】

詠晴

上下沈冥杳靄邊，渾疑不復覩青天。
須臾雨霽浮雲捲，依舊青天白日縣。【人欲消盡，天理自明。】

木齋集

卷二

詩

詩

老溪寓居

竹林西畔鎖煙霞，草屋蕭然處士家。
溪日漸高雲捲盡，青山斷處見圓沙。

有感

竹溪深處掩雲關，將老幽盟向此間。
蓬海三千年更陸，箕州半萬里皆山。
是非堪笑都緣妄，富貴誰知未博閑?
準擬茹詩因吐酒，心齋學得一瓢顏。

到安東洪鼎卿【柱三】，已歸醴泉，吟贈成子許【后卨】

永嘉山水即吾鄉，騎竹嬉遊夢一場。
匹馬來尋謝康樂，臨岐不見孟襄陽。
含風郊柳晴迎嫩，落日江蘋暖送香。

自愧未應成宅相，城東喬木轉荒涼。

遙和景濂亭韻

有月千年色，同風萬里聲。
君看方丈外，邃有景濂亭！

幽居卽事

巖畔花飛山日遲，傍溪楊柳綠低垂。
此時黃卷凝心對，特地春風爲我吹。

題權君望【東老】《雙淸堂》韻

新詩滿壁酒盈缸，淸興都緣貯得雙。
桂魄流輝來夜，榻，蘋香送暖過春江。
晴撩山谷生東嶺，睡和淵明到北窓。
欲寫箇中眞意味，世間那得筆如杠？

近看《退陶集》，倦則諷霽峯詩，作句朔程課

寂寞溪齋春晝遲，陶翁簡牘霽峯詩。
倦來繙閱無餘事，最是平生得意時。

擬古【八首】

落月墮西岑，白日出東溟。
眷彼不安居，吾人那得寧？
嚴程固有期，寒曉尚孤征。
秋深關塞黑，浮雲萬里平。
驅車登峻嶺，撫劍俯大瀛。
丈夫貴遠遊，促觴抒中情。
忽瞻南飛雁，却復淚霑纓。

鐵關有大嶺，巀然暨穹蒼。
吾行忽到此，始知天一方。
下馬藉秋草，矯首望北荒。
卓哉鈴平伯，當時此拓疆！
微管吾其左，勳業不可忘。

秋來愛江淸，豈爲磯頭釣？
搖落不足悲，覽物令我笑。

白鷗萬里波，飄然不可召，
黃鸝忽林外，寸舌誰爲掉？
興酣返棹回，竹西明返照。
客從山外來，爲談羲皇妙。
垂頭竟無對，客去還長嘯。【使孫登事】

南國窈窕女，容姿絶代孅。
生來性沈靜，家人鮮覩齒。
豈無珠翠物，將身不肯被？
偶出步園庭，打鶯落梅子。
歸來輒悔懊，獨在深閨裏。【效鮑昭體】

下士未聞道，歲月空晼晚。
汎濫百家術，尋枝迷大本。
莫敎念穫畬！祇宜勤穮蔉，
一朝喟然歎，千門擴關鍵。
乘風適樂國，渺渺孤舟遠。
倘能到彼岸，送者自崖返。【膚齋註：“送者，指所資以悟者。”】

多病久不庭，萬壑生春姿。
開窓日亭午，幽鳥韻花枝。
佩醪腰短笛，騎牛恣所之。
雨餘汀草怒，光風淡淡吹。
靜觀湍急處，獨對雲在時，

忽逢擉鼈人，磯頭坐垂絲。
借問客從何？但云予宅茲。

宋舸覆厓[2]山，膚敏祼燕京。
子昂何足道？已復誤澄衡。
考論大節完，只有禹先生。
麗衰百年戎，紫極穢神明。
作書譏君王，奮舌天公驚。
乃老不待年，風月滿宣城。
床頭一篇《易》，夢見河南 程。
乾坤人第　，豈唯東國鳴？
千秋式遺墟，却欠片石旌。
何人奠椒杯，爲我訪舊塋？
【先生墓去故里不遠，今失所在，且與景謙有相議事故云。】

幽人午夢還，浩浩俯風湍。
青林折瓊蕤，也知灃有蘭。
柔條襲春馥，露葉團宵寒。
忽憶同心子，途遠有江山。
欲寄無人將，佇立涕自潸。
歸來坐空室，獨抱瑤琴彈。

2 厓 : 저본에 "崖".《宋史 卷451 陸秀夫傳》에 의거 수정.

竹坡軒八詠

含風翠穎作漪漣，浪蹙遙空疊雪煙。
欲識太平眞有象，隴頭看取麥秋天。【平郊麥浪】

金風玉露洗銀潢，叫斷天南雁字翔。
一陣忽拖秋色落，明沙極浦卽衡陽。【長沙雁陣】

翠杉深處白雲歸，傍浦漫漫一逕微。
此間不容無我句，朗吟還欲逼龍飛。【龍浦歸雲】

落日鼇岑逗片霞，水光山色任橫斜。
何人畫作添奇絶，門外捲䇿倒暝鴉。【鼇山落照】

揚風遠岫火耕春，萌蘖還經烈焰新。
莫怪出山爲小草，應將爛額右群賓。【遠志性經火，則茂盛云。】
【遠志春爇】

綠蘋洲畔刺漁舠，一夜秋濤減半篙。
釣罷喚催橙薤到，夕陽瀺灂閃銀刀。【矢灘秋漁】

隔岸千章白甲松，幾年風露養髯龍。
小軒驚罷幽人夢，十里寒濤午枕舂。【九潭蒼松】

雙巖巀嶪立淸秋，楓岸紅霞爛欲流。
名嶽未能容易到，請君暫向此中遊。【雙巖丹楓】

題李郎中 壽翁【爾松】草堂

樸被南行過草堂，高談夜幌覺生涼。
雨餘沙阜堆瓊出，天闊江流引帶長。
此日開罇看北海，向時持戟學東方。
相將便入名山早，那用區區嫁娶妨。

睡起

花從醉後落，山到靜中靑。
枕石溪邊臥，松風吹夢醒。

四月十六，夜雨朝晴

曉闢山窓看，郊頭麥雨酣。
炊煙羃村北，晴旭漏江南。

待趙聞遠【鳴漢】不來【時以《后山集》見借】

溪齋獨樹鳥喃喃，極目春岑動遠嵐。
頗怪故人期不至，晴窓應爲夢陳三。

四月十七日，夜記所見

長空如洗湛凝寒，一片玄雲渾似山。
月高十丈人不見，夜半淸光露雲端。
恰如前年看溟渤，碧海濤頭涌銀闕。
金波潑潑盪乾坤，依舊天南昏霧屯。
時看笑電逐雷鼓，知是入公山頭雨。

老溪書堂次退陶先生《陶山南洞》韻，示諸生

先人有弊廬，歲月苦易邁。
揮涕訪蓽門，擎撑免欹壞。
同來三十口，使我愁喧隘。
溪旁峙塾堂，棲託淸耳界。
煙雲獻狀態，詩儷出珍怪。
鳧汀或朋息，犢坡時獨屆。
竹醉種幾鞭【時五月，勸令種竹。】，松稚活萬介。

戶外慗屨滿，蒙亨集衆豴。
經籍卽產業，辨質良討債。
名利鮎上竿，學術蛇添畫。
懶披萬軸揷，一夢三館曬。
操戈發《墨守》，點石扐蓍卦。
越鷄難抱鵠，冀馬盡歷塊。
討論消夏晷，直到氷輪掛。
功程務實地，莫作名聲賣！
我願子諸生，盡受陶山戒。
伊我顧不能，擧世見毁責。
江西易陷人，看破赤灑灑。
【近始得《學蔀通辨》，略曉朱、陸路脈。】
閑邪揚旆幟，衛道繕壁砦。
衣垢報屨穿，先生一何憊！
熊魚得兼二？千駟輕一芥。
努力勤穮蔉，毋俾艶秋稗。
種時地又同，爲屨不作蕢。

輓柳庭堅【樱】

人傷大方逝，天奪起夫年。
吾道誠孤矣，斯人又溘然。
埋龍氛斗宿，如障止奔川。

嗇壽雖因毁，風流永久傳。

《公山歌》壽徐參奉時立【幷序】

竊聞徐公至行雅矣，相去差遠，不獲拜其履前，常以爲恨，長水黃君傳示《全歸堂詩》一卷，諷詠感歎，且聞公今年八十五歲，康寧無疾，豈所謂"神所勞矣"歟，爲賦《公山歌》一篇，俾公之家人，於令節壽辰，歌以酌公。

公山巋巋水泱泱，淑氣扶輿産奇祥。
孕出四佳不獨嘗，絶德殊行世聯芳。
孝子有母孝婦康，雉飛墮田遣姑嘗。
欲雀得雀事堪方，南金爍爍發閟藏。
亦緣孚誠感穹蒼，太守鳧舃倒趨蹌。
學士題詩剩掛墻，豈惟家範化邦鄕。
聖代求忠錫寵光，仲擧先生擅南昌。
公生東國蔚相望，公山蒼蒼水洋洋。
孝子眉壽德彌長，野蔌溪毛山酒香。
松風一壑獻笙篁，兒孫孝悌喫家常。
歲歲擊鮮登玆堂，歌我公山壽公觴。

日出入行

我家碧海東復東，每觀旭日紅。
倒射扶桑樹，厥大十倍當天中。
從此西行頗疾急，聞說道里計萬應九十。
我喜觀日出，不忍觀日入。
日入何獨愁，使我白盡頭。
我願長繩繫日御，永無傾昃置在樞軸相當處。
天下常晝萬國明，久安長治歌太平。
且令浮雲不得掩，常照吾之精誠。
吾將酌東海爲酒，請祝白日千齡又萬齡。
一醉閑愁萬斛了，愁到無時吾不老。

放蒼蠅行【家人設計撲滅，吾令掃而放之，有感。】

吾廬窄阨劇湫卑，炎溽若被蒼蠅欺。
縱令驅去輒復還，適從何來旋集茲。
乍循顏鬢巧點綴，俄萃壺簞學饕餮。
使我當寢睡不著，使我臨餐不得喫。
家僮憂我損神機，擬殲醜類出一奇。
割取片韋棲木末，制樣差殊王、謝物。
先投糗餌俾屯聚，一揮撲滅無脫佚。
縱橫狼藉衆屍僵，觀者指笑誰嗟傷？

我噫謂僮勿復爾，打盡不是仁人事。
何如遠放寂寞濱，無使營營到樊榛？

寄丹城倅鄭鳳輝

瑤琴彈罷縣齋春，方丈騎行野鹿馴。
君去試尋青鶴洞，隱淪知有姓韓人。

壬寅七月晦晴

積雨中宵歇，晨興課兩厮。
安排堂北砌，補葺塹東籬。
嫩竹開林出，幽花傍石攲。
前溪秋水滿，料理釣魚絲。

八月四日，大雨【四首】

雨應蕤賓律，浸淫八月凶。
共愁天欲漏，更訝地成濃。
波轉紅芒稻，山摧白甲松。
鳴泉衝沼過，折盡翠芙蓉。

伏枕靑山暗，橫秋雨脚高。
池開金鯽遯，雲重玉蟾韜。
怕濕愁侵骨，憂時凜豎毛。
木綿花落盡，誰復念綈袍。

野稼秋濤捲，孤村暮靄生。
斗杓纔揷酉，囊貫正呼庚。
隔浦黃牛語，歸林白鳥明。
向來漂刈麥，今復誤西成。

淹臥漳濱客，秋霖灑病顔。
波添龍首岸，雲潑鹿音山。
津舸侵溪纜，巖扉傍竹關。
向來憂國鬢，不是惱詩斑。

故里

送老結茅屋，還應山水鄕。
淸潭風百頃，白甲露千章。
竹榻迎朝爽，蘭舟弄晩涼。
最憐千丈石，西麓枕滄浪。

津頭行

津頭夜半郵吏呼，喧喧騶騎迎使符。
軍門令嚴競宵濟，急流搖搖蕩帆孤。
可憐淹沒舟忽覆，秋張夜浪相撞觸。
龍孫豈不解浮水？月脅纆韁葬魚腹。
篙工慣捷似吳兒，非關有力藏舟隨。
里胥驚呼人竭作，把火照見空嗟咨。
今年處處多覆溺，此事目擊尤傷惻。
世間何限冥行人？愼勿乘槎夜問津！

與諸友訪道南【時講堂重修】

重修白鹿試來尋，輪奐驚瞻聳嶽林。
藏壁詩書遭煨燼，滿堂賢雋集紳衿。
一般意思濂溪翠，千古淵源洛水深。
前輩風流今寂寞，到來傷歎政難禁。

讀《圃隱傳》有感

老圃精忠賦獨賢，那因勞倦怨蒼天？
島山淮海幾千里？宗祏生靈五百年。

鵠嶺夜雲虛殿閣，鴨江秋雨送樓船。
秖今善竹橋頭路，芳草斜陽哭杜鵑。

清涼山【二首】

雙峽中開瀉碧流，千峯似玉立當秋。
若敎茲嶽移中夏，雁蕩、天台讓一頭。

朝來折屐入山深，上上峯頭俯萬尋。
[illegible]步前頭更有地，莫敎寒口下西岑！

次張大成《林隱窩》韻

苦憶張平子，歸田林隱村。
風塵京國逈，喬木故家存。
吟罷玉無脛，蹊成花不言。
滄洲付吾道，也自戀君恩。

除夕

寒齋寥落對陳編，永夜孤燈照雪縣。

自愧向來抛舊學，白頭空復受新年。

可菴八景

煙霞鎖萬重，菴在秋峯頂。
曉來聽寒鐘，令人發深省。【釋迦曉】

卓峯高幾仞？影落碧溪西。
晚景眞堪畫，孤霞與鶩齊。【卓峯落霞】

馬山雨初歇，一抹白煙橫。
林畔揞笻立，悠然不世情。【馬山晴煙】

竟夕對箕岑，爲愛秋雲白。
出時固無心，歸時亦無跡。【箕谷暮雲】

四尺衣冠藏，千秋模楷盛。
隴底萬株松，一一人堪敬。【遠川晩松】

靄靄看秋嶂，霏霏動遠嵐。
不緣詩上見，應向畫中探。【舞峴翠嵐】

想見跟岑矗，偏宜雪後天。

他年剡溪月，重棹子猷船。【大踉積雪】

賸喜光風來，旋看霽月上。
疇解善形容？有道者氣象。【圓通霽月】

贈子許

故人來叩雀羅門，雙鬢蕭然酒一罇。
回棹晚來何處泊？滿山紅葉隔江村。

秋日登余樂臺

危臺高萬仞，登眺散幽愁。
野逈吳杭晚，湖平蜀錦秋。
風塵雙白鬢，天地一孤舟。
磊落平生意，於焉未覺休。

敬次王考贈琴師韻

王考詩篇擲地聲，珍藏傳世荷深情。
琴徽已斷看遺墨，泣硯兒孫感且驚。

元韻

我愛渠琴太古聲，峨洋奏處幾多情！

若令此手生虞夏，鐵撥䳍絃舜殿驚。

江上卽事

官罷歸來一葉輕，東江秋色十分淸。

白鷗故傍磯頭立，似向滄波讀舊盟。

虎丘堂哀詞【二首】

鐘峯門下早參禪，共泛滄溟無底船。

千劫往來彈指頃，一輪明月碧空縣。

去留隨處萬緣空，古寺蕭蕭落木風。

却到廬山一惆悵，坡翁終不見圓通。

輓李湖憂【煥○癸卯】

谷口躬耕不爲名，百年棲遯保幽貞。

學傳河內先生日，人指天南處士星。

妙曲固難諧《雪白》，病翁相對只山青。
邇來先執淪亡盡，可耐題詞涕迸零？

輓龍洲趙先生【三首】

人生孰不死？公死定如歸。
巨壑蟠龍逝，孤墳大鳥飛。
豈唯知典體？遂復洞先幾。
此道無終否，千秋一是非。

驂龍朝帝所，昔在白雲鄉。
鳳鳥服三駕，錦文爲七襄。
時來降析木，天遣略扶桑。
忽復騎箕、尾，空令我涕滂。

龍門杳何許？入眼白雲愁。
風雨方孱僽，川塗更阻脩。
【一作“風雨方孱僽，空嬰兩地愁。龍門杳天際，鳥道入雲修。”】
夢醒儀形在，驚呼歲月遒。
唯應千古事，江、漢自東流。

謝權仲說來訪

一年離闊得相從，萬卷明窓趣味醲。
冷淡周生過閔子，風流郭泰訪茅容。
霏談吐處風生榻，好句圓時雪壓松。
數夕團欒歡未洽，近晷春服約重逢。

呈張大成

黃岡從古竄鴻才，嶺外文星送幾回？
誰識溪山雲霧裏，更教南極老人來？

《義牛圖》歌【乙巳】

金烏淑氣鬱盤紆，挺出忠賢幾丈夫？
亭毒之餘或鍾物，如今復見《義牛圖》。
牛兮牝牛耕深谷，虎來騰人牛奮搏。
攫噬抵觸勢相當，林壑風雲慘回薄。
須臾虎倒決雄雌，日暮人牽觳觫歸。
主人病斃牛憒叫，不莝而死如有知。
有知詎亶馬識主？此事聞來絶前古。
男兒臨死重捐軀，幾多賊虜遺君父！

李君好古感慨多，手携兹圖求我歌。
木齋卧疾才更薄，牛兮牛兮柰圖何？

題權通禮 南川公《虎口日錄》後【幷序】

有側室康之烈，捍公於始得不死，有進士公之孝，脫公於終得不死，而以全公之忠，殆天所以曲成公歟？ 雖然，之烈也、之孝也，實本諸公之家教，則公能有其忠益驗矣。此公所以獲佑於天也歟？ 乙巳淸和，後學洪汝河敬書山澤齋中，繼以兩絶。

身輕白刃學當熊，忽墮蒼崖萬仞崇。
玉碎花飛容易事，誰知捍衛所天功？

憑虛一夕動風雷，鐵鎖重關也自開。
誰識天翁感精禱，終教夜半負爺來？

輓趙汝松[3]，丁未

花川 趙先生，遯居花川澳。

3 松 : 저본에 "相". 《豊壤趙氏世錄》卷23《靖社原從功臣展力副尉副司果豊壤趙公墓碣銘》에 의거 수정함.

先子昔負笈，兩家義自篤。
先生捐館舍，溪墅付家督。
余亦失所怙，相對悲風木。
中間各契闊，音聞苦難續。
前歲返舊棲，淸江繞茅屋。
是時難弟公，休官自海曲。
素髮映棣華，雖貧樂亦足。
兒孫列眼前，謝庭森蘭玉。
人言天可必，舊德先生食。
我在隔岸東，扁舟可月夕。
把酒對披豁，謂言不厭數。
聚散若無常，令季旋赴北。
公復遽至此，百歲如風燭。
關山萬里外，嘶酸秋雁獨。
追思十年事，我懷焉終極。
死者誰不竅？公今返眞宅？
首丘遠莫致，商嶺亦可卽。
傷心穎湖水，寒藻漾澄淥。
湖邊送輀車，佇立呑聲哭。

輓鄭判書【世規】

奕葉三槐德業萌，公將懿敏比初程。

南城風雨攖鋒刃，北闕星辰識履聲。
簡冊完名馨晚節，陶型善類屬時淸。
退閒忽報騎箕尾，朝野咸悲失老成。

高名千載斗南縣，人物堪論盛宋年。
大義勤王張叔夜，弘量鎭俗范忠宣。
杜門晩歲經過少，倒屣酸儒眷愛偏。
南紀幾年歸楫阻？白頭愁絶八哀篇。

輓金鶴沙【應祖○丁未】

旅老門庭立雪年，橫渠誨勖禮居先。
飭躬莊恪功全積，晚節優閑學益專。
躐秩腰金宸眷特，摛翰拱璧士林傳。
忽驚夢協康成讖，朝野同悲殄瘁篇。

山林廊廟摠相宜，自是蕭然瘦鶴姿。
千古遺篇看自得，一生淸操畏人知。
晚從水石陪罇賞，曾向銀臺載筆隨。
更擬沙莊親緖論，山頹此日不勝悲。

次柳子愚【世哲】《江亭》韻

江樓依厂[4]築，崖棧入雲橫。
先正留題地，宗孫肯構情。
月中秋壁逈，松外暮洲明。
欲向滄浪濯，黃塵不上纓。

輓鄭鳳輝【丁未八月】

哭君逾月淚痕乾，萬事茫茫秪付天。
暮雨孤山秋草路，可堪丹旐過門前。

田家卽事【戊申】

櫟皮覆屋鎭雲根，松揷疏籬棘擁門。
數畝石田耕未了，他年活計付兒孫。

社酒村燈樂歲豐，呼嗚擊缶涷梨紅！
名垂萬古知安用？腐朽還甘草木同。

4 厂：저본에 "广". 문맥에 의거 수정함.

函牛泣豆味堪餐，兩手翻翻揉作團。
鋪席曬乾黃鶴卵，瀉盆和漬水晶寒。

龍爺葬日感懷有作【己酉】

怪來風日慘晶寒，知是高賢掩素棺。
老淚賸霑淸洛水，生芻遙隔白雲山。
圖書滿壁空千卷，衣鉢傳家只一簞。
記取啼烏深巷裏，他年相對若爲顔？

辛亥正月五日，曉起有感

凍瓦初融雪，山禽乍喚眠。
觀書趁曉旭，開戶覺春天。
寥闊東山望，悲涼北海年。
向來經濟志，白髮任蕭然。

簡聞喜倅金賓如【熹】**求崖蜜、松花**【辛亥】

蜂屯石底曾需蜜，鶴踏枝邊幾采花？
二物未應供賑濟，可能分贈野人家。

顏子【辛亥】

問到四非上，仁存三月中。
喟然初發歎，卓爾見成功。
巷裏泉涵碧，壇邊杏綻紅。
瑤琴輟遺響，天地幾春風？

雨中梅未開竹盡枯【辛亥】

萬松濤裏雨聲寒，臥病江村詩興闌。
鶴瘦獨憐梅寂寞，鳳衰誰問竹平安。
一杯酒盡重難覓，千卷書閑舊讀殘。
莫遣老婆呼內翰！少年榮宦夢邯鄲。

謝李參奉仲季【翼文、翼升】來訪

二難迂駕荷相尋，夙歲風流特地欽。
劍外文章驚軾、轍，關中經禮見防、臨。
離罇落日雲堪遠，匹馬千山雪正深。
珍重春來蕭寺約，知君一諾比雙金。

輓李參奉翼文

箕範遺疇演奧辭，成書未就汗青期。
也知夕可悠然意，不耐雙親鶴髮垂。

曾向興丘訪隱淪，白雲流水失斯人。
一書追到還成訣，却起深情喚卜隣。

壬子九月，眞寶道中作

驚鵲棲難定，羸驂路更賖。
昔年行遍國，今日宿誰家。
紅樹馬前少，青山鳥外多。
夢中溪一曲，森列玉嵯峨。

次山人應寬軸上老先生韻【癸丑】

聞說陶翁年少日，最憐山寺碧窓燈。
只今遺墨珍藏處，飛鳳岑頭第一層。
【老先生詩有"最愛少年山寺樂，碧窓深處一燈明"。】

輓柳拙齋【元之○甲寅】

聚訟紛紛壞禮庸，遺經頭面舞文中。
何人解撰《尊堯集》？只有當年一了翁。

鐵漢英聲奕葉傳，屛山世德幾名賢？
法家東表稱河、柳，人物堪論盛宋年。

拙翁八十尙精神，憂我沈緜枉誨頻。
病未及蘇聞奄忽，淚河東注問蒼旻。

詠曉

皓色先從牖孔回，室中半暗未全開。
俄然物色都呈露，知是陽烏海底來。

與黃遠甫、柳子强【壬之】、**鄭鳳輝、李善鳴**【英甲】、**全明老諸人，約會于愚伏堂，余病未赴，黃丈寄詩，謹次**

珍重穀城子，來尋谷口期。
誰言嬰末疾，偶爾失同歸？
林壑撩幽夢，淸篇動遠思。

秋深撑小艇，重上玉潭磯。

讀《四書集註》法，示金景謙、崔汝安【基重】十一絶

分門《語》、《孟》、《學》、《庸》同，三十六篇血脈通。
理會章章相發處，許君親見紫陽翁。

中州曉得發蒙初，此法相傳口授餘。
堪愧東韓孤陋甚，窮經白首歎紛如！

逐句釋了通釋處，起頭端有法門三。
或言或蓋餘直說，蒙學何人爲指南。

略掇經文撥轉開，之而承接稱量回。
讀時若得依斯法，一字何曾錯誦來？

《魯論》散帙尤難讀，仁智從來見得殊。
却得晦菴來整頓，添他貫索走盤珠。

《鄒聖書》中揭大旨，教人程式做文章。
世儒聞此生嗔怪，說與癡人夢一場。

誰將俚語贅經旨，大義微言日就蕪？

一句分作兩句讀，令人却恨薛弘儒。

乘除緩急字多少，詳略渾融句短長。
理會透時堪手舞，枝枝相對葉相當。

天下文章似禹河，何人疏決放龍蛇？
晦菴註脚因窺豹，謂得茅生八大家。

一字兩義動輒釋，不嫌重釋道爲言。
《大雅·文王》三引處，遞減三字句法存。

第二之章似頷聯，故云天命所當然。
勸君曉得這門路，推類旁通卽貫穿。

奉贈張大成

年來少睡若多事，病眼纔交就寢時。
夢裏只因羊作念，覺來還與鶴相期。
化爲莊子應知幻，不見周公甚矣衰！
據几浪吟詩欲就，四更山月映簷枝。

輓金天休【學培】

羲、文奧義闢門途，卓識玄談伏老儒。
白首抱經無訂處，可堪斯道日榛蕪。

茅齋昔日獨留君，夜榻披襟細討文。
回首江頭相別處，至今猶有不飛雲。

寓居卽事

晚風吹捲讀殘書，日滿西窓午夢餘。
曬麥庭前鋪網席，自揮圓箑嚇鷄雛。

舟中卽事

一罇一硯一竿竹，獨泛滄波一葉船。
醉裏題詩絶壁下，醒來垂釣蘆花邊。

謝朴汝弼【廷薛】來訪寓所【幷序】

自近歲，南海瘴毒盛熾，往者輒病多死者，汝弼倅谷城，斷酒，不啖魚蝦，煮水取蒸瀝日兩斗，造飯，嚴勑家累，戒律甚苦，及罷還，渾舍無一染者，昔劉器之南遷時，有高僧敎以"闔家斷酒"，遂得全還，事正相類，眞可以爲世法也，余近停煙茶敢及之。

故人來訪意綢繆，寂寞荒村草樹幽。
往歲遠遊俱萬里，衰年闊別又三秋。
還家我戒顚茶陸，踰嶺君師止酒劉。
共喜田園多暇日，溪山還往亦風流。

《周易本義》

車指南天鑑燭幽，都將《本義》闡羲周。
只愁東表無人會，說與空山石點頭。

經書句讀俚諺多破碎有感

紛紛口沫謾生珠，闇室茫然譬燭無。
壞了聖經全句法，令人却恨薛弘儒。

德行四子贊

難疑函丈付諸賢，獨抱瑤琴一喟然。
陋巷歸來春日晩，勿旗飄拂杏花天。

天地由來動孝誠，先須本立道從生。
季孫莫作相留意！汶水秋波徹底清。

斯人斯疾豈關身？篤行他年感鬼神。
七十孔門成德士，伯牛自是第三人。

優於德量短於才，地位一頭讓與回。
好把重門嚴擊柝，莫敎暴客入城來。

感興

乾坤本太極，玄聖闡精微。
晦同周天暮，明從宋日輝。
方塘涵本體，庭草驗天機。
寥闊千秋意，三嘆誰與歸。

輓權竹所【鼈】

幽蘭在空谷，世寡識此翁。
標格整而溫，綽有先公風。
先公有文章，趾美睡軒公。
撰成《韻玉》書，璀璨照吾東。
公復繼其業，彙輯頗精工。
事類陰子春，竹所名又同。
前年寓金塘，屢拜華堂崇。
八十尙精神，凍梨欲暈紅。
字猶蠅頭寫，罇已蛆浮空。
談說東方事，實穿野乘中。
那知乘化日，我家已轉蓬？
雪天孤緜潰，東望恨結衷。
長德命雖嗇，責報天應豐。
君看森玉樹，餘慶定無窮！

感懷三十一絶

元會天將半，乾坤日出東。
本虛涵妙用，太極有無中。

地方華夏小，天遣太師東。

殷井舊疆在，禹疇遺化中。

散步荷堤北，微吟柳岸東。
詩生花綻後，酒盡鳥聲中。

紅藥松壇上，丹楓竹隴東。
梅園傍荷砌，篮塾在其中。

貝籙西天外，丹書碧海東。
誰知兩家術，旋轉氣機中？

書窓花影亞，睡榻梧陰東。
康節微吟外，周公短夢中。

箕子何來此，宣尼又欲東？
道冠百王上，明夷五位中。

麟踣魯郊外，鳳衰周室東。
《春秋》數千義，炳烺日星中。

卓哉禹祭酒！講究《易》初東。
欲解羲、文妙，潛心《本義》中。

續纂紫陽後，輯成滙、澤東。

曾經梳洗出，猶入無文中。

若爲了史法，汗竹滿天東？
突過浮夸《左》，波瀾腐史中。

松都五百載，苐祿欠全隆。
只爲貽垂意，根源竺教中。

梁衍慈悲行，齊襄鳥獸風。
諸孫不滿百，滄海一帆中。

諸侯無二嫡，仲子別成宮。
天王歸惠賵，有文在手中。

琴絃韻花柳，旗脚拂春風。
問到四非上，心存三月中。

魏、晉崇玄理，梁、唐振祖風。
連珠魯野上，合璧宋天中。

唐天闊瑞旭，宋日來光風。
查滓渾消盡，胸襟灑落中。

程氏階梯密，堯夫樓閣空。

春風來座上，秋月到天中。

世人渾指月，伯子獨吟風。
童冠舞雩上，簞瓢陋巷中。

江西務簡易，南嶽襲空風。
紫陽宗博約，至正又大中。

自是無邊際，那能有始終？
傍觀影像外，只在揣摩中。

一自玄聖沒，千秋紫陽風。
功應不禹下，化已覃域中。

尊性循天理，博約致眞功。
篁墩不曉事，顚倒晩初中。

天降退陶翁，遺文照海東。
丈人疑大隱，洛水似閩中。

經緯渾旋左，峙流却向東。
坐成變化妙，拶出似磨中。

陶翁生不數，厓、鶴嗣高風。

學力兼天質，試求三代中。

萬理教透徹，一源本澄空。
方知司馬子，念念枉求中。

活絡經文脈，曾隨益、牧東。
如何四書法，墜失百年中？

雷闢萬千戶，春生卅六宮。
儂今終日語，那得離圖中？

坦坦平平地，銖銖寸寸功。
莫要奇特想，只在此山中。

排比廳堂室，均停南北東。
無形何可執？精一自能中。

晨興

艱苦田家幾備嘗，晨興檢樂偏長。
東林放犢催須早，南畝耕奴問亦當。
旭射園松團翠色，風搖榻竹韻微涼。
舊書萬卷今休讀，慙愧當年用意忙。

上元詠月

淸宵蟾彩十分姸，賸作新年第一圓。
和氣融光添冷暈，却憐春月勝秋天。

與金寧海長卿【夏梃】約會興丘，後寧海寄詩，仍和

秋風匹馬訪丹丘，⿱免鳥何來此共留？
絶壁千層環作障，平沙十里曲成洲。
潭心有穴知魚美，郭外無田爲鶴謀。
東望滄溟論咫尺，好將身世付盟鷗。

秋日遣懷

生涯到老轉酸辛，景物逢秋感慨新。
日落鳥還知有意，天寒龍蟄會存身。
荷涵霽月濂溪賞，瓢挹淸泉陋巷貧。
二子胸襟眞灑落，晩生天地我何人？

眼暗

天君詔眼七臣靈，汝獨先衰職曠明。
眼答緣看萬卷破，願君省事十分淸!

訓子篇

麤糲緼袍絶汰奢，只循勤謹莫虛誇。
【丈公戒子書曰："勤謹二字，循之以上，有無限好事。"】
聲譽偏減要名士，災患多生好利家。
【戒親戚不，睦而爭小利，以致獄訟挺災，鄕黨賤惡，而家道傾覆也。】
芍藥繁華難結實，【艶婦不必生佳兒，文士不必做實事。】
松篁節操肯成花。
【詞華麗藻，非君子之所尙，冶容盛粧，非貞婦之所爲。】
丁寧更向雲孫道，忮害爲心去道賒!

贈宗姪復余【克己】

人情悲逝水，佳節屬東風。
一醉渾三日，同宗只兩翁。
桃心春尙暗，杏蕊雨全紅。
丘壟髯龍活，相從樂意融。

偶題

童習群經白盡頭，忽教擺脫儘優游。
浩然鄒聖初難說，卓爾顏生歎末由。
亨利貞元元會運，秋冬春夏夏、商、周。
若論行解相資處，此理應從實地求。

有感

靜觀今古興油然，頗覺幽居樂白仝。
除是悲歡三萬日，渾如閱歷四千年。
白鷗秋水依巖釣，黃鳥春風枕卷眠。
自愧晚來方學道，井中窺破一圓天。

七月晦夜雨【己亥】

跨朔淫霖苦不休，沈吟一夜白渾頭。
村炊寂寞明朝事，野稼漂淪嗣歲憂。
歲月悠悠如轉燭，星辰杳杳欲登樓。
衣衾濕盡關山曉，却記黃猪七月秋。

讀《朱子節要》有感

日把《朱書》課作程，空山晝永愜幽情。
炎蒸已向吟邊失，爽籟還從靜裏生。
經卷玩時疑亦豁，蒲團坐處興彌淸。
晦翁趣味今方會，休怕年來病眼盲。

感事

乾坤一馬喩，身世老蠶眠。
蕩蕩看餘地，悠悠莫問天。
小心追舊學，疏鬢入新年。
陋巷生春意，傷時忽悵然。

觀相民讀《論語》

異端荒幻談天外，多少迷人溺不回。
那似自家門內事，穩承諄誨父兄來？

卽事

病餘春色滿江湖，好雨仍霑土脈蘇。
草怒生時思茂叔，雷驚起處歎堯夫。
道機浩浩乾坤闊，功業悠悠日月徂。
贏得癡聾翁意味，一家天地亦唐、虞。

偶題

棲息田園荷聖明，耕雲釣月送殘生。
莫言野老渾無事！醉裏濡毫頌太平。

輓兪汝柄【二首】

如舊蓋傾初，相逢晩更疏。
夢中千里面，病後數行書。
珍重披襟約，經過解紱餘。
忽看行素紼，腸痛故人車。

未試匡時略，猶懷濟物心。
事常出名上，仁自入人深。
杜、召謠騰昔，陳、荀節罕今。

他年循吏傳，悃愊最評林。

偶題

六藝崇深鑽仰彌，須敎誦玩十年遲。
也應咬嚼生滋味，九鼎寧容一嘬知。【論下學】

高尋聖域易成蹉，峻步翩翩不歷階。
閒處從容渾自在，用時急滾費安排。【南軒亦有此病】【論上達】

和安泰和【道徵[5]】《三江》韻

意中蒼壁立，愁外夕陽頽。
未覺君旋去，翻成我獨來。

自警

緊著精神大著力，還須放下更優游。
也知地步無窮盡，莫把行程認到頭。

5 道徵 : 저본에는 '韻' 뒤에 있으나, 泰和가 道徵의 字이기 때문에 옮겼음.

過端川

先祖成仁地，昏朝戮諫年。
雲仍千載後，風雨海東天。

初春

半世悲歡一夢中，覺來天地又春風。
庭心屋角暾初暖，水北山南雪半融。
老婢排床拈水藻，小娃撐鼎煮溪茸。
藿食生涯如此足，他年莫羨膳魚豐。

凍儼詩腸酒一中，興酣跨馬遡江風。
同庚友值東坡 軾，過二年俱北海 融。
莫歎官廚羞杞菊，試看甿庶擷蔬茸。
可憐餓死吾民盡，麥熟何人樂歲豐？

偶題

多病閑猶甚，南窓臥起遲。
忘懷時把酒，觸境偶生詩。
山翠侵床潤，江風拂袖吹。

箇中眞趣味，休報俗人知！

晩晴

霽色初凝碧樹煙，詩情欲作已森然。
江山雨洗秋光出，天地雲開夕照鮮。
興廢無端方信命，行藏有是敢希賢。
一瓢陋巷聊成趣，擬抱遺經送暮年。

贈李善鳴

老我年來屬病慵，知君靜裏更加功。
眼底有書都貫徹，筆端無物不形容。
秋風又到孤山下，斜日相尋穎水東。
密邇過從成趣味，歲寒心事共貞松。

村中絶火，見炊煙有感

閑中趣味少人知，景物無端供四時。
靖節豈曾耽飮酒？堯夫非是愛吟詩。
夢中爽氣松含籟，雨後春光柳𨊟絲。

禿筆强拈緣底事，晴煙一抹弄晨炊。

贈金士一【時金爲龍宮倅，作詩請糶。】

天旱露山骨，人窮食木皮。
蒼髯一朝厄，白首幾旬飢？
殘杵聞香桂，崇盂認紫芝。
憑將賢宰報，和米始堪炊。

遣興

夜後涼生枕，春波碧漲池。
藻魚行檻樹，林鵲語簷枝。
物外煙霞古，罇邊日月遲。
晚來情更適，誰恨鬢成絲。

三江書院次權皆玉【瑎】**韻**

筆力眞堪撞巨鐘，大篇揮出卽春容。
瑰林寶藻翔儀鳳，璧海驪珠攫睡龍。
擬討淹中書萬卷，相逢嶠外雪千峯。

明朝別恨那堪說？一片襟期歲晏松。

成德四子贊

一貫微言理渾圓，除非眞積孰先傳？
也知參也終非魯，速肖三千最少年。

鳴琴單父囿春臺，成德須知更達材。
魯國若無君子澤，焉能養出這人來？

三年泣血致悲憂，避難何嘗徑竇由？
歷選聖門求孝子，愚柴竝數閔、曾流。

明農、禹、稷帝中州，尼父何曾語奡舟？
我取白圭詩三復，緬懷風範照千秋。

霖雨

半夜濤雷殷枕床，曉窓嵐霧濺衣涼。
閉門七日愁霖雨，裹飯何人問子桑。

謹次權判閣題盈德客館詩韻【幷序】

醴泉 權氏世居琴塘村，士大夫不絕。至別提公，有五丈夫子皆成進士，登第者三人。而判閣公與弟睡軒先生，俱入翰苑，一世榮之。燕山戊午，睡軒遭史禍，判閣、別提公父子俱遷湖南。及中廟改玉，宥還復官，歷典州郡，累至憲府中丞，移拜判閣以卒，今百有餘年矣，歲庚戌春，不佞來寓福泉村中，距琴塘隔溪僅數百舉武，杖策徒步，晨夕往來，見有判閣遺祠三間在焉。環祠而居者，皆判閣之曾玄孫也，詩禮文獻之懿，不墜世業，爲南中聞家云。余每到輒眺覽溪山雲物之勝，慨然想見昔賢之風流，彷徨低回，而不能去者久之。

一日，權進士國樞氏，偕其猶子進士晟來，造，余而言曰："高祖判閣公父子兄弟，俱以文章名世。別提公一篇詩，與睡軒相酬，今載《睡軒集》中刊行，而判閣絕無數行文字傳後者，吾等常歉恨焉。同閈居李侍講，乃判閣伯氏正郎公孫壻也，頃年差御史，巡到盈德得判閣公題詠一篇而來。蓋睡軒爲便養出宰盈德而遭禍，故其後判閣公因幹事，歷抵盈德，感傷而有是作也。吾等始獲奉玩，若寶拱璧然。觀古今文章家，盈箱累牘，終歸於堙滅，而不傳者何限，則此寂寥短章，散佚何疑。吾等欲令內外孫有文者，屬而和之，以寓感慕，彙爲巨帙一編，則庶幾不致散亡，以爲子孫傳家之寶焉。子亦權氏之外裔也，盍序而詩之?"

余爲瞿然曰："外王父高參判乃嘯皐　朴先生外孫壻，朴先生卽判閣女壻，吾於判閣爲五代孫矣。吾高祖訥菴夫人鄭氏卽判閣內兄弟，訥菴與睡軒相好也。睡軒之赴盈德也，訥菴賦野城辭，以爲贐，膾炙一時，今《載睡軒集》附錄。余於判閣公野城之詠，烏可無一言以道平日之感慨也哉?"

因念判閣公一家文章、節義，與眉蘇氏相埒。而別提公流離竄逐，親與睡軒之禍，比諸老泉預憂子瞻之禍，益可傷惻焉，故取其意，以爲詩云爾。

當年軾、轍總能詩，禍聯還須明允知。
朗詠遺篇過舊宅，滿山雲物正哀思。

謝李醴泉【光鎭】、金豐基【啓光】竝轡來訪

盡日溪聲繞屋喧，碧沙疏柳映柴門。
隴頭乍輟扶犁手，谷口驚看駕鹿轓。
雷老因求豐獄劍，山公非爲習池罇。
酒醒明日成追憶，一笑還將夢裏論。

《古井田歌》送大同丞 南載元【㙉】爲別

大同江水流源源，殷師井地今尙存。
《九疇》縱橫法神物，七十隴畝猶森列。
森列田廬認八家，井井方方無側斜。
周天雨露不敢霑，秦法欲壞無奈何。
粤從秦法破阡陌，三代禮器隨散失。
誰知東表有古田？我欲觀殷端可述。
魯叟乘桴欲居夷，此心炯炯應在玆。
若使橫渠得寓目，何必買田勤區畫？
紫陽包羅古經界，藉徹籛疏如合契。
父老傳說三千歲【一作"祀"】，歷歷分明前日事。
東韓史家乏三長，驁誕張虛遺大綱。
韓公好古加尺量，撰定文史何煒煌！
韓子之文足吾徵，東峯之詩亦可憑。
我續《春秋》摭本實，濡毫欲寫復停筆。
停筆沈吟久不輟，側身西望頭渾雪。
聞君去泛古浿河，撫古興懷增歎嗟。
送君歸不必登浮碧空詠江心一片月，
又不必遊永明寺異蹟荒唐麟馬窟。
但向含毬門外挹遺蹤，一一寫出寄與南飛鴻。

自警

自笑平生學坐忘, 秖今白首竟亡羊。
屋廬容膝乾坤闊, 書冊埋頭日月長。
西蜀作文工點竄, 南軒遇事覺悤忙。
病根點檢尤關酒, 三復賓筵第五章。

西苽

柑橘査梨性失中, 西苽兼總玉振終。
乍驚璀璨琅玕碧, 旋剖輕盈琥珀紅。
瓊鉢秋凝雲髓冷, 金莖曉浥露華濃。
炎天一吸神精爽, 兩腋疑生駕鶴風。

輓安德章【瑞徵】

疏鬢身猶健, 相留一月强。
暮書纔報疾, 朝价忽傳亡。
憐靜方移築, 尊賢擬作堂。
素心俱落莫, 慟哭白雲長。

送別李萬里【溟翼】高山

蘭金協契古家傳，更忝詞垣步武聯。
謫宦君行千里外，殘郵我到十年前。
淚痕尙帶關雲濕，望眼應同塞月縣。
早識聖恩推孝理，肯敎東邁不遄旋。

詠太守盆梅

歲晏供幽賞，深窓一樹梅。
題詩香繞筆，把酒冷侵杯。
東閣人同醉，西湖客亦來。
春回轉淸絶，休怕白頭催。

幽谷驛樓，送金天休，因寄洛中諸公

忽見靑雲士，還將《白雪操》。
溪山仍古驛，天地更吾曹。
鳥道緣崖棧，龍鱗涉漢舠。
舊遊如問我，三逕閉蓬蒿。

觀鶴峯先生墓道立碑

先生歿已久，勒石列幽墟。
五百年間有，三千字尚餘。
董工奔郡邑，繼德聚簪裾。
共歎斯文緒，應傳洛建初！

輓李淮陽【崇彦】

北關歸路劇悤悤，淹對淮陽臥閤翁。
若勸山醪嫌未痛，縱談騷苑轉難窮。
後期渾被風塵隔，往蹟俄驚露電空。
年誼早知先契重，白頭題輓淚雙瞳。

遊清涼，歸次孤山，贈雪心上人

孤舟來泊釣魚磯，靑鶴臺前對夕暉。
夢裏仙山從此別，白雲深處一僧歸。

次權仲說《記夢》韻

瞻聆言貌聽心君，童習難成歎白紛。
未信意城能却敵，敢言旗脚亦張軍。
何人仁莫違三月？顧我貧應到十分！
所樂他年符好夢，都將富貴視空雲。

金景謙兒子哀詞

故人才子稟姿殊，鳳穴由來詑好雛。
風澤喜聞和老鶴，玄亭忍說失童烏。
汾河離索應箴勵，嬴博悲號足範模。
莫遣右軍嗔妄作！彭、殤泡沫一須臾。

無題

緬想前賢邁往風，論三達德勇居終。
自憐三十年工業，只在安排準擬中。

題文得耉江亭

落日江千里，秋風菊兩枝。
主人渾不管，過客自題詩。

淑人李氏輓詞

陶翁餘慶鍾淑人，姿質柔婉莊更純。
鶴峯先生有賢孫，擇配于歸奉蘋蘩。
宗室初看季女尸，歜家還聞主猶績。
已將內則備四德，更得箕疇萃五福。
五福富貴壽康寧，兒孫滿堂慈誨成。
年年設筵酌玉醴，每覺豪眉照人清。
一朝飆輪出塵滓，海上蟠桃新結子。
煢煢淚灑老萊衣，終始哀榮古莫比。
青城山下協載龜，洛水環之淸且漪。
此日爭傳《薤露歌》，他年誰篆黃絹辭。

輓李咸安【尙彦】

霽老雲孫有此翁，江湖高臥百年中。
端莊標格吾偏慕，人道淸詩有古風。

臥疾荒村雪打門，聞公入地暗銷魂。
會將此日無從涕，霑灑他年宿草原。

輓人

執袂人皆是，開襟獨許君。
那知別離後，便有死生分？
雅意隨流水，悲情寄斷雲。
山陽他日過，一笛詎堪聞？

輓趙正字【又新】

東韓推大姓，南國艶高文。
界尺應成玉，天葩早吐芬。
瞻如揚學士，逸比鮑參軍。
詞藻爲餘技，操修實出群。
誠心吾最解，直道世皆云。
薄宦仍羈旅，深功在典墳。
伏生渾白首，梁子竟靑雲。
屬擬良非淺，幽明倏已分。
姻親憐表弟，年輩友先君。
雅辱開提切，頻霑枉問勤。

簪花榮舊廟，灑涕感風斤。
此日違臨穴，悲懷劇緒紛。

輓朴泰安【廷蓍】

早瞻風範晚相從，棲遯溪山道味濃。
濁俗淸標聞苦檗，歲寒心事認貞松。
仁人自昔天應報，直道如今世莫容。
滿眼謝庭森玉樹，他年福澤定無窮。

輓李季則【世標】

天遣眞城文運開，妙年擅藝嶠南隈。
元賓行懿齡仍促，長吉才高世共哀。
愧我庸姿難一蹴，憑君古道擬重回。
切磋未究平生志，白首悲懷不自裁。

訪權公運見《雙梅集》留贈

來尋權一柳，偶閱李雙梅。
大醉携笻去，柴扉月下開。

秋霖

暝靄都隨雨脚來，千峯渾似夕陰催。
日輪只在浮雲外，却恨秋天撥不開。

無題

麗代半千年衮鉞，盛朝旬五日《春秋》，
新編舊帙渾難理，汗竹無期白滿頭。

贈沈晉卿【弘弼】

幾年求放費安排？遲暮堪悲路徑差。
先哲遺箴倩君寫，銀鉤不獨賁寒齋。

謝權澤如【濡】來訪

天爲邦家降大賢，高名千古斗南縣。
誠深黃兎調停日，忠著青蛇託付年。
久識宗孫承駿業，却從多士綴鴻篇。
知君遠訪慇懃意，三復遺文一泫然。

和朴將軍【宗文】《壙石歌》

【將軍，寧海人，以武科，除咸吉道都事。李施愛之亂，力戰死之。死之日，有異禽，集於其妻肩上。後子孫絶世，失墓所在，近二百年。壬寅歲，野人得誌石一片於二十里外田中，亦異矣。】

朴將軍匣中，雄鳴三尺水，男兒報國寸心是。
手扶西極天欲傾，青海城頭壯士死。
一片丹心耿耿不自迷，化作冤禽帶血歸。
翩翩直向故園裏，爲傍德耀頭上飛。
可憐馬革委草莽，花田山下招魂葬。
氓俗相傳語益訛，千秋想慕空怊悵。
銘磚半破字三行，認是當年壙南藏。
誰敎遠擲野人得？天意表忠垂無彊，
邦人感歎薦芬苾，作廟渠渠揭遺烈。
花田山崩東海揚塵，朴將軍名與之俱滅。

詠孤山【在咸昌】

鉅野孤巒秀，丘岑不敢群。
神驥離萬馬，猛士却三軍。
浥浥春藏雨，蓊蓊曉潑雲。
如論膏澤厚，應作衆峯君。

讀書作文法示兒曹

讀聖賢書旣竭才，須教爛熟誦千回。
都將眼界平鋪後，直自胸襟瀉出來。
力轉滄溟堪倒注，氣凌嵩岱欲崩摧。
却嫌小技眞無用，遮莫留心故紙堆！

輓申察訪【適道】

一德公攸好，人間五福宜。
伏生那欠壽？謝椽却嗟早。
蓬島驂鸞去，丘原梓樹悲。
自憐生苦晩，未認紫芝眉。

贈朴守默齋【成敏】

谷邃疑無路，山高別有天。
崇禎日月在，何事坎中連？

木齋集

卷三

疏

疏

上番疏【丙申正月】

伏以臣謭薄庸陋，最出人下，叨霑殊渥，塵浼近班，揆分踧踖，銜恩感激。非臣虀粉所能上報，則區區一念，在於薦擬得人，庶幾以此爲報效之地矣。

噫！史局爲任，秩卑責重，人之得失所係不輕，薦授之際，愼重之道，當如何也？而敢以一毫私意，參錯於其間哉？知其人器相當，而反加沮抑，或怵於威勢，而輕捨所見，則不幾於徇私滅公，而爲忘君負國之歸乎？

臣竊見近年以來，國家之綱紀漸弛，史局之遺風覆頹，每當薦擬之際，輒將當世之士稍有剛直不撓之名者，則例加擯斥，必取軟熟脂韋如臣等輩，然後始充其選。故薦目未出，而一國已逆知其非第一流矣，可勝惜哉？

臣於去年七月，與檢閱宋奎濂相會議，薦正字李象震，奎濂頗甚持難。數日後相會，又薦前直長李元禎，則奎濂可之，奎濂薦前說書呂聖齊，臣亦可之。遂以兩人停當，使奎濂往問于奉敎李堅，則堅以金萬均事尙未結末，參於他薦爲嫌，不爲開坐，遂停議薦，殆逾半載。始於今日，與奎濂相會，欲以前日停當兩人，更擬完薦，則奎濂託以他辭，變其初議，欲捨元禎，而添入新進。臣非以添入爲不可，其人爲不合而不從也。必欲令臣捨所停當之人，而曲從其屢變之論，則豈有是理乎？

臣之淺見，捨元禎則象震而已，故臣更薦象震，而奎濂又不從焉。元禎則旣諾旋背，象震則終始沮泥，臣未知此兩人者果不合於是任歟？臣實未曉其意之所在也。象震，先正德馨之孫，元禎，其父祖皆經史局，而兩人文詞志操，能世家聲，則其人地俱優堪入是選者，奎濂豈獨不知耶？無乃以其素有不撓之名，故一向擠阻若是之甚歟？史局薦例，必須上、下番論議歸一，然後得完。臣今所薦，固無得售之路，而臣身在此，亦無改薦之理，則臣何敢一日仍冒，以忝重地乎？

且念臣自冬初以來，重患內感之症彌留。至今不得發表，晝輕夜重，失音口澁，强疾供務，已屆累朔。頃以下番入直之際，露章請急，見阻政院。數日以來，病勢猝劇，達夜苦痛，渾身如刺。精神昏憒，四肢顫掉，以此病勢，無望供職。

伏乞聖慈察臣罪狀，矜臣病勢，特許鐫削臣職，以便公私，不勝幸甚。臣無任戰灼祈懇之至。

辭職疏【同年十一月，拜正言。】

伏以臣猥以譾劣，荐被隆渥，量分循涯，濫踰已極。玆者夢寐之外，更叨新命，而尤爲萬不近似，感極而懼，匪榮伊災。徊徨悶縮，罔知攸措，冒控免牘，見阻政院，稽謝當避，今無舊例。臣之情事，到此而狼狽益甚，不得不冒死仰籲於聖聽之下。

夫爲官擇人，政體所重，量而後入，在下當勉，矧茲諫諍之職，是何等重地！宜愼其掄選，以授其人，豈如臣碌庸所宜堪處乎？伏願聖明俯允微懇，特許鐫改，以便公私，不勝幸甚。

仍竊伏念人臣之進說於其君，不亦難乎？誠出於愛君歟，則昏主容之；苟涉於爲名歟，則明君疑焉。夫名何從而生乎？人臣爲忠則名立，爲利則名虧。使爲人臣者，皆趨利而隳名，則亦豈國家之福而君父之利也？

士之品大概有三：愛君忠國，根於天性者，上也，如是者，間世一有，其次，爲名而勉强者也，其下則嗜利無恥之徒耳。臣見當世之士，視諸爲名者，亦不及遠矣，而人且以好名目之，臣竊哂焉。夫好名者，必有卓絶激勵過人之事，世果有其人乎？ 古人所謂"求士於三代之下， 唯恐其不好名"，此之謂也。

臣於去冬入侍時，親承聖教："未嘗不以土木之役，痛恨於光海。"大哉，王言也！臣因是思之，則光海土木之役，得已不已之事，而其時諸臣曾聞有一言救止者乎？今日修理，乃出於奉御慈聖，萬不得已之擧，而諸臣者紛紛如此，則是光海諸臣，皆出於愛君，而今日之臣，皆不知愛君而然耶？

臣謂：光海但有嗜利之臣，殿下猶有爲名之臣。竝此而無之，則致光海之覆亡也，夫何遠乎？殿下推類以思之，則前後獲罪之諫臣，庶皆有以洞燭其無他矣。夫然後毋論有罪無罪、情法之輕重，凡以言獲罪，一切蕩滌，大慰國人之望，不亦可乎？

噫！辭氣動靜之間，君子之所愼，吉凶禍福，兆眹之先見者也。況於王者，一言而爲法，一動而爲則，其所係何如也？臣見近日答諸大臣之批，何其辭氣之間，抑揚失中，若是其甚耶？不涉於嚴峻，不近於撝謙，但快一時之忿，而不覺其反入於自輕之地，虧威損重，莫甚於此。史臣書之，四方傳之，將以爲何如也？豈非殿下平日涵養之功，有所未盡而然耶？

臣聞喜怒失節，則血氣不循軌，而病爲之生，其可憂之大，不但害於事而已。昔人論學，以養心爲主，養心之法，明乎理而已。明乎理則心虛無事，遇事而自然不動，處事自合於理，存心出治之要，盡於此而已。

今殿下不先明乎理，而著力於事務上，萬幾勞於外，百慮叢於內，本心之體，爲事務所役，而無頃刻之休。挾以好勝之念，輔以勇往之氣，則掩蔽沈痼，日以益甚，虛明沈靜，本然之體，終莫得以見焉。如是而遇事，不能無窒礙，而心不得不動，則又力制其心，使不動焉，不知其所以不動者愈動，而心、體愈昏也。愛、惡緣情而生，喜、怒觸境而動。施措乖謬，政令紊亂，以至乎安危樂亡，迷惑而不知返者，皆由於不明理而强制其心故也。

伏願殿下爲學以明理爲主，操心以居敬爲要，溫繹之暇，凝神靜默。姑將事務之得失、群下之是非，一切酬應，都休照管，收拾已放之心，遊神昭曠之原。如是者十日而未有得焉，則不懈而益致其功，加十日焉。猶未也，則又加十日焉。本心之體，庶幾可驗，而動靜交修，表裏渾融，涵養之功，方有下手處矣。

聖賢論學之旨要不出此，而變化氣質之方，夫豈外是而別有妙法乎？張思叔詬詈僕夫，程子曰："何不動心忍性？"呂祖謙性多躁怒，因讀《魯論》而祛其病，朱子稱其可爲學者法。此尤學問親切工程也。伏願殿下加意於性偏難克之處，著力於易發難制之地，勇革前習，一變至道，則其他種種病根，可以漸次消磨。所以感回怒予之天、斡旋治亂之機者，亦豈外此而求他道也？

臣敢以數行陳談，贅於免牘之尾，極涉猥褻，臣亦自知，而臣於曩者，妄進瞽說，嚴譴不加，至形天奬，臣嘗感歎，寤寐不忘。第念前日之議，遺本及末，辭意未該，故輒復以是進焉。伏願聖明恕其狂僭而採其愚焉。

請罷採銀疏【代咸昌儒生作】

伏以今者銀工數輩，齎持公文，到付本縣，就縣廨鄕校主脈之山，開鑿壙冶，設立店場，召募游手，騷擾民戶，將以採取銀貨，以補國用，臣等竊以爲過矣。蓋裕國之財，豈無他策，而何必設店採銀，以虧聖王敦儉之化？取銀之地，豈無他山，而何必鑿損文廟之地脈，以供度支偸耗之費乎？

恭惟國家設庠、序、學、校，奉安先聖，玆事體大，無國學鄕學之別，則其於護衛之擧，不可不深長思以爲經紀久遠之圖，與天地相終始也，雖或所係要切，不當妄興工役。況此採銀，何等猥褻，豈容刱役，貽損地力？

夫始役之地與鄕校相距，論其遠近，固當以里數計，不可以步數計。然區區於步數、里數之差別者，乃有司之事，而非殿下之所當計也。何以言之？歷代帝王尊崇先聖，世漸加隆，大牢之祀，秦所不行也，而漢始行之；王爵之崇，漢所不行也，而唐、宋行之。迄于我朝，列聖相承，右文崇道，尊聖之誠，高出百王，凡係虔奉之事，皆度越常例，而以崇極爲主，習俗已成，有非中國之所及。

今玆採銀之役，其當罷與否，固無事例可據。然殿下若諉諸稍遠，任其興役，則恐非所以深體祖宗之至意，而致崇極於大聖也。漢家享國至於四百年之久，論者以爲精神命脈，基於高帝之過魯尊祀。梅福上疏以爲漢祚中衰，當封孔子之後裔，以擬古之三恪，以悅天心而祈永命。廷臣不用其言，封殷、周之後，而孔氏子孫則否焉。以此觀之，凡係尊聖之事，不但論其地脈之遠近，亦當參驗天道，而不容少忽者也。

或云："凶狡之輩，實知銀蘊多在於聖廟至近之地，爲自遠漸近之計。役雖形彼，意實在此，及其丁工日聚，器械已備，一朝猝犯於不當犯之地。則待其士林發覺，官司報聞，轉達天聽，動淹累朔，報罷之旨雖下而地脈已斬，奸計已售矣。”事若至此，不唯臣等之痛恨無柰，而殿下亦痛恨悔咎之不暇矣，雖斬銀工之首，何補於事哉？

噫！堯水、湯旱，荐臻於十年之內，虐魃之災，至于今年而極，千里赤地，百澤俱涸，傷心慘目，有不忍見。民窮力竭，已到十分地頭，聚首呼號，如在狂波漏船之中，遑遑恤恤，命在晷刻，而催科峻急，倍甚他年。監門所見，孰敢圖上？階前萬里，下燭無路。當此之際，恤賑之擧不曾留意，而唯採銀取利是事，其於觀聽，豈足爲美？

數年以來，銀利漸興，召聚游惰，團結爲黨。既入其中，依勢橫行，交結州縣，凌暴平民，燒剔山嶽，斷絶地脈。數百里內縱橫貫穿，景象愁慘，亦足召災。唐臣權萬紀請宣、饒州銀大發，取之以利國，太宗大怒，命黜萬紀。蓋唐宗之心，帝王謀利爲可恥鄙，豈問宣、饒、孔廟)之遠近哉？

今殿下赫然下敎，盡將國內坑冶之所，特命革罷，則史冊書之，豈不爲千載之美談乎？臣等託跡鄉庠，沐浴鳶魚之化，目見聖廟近地有未安之事。狂簡諸生恥吾君不若堯)、舜，安敢處殿下於漢、唐主下，而不爲一言來籲也哉？

伏願殿下稽歷代崇奉之典，體列聖致隆之意，斷自宸衷，夬賜兪音，特罷本縣坑冶之役，斯文幸甚，國家幸甚。

應求言教疏【己亥五月，呈政院因國恤還出給。】

中訓大夫、行鏡城府判官·鏡城鎭兵馬節制都尉臣洪汝河，誠惶誠恐頓首頓首謹百拜，上言于主上殿下。

伏以臣伏覩本道巡察使據議政府移文行會列邑，以三月二十八日下教，許令中外臣庶上章言事者。臣奉讀再三，有以知聖上畏天勤民，夙夜淵谷，深軫表沴之災，欲求消弭之術，甚盛意也。如臣疏逖，學術空疏，何足以仰副聖教之萬一？

顧念臣重來此塞，粤瞻山河，卽是聖祖龍興之地。思祖宗創業之艱難，念今日國勢之抏揑，俯仰今昔，慨然流涕。此臣所以傷時之感，尤切於此來之日也。思欲一罄愚忠，冀備採擇，而跡涉出外，言戒未信，趑趄不果，爲日久矣，適會玆者，獲奉求言之敎。

夫三月之雪，爲異彌甚，載在史策，咎徵可驗。臣不暇遠引中國之事，姑就東國觀之，則高麗 仁宗二十一年三月，大雪；毅宗十九年三月，移御普賢院，天寒雨甚，衛卒凍死；忠烈王二年四月，雨雪，四年三月，又大雪；忠肅王十一年四月，雨雹雪。其時皆有變故，或微或著，而唯毅宗末年之禍，最爲酷烈。

夫天地閉塞之象，乃見於陽氣發泄之辰。行雪旣降，風日寒曀，則考厥候占，寔非吉徵。臣不敢知他日之應，或微而不足錄歟？抑不測之禍伏於冥冥之中歟？宜殿下惕然警懼，冀納箴規，辭旨惻怛如此。使草野韋布當之，思折首而不悔，況策名委質者哉？此臣所以披肝瀝膽，竭其愚而不知止也。第臣前此，旣欲一陳北方之事，則請粗述其槪，因及於聖敎也。

夫北方之事，可憂者多矣，以其時考之，則誠可憂之時也。何以言之？吾東在三國時，句麗之地，西極於遼，北極於肅愼之域，卽今之北路、九邑等地也。句麗旣亡，唐室亦衰，唐之幽、薊，爲契丹所侵，而句麗西北界，爲女眞所據。及麗祖開國，首務經略北事，但以定、平爲界，咸興以北，淪爲異域。迄于睿宗，遣尹瓘等收復舊地，建置九鎭，適値金祖興於黑水，瓘功未就，旋得旋失。夫麗 太祖之不能復蓋焉，猶宋藝祖之不能取幽、薊。逮乎聖朝勃興，始置六鎭於此地，悉復句麗氏舊疆，而皇明定鼎燕京，適與時會。然則我國北路之離合，與中州幽、薊之得失，時世相符者，瞭然覩矣。

臣在南時，嘗聞北方士馬精强，及來目見，與前聞頓異。所謂"束伍"，短劣疲懦，不習技藝，與南軍類，而寒餒羸瘁，抑又甚焉，所賴北營奴兵，數不滿二百騎。然獷悍精銳，緩急可用，以其名屬奴籍，不得自奮於行伍。自有尼湯哈變以來，先登犯陣，多立戰功，閫帥不恤其身，朝廷不聞其名。以此蘊憤蓄怨，積有年日，一朝臨事，恐不足賴。

至於城池樓櫓，疏闊特甚，自咸興以北，至于六鎭，在在皆然，無一處可恃。加以地廣人稀，物力凋薄，千里蕭條，蓬蒿極目。數十年來，邊候寢閑，軍政不擧，椎剝是事，孑遺之氓，不堪其苦，皆懷怨叛之志，反生從北之願。

況聞豆滿越邊，土地沃饒，種落日盛，而悉遵北京約束，故不敢動耳。使北京號令，一朝不行於其地，則北鎭一帶，非我有也明矣。如元世祖統合四海，高麗臣屬之時，乃顔餘黨叛於北方，從此路至蹂躪東國，則前頭事變，安可保如今日也？夫北方之事，以時考之，可憂者如彼，以形勢觀之，可慮者如此，臣之嘗欲一陳者此也。伏願殿下疇咨廊廟，愼重邊事，講究安民固圉之策，不勝幸甚。

至如臣所管鏡城府事，似屬猥亢，不足以仰溷天聽，而事係關防利病，不得不略陳焉。鏡府爲節度本營，號稱重地，城堞形勝，甲於北路九邑，而近年凋殘，特爲最甚。臣始到，竊怪其故，及後搜閱謄錄，跡其致此，良有由矣。蓋北闔創立之初，酬應極繁，故在世宗莊憲大王朝，定制節度使。在行營支供，則北官六邑當之，在本營支供，則南官三邑當之，輪回定式，永世遵行。

第以支供雜物厥數浩大，米、麪、魚、果、油、淸、鹽、醬、柴、炭、芻、秣等件，殆以千萬計，而各處使喚，排房所吏卒，每番不下百餘名，皆自其官差送替立，行之百年。法久弊生，轉輸之時，死亡居多。萬曆十八年，因御史書啓，廟堂定奪，判付詳覈，令道臣相議。

乃出本府奴婢百口而三分之，以其一給判官，其一屬本營，其一屬行營，以備使喚，而遂罷九官替番之規，至今仍之，是則鏡城一府，有大造於南北九官之民也。至於支供雜物，皆以乾物輸納，且令三官營軍士，蠲其煙役，自耕屯田，舂租運納，以補支供之需，當時變通之意，未嘗令一邑獨當也。夫何壬辰以後，舊法蕩然，屯租直輸營門，乾物仍致權停，大小策應，專責本府。

米、麪重物，姑置不論，柴、炭、芻、秣，出於民而力已竭, 紙地、油、淸, 産於南而價益翔。修理一石, 必令府民移置, 而營屬斂手閑遊。支供升合, 皆自府廩進排, 而營儲腐朽撤棄, 漸致本府百需匱竭, 目今板蕩若經兵燹。且六鎭之支應仍舊, 而明、吉之輪回, 獨停諉之, 以六官無貢物, 而明、吉有之也。然而鏡府進上貢物, 無異明、吉, 而白大口貢物重役, 猶且倍之, 本府偏苦, 據此可知。

噫! 祖宗朝設法均役之意, 豈端使然哉? 夫鏡城田結, 纔滿一千, 煙戶未及二千, 名雖中邑, 地卽下品, 較諸明、吉, 不啻相縣, 而獨當營門, 今七十年, 民安得不窮且散也? 由是世囿太平, 而鏡人獨無聊賴, 隣皆奠枕, 而鏡民曾不息肩。棄赤子於路旁, 而此邑尤多, 託牛涯於峽居, 而此地尤甚, 勞佚不齊, 獨爲匪民。

有物於此, 三人擔之則有餘, 一人荷之則不足。乃曰"與其三人受困, 無寧一人偏勞", 因著一夫身上, 使之出力扛夯, 則始若可堪, 終必僵斃。此府之勢, 何以異此? 且如防戍之地, 所宜酌定貢物, 如得限年半減, 可以盡心軍務, 臨亂之日, 試出十令貂皮、數顆牛黃, 欲博此城, 而何可得也?

伏願殿下俯詢備局, 從長措畫。或復輪回支供, 輸納乾物, 或出營門屯租以補支應, 或於貢物雜色, 蠲減一窠, 以祛一府生民偏苦之患, 則關防重地, 庶有蘇殘之望矣。

臣又聞本道咸興府, 平日難堪之弊, 與此府相似, 宣祖末年, 因守臣陳疏, 特令折衷定式, 咸興一府, 至今賴之。今若下詢道臣, 照檢故事, 本府支供、修理、使喚等事, 一視咸興府爲例, 則委屬便益, 事亦可行。伏願特降指揮, 劃卽施行，不勝幸甚。噫！臣所欲言北方之事，旣已略陳，則試就聖教中，一一條析以對，伏願聖明留神焉。

臣伏覩殿下聰明睿知，卓冠百王，而猶慮氣質之局而未化；殿下經學博覽，洞視千古，而尙患識見之偏而未逮，斯固上聖地位，謙不自居之義也。然而孟子曰"堯、舜性之；湯、武身之"，"性之"者，生知之謂；"身之"者，氣質之謂。

伏願殿下於堯、舜爲法，於湯、武思齊焉。喜怒之不中，固由於氣質之疵；志慮之頹弛，或緣於見識之病，斯固病根相因之次第。而臣於年前，敢以涵養志慮、變化氣質之說，嘗略陳於應旨之時，則雖其辭朴陋，不足以留神記憶，臣何敢復取而陳之，以重溷天聰也？若夫講學而無體驗之實，則其爲學也鹵莽；求治而昧施措之宜，則其爲治也擿埴而已。

夫所謂"體驗之實"者，何謂也？講學而驗諸本心[6]之謂也。夫天下之事無窮，而應事之綱在心，惟其動於意氣，而私欲萌焉，則其綱必弛，無以應事物之變。是以古之聖王，無不學其學，必以致知爲先，居敬爲要。蓋將以明理正心，而立萬事之綱也。此綱旣立，心體卓然，則雖在紛華波動之中，而能靜能安，處幽獨得肆之地，而常在常覺。是以寂然未發則萬理皆備，感而遂通則應物不差，此所謂"體驗之實"也。殿下日御經筵，討論墳籍，雖値祁寒隆暑，未嘗少輟，

6 本心：《木齋集》권11 附錄《贈通政大夫弘文館副提學·知製教兼經筵參贊官·春秋館修撰官、行通訓大夫司諫院司諫府君行狀》에는 "身".

殿下之講學，不可謂不勤。然其硏究之功，不出於文義、句讀之間，講誦之規，只關於應文、備數而止，至於體驗本心之說，則聖問未嘗以及，儒臣無敢以陳。此所謂“讀書程課”耳，其於講學之道，不亦遠乎？伏願殿下毋徒以講誦爲務，而求諸本心，加工於窮格之地，體驗於動靜之際，以立萬事之綱焉。

夫所謂“施[7]措之宜”者，何謂也？因其時，順其俗而不咈[8]於民心之謂也，故曰：“不求不可成，不禁所必犯。”出令於流水之源，發策於事機之會，納民於必生之域，措國於不傾之地，則可謂得施措之宜也。是以順民而治，中主可勉，易俗而敎，上智所難。

今夫東國之俗，質柔而懦，氣輕以浮，所喜者文辭，所諱者武藝。二百年之培養，不在於韜鈐，擧一國而專攻，唯在於詞藻歌詩之浮艶。而有解孫、吳之簡奧而無釋者，其俗然也。及其邊釁將啓，競奮起而主謀，大敵垂迫，始蒼黃而講武，爲將者不知奇、正爲何物，爲士者不知擊、刺爲何事。一屬伍籍，役百於齊民，或有斬獲，害及於子孫。功成而士不賞，兵敗而將無誅，此則東方習俗，自麗時而已然也。今若患其然也，遽欲改紀其政，付之於手生之將，責效於時月之頃，泛而寡要，勞而無功。加以饑饉連年，財力難贍，

7 施：《木齋集》권11 附錄《贈通政大夫弘文館副提學·知製敎兼經筵參贊官·春秋館修撰官、行通訓大夫司諫院司諫府君行狀》에는 “時”. 이하 “施措”의 “施”는 모두 “時”로 되어 있음.

8 咈：《木齋集》권11 附錄《贈通政大夫弘文館副提學·知製敎兼經筵參贊官·春秋館修撰官、行通訓大夫司諫院司諫府君行狀》에는 “拂”.

兵民胥動，愁怨滿國，其於施措之宜，不亦疏乎？噫！忘戰必危，有備無患。南民易動，島夷多詐，每當風暖之候，人皆荷擔而立。備禦固不容忽，懷綏貴得其方。伏願殿下俯察民俗，旁參時勢，揆策捍艱，以得人而爲務，練士繕甲，待年豐而爲期，弛張緩急，動中機會，以適夫施措之宜焉。

且刑賞者，人主之大柄，而用之貴得其要。古之賢王，刑約而嚴於贓汚，賞穠而先於廉白。如漢 宣帝、唐 太宗、宋 太祖致治之術，皆用此道，誠得其要也。今殿下以愛民爲心，而不以擇字牧爲務，治效旣露，疑其要譽，贓跡旣明，輒施恩宥。加以公議絶響，上下蒙蔽，治最人孤，殿下罔聞，惡稔力厚，有司莫糾。締奧援而輦輸不絶，典大藩而誅求益肆，淸芬消歇，濁穢橫流，民何以保？國何以堪？袁安未嘗以贓賄論人。臣雖不佞，竊慕斯義，及目見其事，未嘗不心惡。頃於閔震益事査報之時，臣勘得實跡，姦贓狼藉。又聞震益開市之日，肆欲無厭，其子泣諫，震益不從，遠近傳笑。跡其罪狀，斷不可貸，夫何阿鼎不擧？律止徒、配，法令何自而立？貪墨何由而懲？

至於廉幹治績之吏，則古之帝王或賜書奬異，或增秩仍任，今者但以陞敍爲限，準職爲重。夫陞敍、準職之權，不在於君上，而在於銓曹，圖囑或施，否輒廢棄，豈所以聳動瞻聆爲一世激勸之地[9]乎？刑賞之舛所以至此，實由於殿

9 地：《木齋集》권11 附錄《贈通政大夫弘文館副提學·知製敎兼經筵參贊官·春秋館修撰官、行通訓大夫司諫院司諫府君行狀》에는 "道".

下愛民不誠，而激勵之不得其要也。伏願殿下特留睿念，不勝幸甚。

是非者，公議之所由而行者也。是非正則欺隱悉屛而正士用，是非不正則黑白眩亂而衆枉進。是以莫敢矯非，子思有戒，按爲國是，宋朝以覆，是非之混，豈非有國之深憂乎？殿下嘗下教於筵中曰："我國士大夫有一種病痛，旣指西爲東，則雖知其非東，而堅執不變。"此固出於自是遂非之病，而是非之所以益混也。近年以來，此習彌盛，一時風聲，上下同然。雖以聖上[10]天覆之量，臣不敢保其不然也。

至於士夫之中，强愎自用，知非必遂者，完南府院君李厚源最其尤也。論議以偏險爲主，處事以崩岁爲尙，當其固執己見，唯以必遂爲心，未嘗虛心以求至當之所在，則幾何不至於誤國乎？其餘諸宰之見，率多自是之病，擧國交騖於勝，是非何緣得正？

蓋人之常情，明於見彼，而闇於自克。殿下能知群臣指東爲西，而迨乎臨事，亦自不免。群臣能諫殿下好勝之病，而及其自作，反有甚焉。此古今之通患也。唯諸葛亮識見卓然，上以諫其主，下以勵掾僚，冀聞箴砭，誠懇昭著。今難以昔賢偉度，責諸衆臣。則殿下宜先自反，祛其好勝之心，深戒諸臣，矯其習尙之偏，各宜務去偏吝，恢弘遠謨，上下相勖，同趨於中正之域，則是非之混，尙何難正之有

10 聖上：저본에 "上聖".《木齋集》권11 附錄《贈通政大夫弘文館副提學·知製敎兼經筵參贊官·春秋館修撰官、行通訓大夫司諫院司諫府君行狀》에 의거 수정함.

哉？伏願殿下特加三思，不勝幸甚。

臣伏覩殿下優容直士，採取嘉謨，聽納不懈於左右，求助遍及於草澤，則言路之壅，非所患也。然而臣聞："賞諫者興，拒諫者危，戮諫者亡。"殿下喜於獨運，勇於自信，非有心於拒諫，而人目翳諫，事差異於戮諫，而跡涉殺士。此直士之所以解體，而言路之閉，何待城門之開也？

至如洪宇遠之陳疏，雖涉引喩失當，固出於愛君忠赤，則殿下褒之可也，恕之可也。及其不能，將以抵罪，而未嘗有戕戮之擧，則亦可也。其後遇災之日，殿下惻然動念，三兒親屬，悉取入京，臣於其時，以史官入侍，至今思之，未嘗不感泣。此雖非出於用宇遠之說，卽宇遠之論，適與之符。臣謂殿下於宇遠，特降溫諭，待之如舊，則是乃上聖度量，而激勸將來之盛意也。

夫聖人胸次，無過時湛然，有過則改之，豈容一毫芥滯於時月之間也？夫何被斥之臣，皆得重齒淸班，獨於宇遠之事，猶有未釋然者？此所謂"旣未施戮，又不行賞"，言路之壅，不亦宜乎？是以臺糾日發，或多挾私建白，紛紜皆是文具，只取其悠泛不緊之事，以爲塞責之地。至於上係國家之興亡、下關一身之禍福者，則固不敢以出諸口也，豈不大可寒心？則臣之此說，何敢爲幺麽一宇遠地也？伏願殿下禮遇直士，樂聞讜言，非徒赦之，又從以賞之，以彰激勵之義，俾諫者有以勸焉。

臣伏覩殿下總攬權綱，法行令肅，奬勵屢形於群工，董責必及於弛慢，紀綱之弛，非所恤也，然而綱紀不能以自振，振之自有其要。夫所謂"紀綱"者，何也？尊以統卑，簡以制煩，綱擧目張，整而不紊之謂也。是以大臣重，則朝廷尊嚴而紀綱以立，大臣輕，則體面虧損而綱紀隨壞。

噫！昔之大臣，百僚望而畏之，今之大臣，庶民狎而易之，雖欲董督百司，振頓綱維，而有不可得也。夫大臣之所以見輕於今日者，固未免有自取之道，而朝家之所以禮貌大臣者，亦有所未至也。國初立制，尊禮大臣，使之不親庶務，所以權在銓部。喪亂以來，損削體面，皁隸旣罷，月俸亦省，騶從僅比於省郞，常祿纔足以代耕。孔子曰"宮盛任使，所以敬大臣也"，從古以來，人主之遇大臣，未有如今日之薄略也。倘非其人，褫免固宜亟行，苟在其位，禮遇不容如此，非所以重朝廷而嚴上下之體也。

夫祿曰天祿，職曰天職，德崇位尊，能鮮祿薄，古之制也。是以中國之法，上自公卿，下至州縣，各稱其祿，皆有定制，而我國則不然，外方大州，享千石之饒，而三公崇品，未滿百石，宰列侍從，有貧窶之患，而府史胥徒，富擬公侯，豈非所謂"無制"之甚乎？《書》曰"旣富方穀"，史稱"厚祿養廉"。彼爲大臣者，雖欲自奉淸、約，而冠昏喪祭之需，可使廢乎？如其不能自給，必將取諸他人，安得每人如柳寬、李元翼而相之？則關節必行，賄賂必章，是則大臣廉於國廩，而取於藩閫，國家吝於升斗，而泄於尾閭，奚益之有哉？況乎身居糾率，自毁廉隅，則汚吏之縱恣，何以禁之？名流之苟取，何以勵之？紀綱頹弛，實出於此。至於百司，多不得人，庶務悉委吏屬，錢穀之吏，驕僭日甚，各司胥徒，猶且稔惡，締結權要，實執國命。外方進獻之進退、刑獄文書之出納，實皆陰操其權，雖欲禁而勢不行也。噫！國初權在於大臣，中古以來，權在於臺閣，直到今日，權移於胥吏之手，豈不痛哉？

伏願殿下禮遇大臣，尊位重祿，以杜闗節，以風百僚，以懲頹弊之習，以嚴朝廷之體。至於胥徒之弊，特下嚴敎，干犯尤甚者，加以誅罰，稍存廉恥者，擢授實職。或依中朝各部設照磨之例，別選方外而充之，則庶務皆有統攝，而紀綱可得以振矣。

嗚呼！聖敎所及，臣旣略陳，則聖敎之所不及，豈無可論者乎？夫收拾人材、恢張公論，爲國第一義，要不出此，而聖敎莫之及何也？豈以材俊旣已進，公論旣已張，故不必留意者耶？然而雍熙之治，猶戒遺賢，周成之盛，尙訓滅私，則聖敎雖略，臣敢無說？

臣生長鄕曲，筮仕未久，京國物情，實所未諳。然略窺用人之法，淸流進退，似有定式。顯擢旣緣，履歷淹滯，固出自取，當其注擬之際，吏部亦難徇意。至於庶官蔭職之選，徇私過半，公道絶少，無援不擧，非囑不行。官方殽亂，職競由此。

夫天之降才，不限貴賤，而我國之制，以門地爲限。揀其萬分之一，則所採不廣，黨論之後，分爲三四，而用其一邊，則所占尤狹。就其一邊之中，度亦勢難遍及，必須尤親且舊，得以擬望，奚暇稱停其才否，而使之人當其職乎？名器之混，於是極矣，今幸擢授銓衡，佇見漸釐宿弊。

至於春坊添設，出於輔導之美意，進善以上除擬，須待聲望久洽，而參下之選，別設諮議，文官雅望，反有所不及，則擧一世而兩三人猶爲多也。今者曾無嘗試之事，而年少蔭官，輒擬諮議)，以平日老成避而不居之禮，一朝加之於新進之士。使之進退俱難，莫知所處，無乃徒爲觀美，無益實效，而亦非所以優賢愛士培養謙厚之俗也？ 臣謂歷代官制，諮議係是參上。今若陞其本品，以待歷試他職，然後授之，則受之無嫌，實效可期。

噫！ 人才用則紀綱振，而刑賞得中；公道行則言路闢，而是非自明。 欲救四者之弊， 不出於擢材賢、恢公道二者而已。 然而人才之所以難進、公道之所以難行者， 抑有由焉，良以朋黨之禍，爲今日病國之根，膠固而不可解故也。噫！朋黨之禍，夫人而知之矣，言之者亦已氣竭而底蘊盡攄矣。然則論此固涉芻狗，捨是亦無他道，救得一半，猶爲對病之藥。

臣請遡其源而論之。 夫創業垂統， 必立一代之制， 法行旣久，必有偏而不擧之處，則弊因而生，漸至滋蔓難圖。此有國之恒患而所難免也。 是故魯親親而太公揣其寢微， 齊尙功而周公度其臣强。 高麗 太祖政尙寬仁，委任大臣，禮遇踰制，在宥過失。是以權聚於重臣，而其終也有權臣之患。本朝懲之，嚴立科條，損約重臣，尊其體面，奪其權柄。是以權移於下僚，而其弊也有朋黨之禍，此亦馴致之勢也。

高麗自毅宗以後， 武臣相繼用事， 一權臣除， 一權臣生，前門拒虎，後門進狼，首尾百年，患禍莫測。及至忠烈，外藉元朝兵力，殲戮巨魁，自是權歸人主，王室稍安者百十年，而後乃亡。

今此朋黨之弊，自始禍以來，垂八九十祀，此亦物極而將變之時也。誠能善救於今日，則億萬年無彊之休，可得以冀也。然而朋黨之禍，烈於權臣，除去之難，殆有甚焉。蓋權臣溺於富貴，朋黨溺於意見，溺於富貴者，可以一朝而捽去，而溺於意見者，難以人人而遽曉也。

嗚呼！學術分裂，中國尙然。嘉、隆以來，士論角立，相持百年，迄未歸一，然其禍未嘗上及於朝廷。蓋以中國士大夫識量稍高，規模稍闊，謂“論議自是一事，國事自是一事”，不相參涉故也。我國則不然，立幟雖緣於意見，處心實關於名利，陰操異同，顯加擠援。由是澆薄之流，賈勇先登，偏滯之輩，死守彌篤，風流波蕩，互相矜詡，至于今日，則沈痼慌惑，肆行妄作。當其逞忿之際，唯以快意爲事，君父之安危、宗社之存亡，姑置度外，曾不介懷。

嗚呼！是亦不可以已乎？此之謂失其本心者也。譬之行舟，一人主櫓而欲東，一人主篙而欲西，爲主人者，莫適從而臭厥載矣。則彼兩人者，何其不思也？主人旣敗，庸獨免乎？與其爭狠小忿，載胥及溺，孰若平心協力、利涉共濟之爲愈也？

噫！牛、李雖分邪正，朔、洛本無高下。況如我國分黨，彼此俱是士流，人情不大相遠，其中豈無稍有識見者乎？豈無感恩思報者乎？雖不能超然無黨如呂大防之特立，而亦豈無秉心公直者乎？特其陷於流俗，不能自拔，是在殿下明辨之如何而已。故曰"主櫓與主篙者之見，各執一隅，未嘗遽捨，則唯在主人之明暗"者，此之謂也。

夫善醫病者，必診其受病之根；善醫國者，必遡其受弊之源。高麗初設十二衛，各置上將軍、大將軍，而未嘗相統。及後，令上、大將軍，同會一處議事，號曰"重房"，而權力集于一，武臣遂强，由是馴致庚寅之變。國初立制，參下文官通清之柄，悉關於廊廟，自韓明澮用事以來，大臣恣行己意，淸議不勝憤激，擧而屬之下僚，使自保擧，而權柄移于下，奔競成習。由是漸啓朋黨之釁，則此乃受病之源，而必至之理也。論者皆知權臣之禍萌於韓賴、李紹膺之爭寵，而不知其自重房會議而濫觴也；皆知朋黨之隙㑊於金孝元、沈義謙之相鬨，而不知其自下僚保擧而權輿也。

誠欲革今日之弊，莫如略倣國初之法，增損節目，務要公正，擇諸臣有公、忠、直、諒之稱者，委任釐整。然後殿下先之以開導，以解其惑；公之以拔擢，以平其心；勵之以嚴督，以破其私。覆以天地之至仁，照以日月之至明，斷以雷霆之至威，則雖欲爲黨，夫孰敢哉？

《洪範》曰："凡厥庶民，無有淫朋，人無有比德，唯皇作極。"又曰："無偏無黨，王道蕩蕩，無黨無偏，王道平平，無反無側，王道正直，會其有極，歸其有極。"夫皇建其極，則自無偏黨之習，極之不建，則必有淫朋之患。所謂極者，曰仁、曰明、曰武之謂也。伏願殿下端本建極，勖勵臣工，戮力同夤，痛湔舊習，則公道可行，才俊可得。紀綱由是而振，言路自此而闢，刑賞之舛、是非之混，尙何足以勞聖慮也？噫！微臣之願陳聖教之所及，旣已粗效其槪，而愚忠惓惓之意，猶有進於是者，伏惟聖明留神澄省焉。

嗚呼！今日何等時也？上自朝廷，下至外方，百度潰敗，不可收拾，人心渙散，風俗陵夷。重以物怪、時變，層見疊出，山崩水涸，海氷夏霜，日月貫珥，太白晝見。伊、洛渴而夏亡，魚稻貴而吳滅，罕覯前乘，咸萃玆時，可驚可愕。

豈特三月之雪而止哉？況乎水旱連年，民戶流移，賦斂煩苛，咨訕載道，八路嗷嗷，咸思離叛，齊民逃賦，藏竄山谷，各持私兵，依蔽林藪，布滿湖、嶺，其徒寔繁。唐末山棚之賊，大爲腹心之患者，復見於今，而南徼一帶，事多可虞。水閫諸鎭，俱不得人，徒務剝割，媚事權貴，舟師什物，但存虛簿。復隍之歎，與北無殊，脫有南警，土崩可占。以此人心業業，莫保昕夕，十棋九卵，何足喩危？當是時也，欲試區區之策，則譬猶銜石塡海，持杯救燎，多見其勞也。

嗚呼！國之興亡，必有天命，而召公有"祈命"之誥，譬如人之壽夭，亦必有數，而周公有"無逸"之訓。其意若可以人事轉移於其間者，夫豈無稽之說、難必之道，而聖賢者言之乎？召公之戒成王，歷擧夏、商歷年，有"自貽哲命，今天其命哲，命吉凶"之說，而其要歸於疾敬德，以諴小民，以諴民爲祈命之本。周公之訓，輒擧三宗·文祖、憂勤·壽考及"立王生則逸"，"罔或克壽"，而首稱"君子所其無逸"，繼之以"則知小人之依"天。"知小人之依"者，諴民之謂也；"所其無逸"者，敬德之謂也。二公之言，如出一人，蓋召公之忠，但願周曆緜永；周公之誠，唯在成王壽考。

其後姬籙迄逾八百，成王久享太平，二公之策，其驗如此，大哉，召公之志！至哉，周公之忠也！後之人臣，不以召公之心憂國，則非忠於國者也；不以周公之心事君，則非愛其君者也。然則謀國之要，莫急於祈命，祈命之本，只在於恤民，而恤民之要，又在於薄其賦斂，使之安業。

竊覸今日之政，雖以恤民爲言，抑以聚財爲心。夫財之藏於民與藏於國，較其利害，孰多孰少？國存則藏於民者，皆國之財也；國亡則藏於國者，悉爲他人有也。古之明王，深達此理，但以保國爲心，不以聚財爲務。然而明主散之，盡保其財，以及子孫；昏主聚之，盡失其財，身且不免。夫何柄國之臣，不以澤民爲心，但以興利爲急？

搉[11]利旣多，京輔失業，催科日峻，東南先竭。常賦旣輸，名色巧作，正供之外，人情安用？魚果之獻，皆有定價，十條麻索，作布十疋，則從古以來，豈有此比？
臣於昨年入侍，適値一宰臣來自湖南，白："民間一結，出布三十許疋，人謂賦役倍重於昏朝時。"聖聽愕然，屢形憂歎，或疑其非實。臣旣下鄕，詢之村老，咸謂其說實非誤傳。蓋光海時，年屢豐稔，一疋直米一斛，故賦斂雖重，民不知困。今則一疋直米一斗，一結稅米，費了十餘疋木。其他雜役倍於田稅，故嶺南一結出布，至二十疋，湖南木麤。所以至此，蓋緣年凶穀貴之致，非必今時濫費厚斂。過於昏朝而

11 搉 :《木齋集》권11 附錄《贈通政大夫弘文館副提學·知製敎兼經筵參贊官·春秋館修撰官、行通訓大夫司諫院司諫府君行狀》에는 "榷".

然也，至於守令掊克之患、胥徒侵暴之弊，則比之昏朝，殆有甚焉，亦緣財竭攘欿。互作毒痡生靈，斲傷國脈者，皆出於此輩之爲。今擧一國之財而十分之，歸於私門者居七，入於公上者僅三，民安得不困？國安得不貧？則實由於政令不擧綱紀頹廢而然也。

今不能振頓綱維，董察庶位，祛其壅蔽，修其政教，而理財是急，裒斂是務。雖盡省宮中之費，全減百官之祿，財終不得而裕，民終不得而紓矣。語云：“聚財損君道，虐民違天心。”夫天愛萬民，猶父母之愛子。人君者，天之宗子也。爲宗子而不恤諸子，則父母之責怒當如何也？愁怨上干，譴告輒應，災咎彰灼，皆出於此，而陋儒常談，指爲某事之應者，何其不察於天人之理也？皇明 太祖播告東國之辭曰“穿著是百姓物，喫著是百姓物”，愛百姓，要至至誠誠。

伏願殿下仰察天心，至誠愛民，發寬大之教，施汪濊之澤。大計財賦，量入爲出，則痛加節減而國用自饒；修明政令，禁抑橫斂，則常賦有經而民不重困。先恤於被災之地，深軫於防戍之界，東南則特減田稅，西北則略蠲貢物。限年輪回，責令實惠下究，量支損益，悉關睿鑑裁斷，然後勤以撫之，靜以鎭之。傷民之事，一切不作，害民之吏，嚴其誅黜，則誠民固本之實，庶乎可盡，而祈天永命之道，亶不外是。若夫疾敬德，以爲誠民之本，則在於殿下之身心。

臣伏見殿下無弋獵之娛，絶聲色之玩，前世人主之過擧，悉無有也。然而人主一身，受攻者衆，箴戒之方，固宜百倍平人。去歲之夏，玉體愆和，群下震驚若無天地。尙賴陰佑，聿迓洪休，天命之眷顧方新，人心之蘄向益切。此正因時乘勢，有爲之會也。

伏願殿下深味周、召之訓，體認敬德之旨，靜攝聖躬，言動蹈禮，日用之間，損去細務，唯以涵養本源、玩索義理爲事。操存省驗，表裏交養，則進德之方旣盡，而頤養之道亦至。其所以端出治之源，以存誠民之本，鞏固邦基，迓續天命者，俱在於是矣，宗社無疆[12]之福，可勝道哉？

子程子深識周、召之旨，故嘗曰"爲國而祈天永命，養生而至於延壽，力學而至於聖賢"，分明有此理眞喫緊之言也。伏願殿下灼見此理，惕念而奮發焉。

嗚呼！臣以孤危之蹤、蠡測之見，其於國家大計，敢有論列，固知其極涉僭猥終歸無益。念臣世受國恩，無補涓埃，曾叨邇列，虛竊寵榮。炳然忠愛之念，不以在外而少懈，則區區一得之愚，何敢有隱於博訪之下也？觸犯天威，唐突時諱，輕獲訾謗，重嬰禍穽，然苟利於國，他不暇恤。

第臣之所論，亦何敢自是？歷觀前史，存亡興敗之際，謨畫論議，自有兩端。方其雜然而進，非特時君世主眩於眞僞，雖使智士旁觀而策之，固未能了然也。直待成敗旣彰，忠邪始別，使後世之士，指點青史而議之曰"某策得，某言失"，何益於當時之敗亡哉？臣每讀書至此，未嘗不掩卷太息，而繼之以隕涕也。

伏願殿下平心玩理，深燭得失之所在，毋使後之志士，

12 疆：저본에 "彊". 의미에 의거 수정함.

起感於今日也。忠憤所激，索言及此，罪合萬死，罪合萬死。伏乞聖慈恕其狂率而特加裁擇，國家幸甚，生民幸甚。臣無任瞻天望雲激切屛營之至，謹昧死以聞。

木齋集

卷四

書

書

答李大方【渠】

頃出十餘日始還，洒翰落於案上久矣。圭復慰倒慰倒。卽玆淸和，伏惟侍餘道味珍衛，縣傃日切。弟於端陽前連有忌故，無暇撥出。袁陝川丈欲令弟屈吾兄，至梅湖書室，仍要鳳輝做數日團欒，未知兄肯從否？索居已久，悔吝山積。日覺親有道受切磨之爲益，而不可得，奈何？嘗欲仰訂於兄者有二事，積阻一晤之際，未遑及。雖及之，未可悉，適承"有何見解"之敎，不得以終默也。

高明之學於上達上有見處，日從事於寂感、動靜之間，令人起望洋之歎，而區區用意，迄未離文義句讀粗淺處，望兄策鈍劣而進之，毋使終迷方向可也。所謂"二事"讀四書集註，先須理會句法。中國搢紳先生訓蒙學時，輒口授此法，自童子時皆已曉得。今觀其所著文字，才分有淺深，路脈則如出一手。尋常人文字亦曉此法，助語字法皆用四書法。

我國人不曉句法，未嘗以此訓童蒙。童蒙時，固無由會得，稍長，却抛棄四書了，因循鹵莽，任意做文理。故我國文字都無法門。間有才識過人者，積歲月所見益高，始有見得處，亦未嘗融會貫通，豁然無疑礙處如中國學士也。我國文字，雖見遇以冠於海外，不得取重於天下，坐不以句法授童蒙故也。蒙以養作聖，童時所不習，旣長，心力不專，不得做工夫到透徹處。百藝皆然，必然之理也。擧一處爲證，讀《孟子》，逐章有大旨，《集註》以章章提掇煩猥，故於首章中，揭示看取大旨法，使讀者依例討究，自然曉得。此是七篇文義中第一要義。今觀《孟子》大文，卽玉堂詞臣所校時，取《集註》要語，分書於大文下，使遺却首章大旨法，便是不會看《孟子》，此一事也。

至於史學，尤東人所不屑爲。大國史記，小國事往往致詳，而東史反不載天下事，文體豈宜爾耶？且東人恥不知中國事，不恥不知自家國事。漢陰、白沙諸公尙然，他何望？譬慣誦別人譜牒，問以渠家事，則不知也。蓋以東史措詞俚俗不雅馴，薦紳先生羞道而罕稱之，如太史公所謂“三皇以上事”耳。史家文字，要淘洗峻潔不沾沾，結得斬截，照應有法，始堪讀。羅麗史猥宂煩瑣，令人讀未半，欠伸思睡，有史不堪讀，卽與無同耳。至於人主不以取觀，筵臣不以進讀，甚非經國之宜也。

我國法制、風俗、人材、政令、關防、機務、財賦、兵甲多寡、沿革、酬應、變通都在我國書，不曾取考，日閱中國事，以爲治術。譬如貧家抛却自家文券，以爲小不足珍已，只取隣之富舍契券，詳算而堅藏之，夥則夥矣。而藏獲、田宅非吾受用，其於致富疏矣。自箕氏至今，中國易幾姓矣。我國纔四姓，商臣、楊廣之亂，我國無之，東方人令女家柏舟，君臣父子夫婦，中國不能無愧於我。天賦如是，而國無史，可惜已。

今欲上及羅 濟，則煩而難成，史法旣明，則後必有繼之者。宜斷自麗史，依左氏例，書宋、金、元事，文章要出入軼宕，其存亡事業，要隱映關涉，方成史家，令人堪讀，令人主喜觀，方爲有用書矣。第慮自家無實見得公眼平心，容易向千古是非，林中厮崖却似擔負一般，此最不好耳。第自考亭立史法條例後，繼而爲者，未必皆其人也。蘇黃門三十前作古史，自謂"求進至老，不住刪削"，此意頗好。願與吾兄相携於寂寞之濱，以此爲一生家計，此二事也。

此事向人道殊失笑。如弟人微力小，不足以感動人聽。須藉兄力，方有人信得及，庶幾令一世文體丕變，豈不快哉？雖然，微吾兄無以發吾之狂言，望須毋與人知此事。日用體驗之暇，取四書、《春秋》傳觀之。旣以此做工夫，又以訓蒙學，日見成效，則兄曾所著動靜、寂感說話，眞吾家物而箇箇實用矣，如何如何？

與李大方【乙酉】

春寒，伏惟彩侍之餘，道履冲裕，仰慰區區。弟頃進留款，始計耳。覺得病根將發，遽爾辭退歸來，茫然自失也。仍患腹痛，著艾累度，尙欠差效，憫苦憫苦。

《圖說註解》，一再看過，祇有令人發向若之歎耳。洗心靜慮，潛玩累月，而後纔略曉指歸之彷彿。蓋理氣機緘之妙，泄露殆無餘蘊，其功豈特度于句解而止哉？不曾意吾兄於大本上見處卓然，已到如許地位。却欲問："兄能反求體驗，切身受用如老先生所指否？"見得旣恁麽眞的，力行處自是住不得。望兄更須著力，打透人鬼關，卽今日不絶如線之緖，尙有賴焉。至祝至祝。

且如句解於第一圈下，只得係"太極"字，兄更添"無極"字，意方全備，亦豈非兄勇往直前處也？至於《人心道心圖》較諸魯齋，頗明白易曉。但破析字形，分屬左右，似涉人爲，不是渾然天成之象。妄見欲將"人心"細書，偏屬一邊，猶以對峙爲嫌，則或將"人心"兩行分註，蓋陽一而陰二，道心一而人心二，要不至大妨，未知如何如何？第自家從來不曾理會此等精細，一朝見他人所爲，便欲開口論說安排，呈納醜差，祇益笑耳。望高明爲一破顔，旋加警敎，玆幸矣。

"中""和"兩圈之互揷，尤屬警策，其餘諸說皆平穩明白，無小病痛。第讀至終篇，於其所謂"自然說"者，不能無疑歎焉。讀來讀去，畢竟是禪味多了，主意都從頓機中占得來。與向來諸說分明如出二人手，不知何者爲兄本來面目耶？不然，是詞鋒餘習未盡消磨，要須痛除耳。倘未蒙首肯，請更下一轉語。未論別事，自號自然，莫若取某山某水，以爲號之爲自然也，如何如何？

與李大方

頃承辱復，把玩迄未去手也。溽炎比劇，伏惟侍餘道味增重，馳溯區區。弟畏暑從來甚於他人，每擬做一款，玆未果意，徒用悢悢耳。去就毋以問我爲也。雖爲兄謀忠，寧能過於爲自家地耶？好笑好笑。

示喩文體，誠爲理到之論，令人敬服，第有一鄙見。陶翁文體，時有與西山相近處，厓老是甚麼樣？氣魄文氣或類陽村，豈可一槪云云耶？且文體，撞翻上一層，打做下一層，法例出於經一章，莊暴章亦然。《戴記》文體，記事外，如此者什六七。光範上書及歐、王、曾最喜此法，固人文以來，不易之正統也。

老兄由來理數上著工夫，多不屑留意此等閑汨董，其於先秦文體，猶欠勘勒理會，所以文體上論議，未免有偏處耳。以兄之高識，於集註句法，未到豁然處，亦坐此故也。然鄙意要不敢自是，更賜擲破，幸甚。第以空疏之學，於兄每不覺傾倒至此，勿爲外人道也。

與李大方

頃日季通、諸君見過，仍諦兄愆度，爲之驚慮。未委淸修之餘，緣何致此？卽欲伻候，田家多故，未果。想今勿藥有日耶？弟奉老粗遣，知荷。昨偶閱西山文字，覺得吾兄好尙未免有偏處。文字固以筆端有口，機穎騰動爲妙處，然此所謂“弄筆狡獪，沾沾自喜耳”。大家文體固不必專以此爲貴也。夫文體以森嚴典則爲主，君子好尙，恐在此而不在彼也。譬諸人物德性，其理亦然，嗇夫之喋喋，豈賢於絳侯之木訥耶？如陽村文字，平鋪放著，沈鬱頓挫，非今日務爲尊經者所可彷彿萬一也。兄意如何如何？望更下一轉語，抓著痒處也。謁聖定於八月初二云，去就何以定計耶？閑居講明，自是淸福，區區科名不足爲兄重。然冷暖自知，豈關他人耶？

答李大方【己丑】

謹承委問翰，就審寒沍，侍餘道履珍衛，感慰不自任。弟奉老粗遣，知荷。昨間，貳元兄見過，悉兄尙未旋旆。近擬走伻以候，約與崔汝安竝轡進敍，不謂眷訊先之。而弟自昨適患感冒，今日頗呻痛，覺得異於常時所患，計歲後當遂鄙懷也。外間紛紛直須任之耳。且崇寧中事，洛下本無此學。第東方儒風物論，都不比中國規模，未知作何行止，方爲善處也。想兄必有的見定算，毋惜示及如何？

與李大方

天氣乍冷，伏惟侍餘道味珍衛，區區瞻溯無了日也。弟自霖潦後，即患末疾，得差者僅旬餘。茲未做一晤爲悢悢耳。頃聞傳者之云"吾兄都無應試意"。兄與諸人去就自是一般，在兄似無別道理。況聞色憂向滿已久，何遽定計之果而所傳之的耶？弟以參訪龍洲事須從容，茲欲於晦前發行，卒卒無暇。始擬馳晉面，叩雅意所在，未果而去，尤可恨爾。兄亦要見龍洲丈，緣何且輟耶？視學之擧，自是國家盛事，幸勉爲一動爲佳。

所論文體，前荷敎示，警發多矣。讚服不能已。第其中一款"以流動自在，不拘法例爲主"，得無有近日一種論學之病乎？好笑好笑。今人不會古文，猶弟全不會科文路脈。科文不入式，則雖能不謂之能也。古文亦然。使古人但務爲活動恣睢，則豈是難事？或有不然者，才分固有淺深，而亦爲法門所拘耳。大槪初學時，要爲法縛，積久後解脫自在，要爲文家至處耳。如何如何？

與金僉正【念祖○甲申】

頃承下書，示及家大夫罷官之事，某竊謂"執事之意，出於親愛之間相惜之情而已"，猶訝其措語之際，有未曉快於鄙見者。及聞貽書湖憂丈，具道其所以，則至以擬諸形跡心術之微，不但出於親愛相惜之情。某於是覺得下書之指有在，而區區仰答，有未悉也。第爲人子弟之道，聞人毀其父兄，則有當辨者，有不當辨者。如其以竊飯之類加於父兄，固當沫血歃泣而辨明之； 至於係關天下國家之事，則當含嘿以待後世之公論而已。《春秋》傳不云乎？“天下事非小子所知也。”此類是也。

然而某之於執事，平昔情素，苟有未相悉，則有不得不盡其辭者。實以懼夫姻婭之間情義，或至於阻隔，非所謂“小子之與知”者也。請先陳家大夫前後啓疏之本意，次及朴承宗死事事，而後及執事之所疑也。所謂“家大夫之本意”，則初無一毫他念，特欲人主及擧世士大夫於富貴名利場外，知別有名節一事爾。夫富貴名利之陷人也深矣，苟非捨生取義之君子，未有不乾沒於其中者也。乾沒於富貴名利之中，未有一念或及於名節上者也。使擧世之士大夫於名利醉夢之間，乍回一念，以爲朴之死爲義乎？爲不義乎？某之論公乎？私乎？深思而力辨之，則只此一念之間，便能照管名節，其有益於人國家也，顧不大哉？

嗟夫！名節之敎不明於世也久矣。試竭其底蘊而論之：三代以上，天理渾然，無所謂“名節”之稱。其稱自伯夷始，詩書所載，無褒賞節義之事。及至後世，亂臣賊子接跡而起，人心潰亂，不可收拾，而後節義之稱始著，褒賞之典乃擧，比之三代，抑又多焉，良以叔世爲政，不得不然也。故漢高祖赦季布而斬丁公，宋太祖嘉韓通而薄陶穀，載諸簡策，著爲美談。至我皇明太祖高皇帝，則有大焉，其所以樹億萬年不拔之基，唯以節義爲之根本田地。惓惓於余廷心）先生之死，而賤危太朴之爲人，北庭諸臣被擄，而來問其所願，縱使北歸，大略係關名節，則不問其大小，嘉之獎之，不遺餘力。抑揚頓挫，激盪千古，及至建文之變，其效大著。死義之士，以千百數，論者謂"自殷頑民以來，死義之多，未有若是時者"也。風聲義聞，洋溢乎宇宙，習於愚夫愚婦之耳目。自今以後，億萬斯年，蓋將賴之，則所謂"根本田地"者，槪可見矣。

以我國之事論之。國初政體，寬大是尙，鴻業甫創，日不暇給。至世宗朝，始命褒贈鄭文忠公，施措之際，一以培養節義爲主。故魯陵之變，節義大著，六臣之外，又有金宗瑞、皇甫仁以下八十餘人。自有東方以來，死義之多，未有若是時者也。自是以後，戊午、己卯之獄，乙巳、己酉之禍，節義之士，非不表著。而當時姦兇用事，磔戮誅剝，極其殘毒，六十年間，士林之禍，至於數四。及至今日，則節義之敎，摧沮消落，無復有振作之氣。譬之草木，根株拔掘，枝葉斬艾，雖雨露以滋之，豈復有蘖芽之萌乎？

試觀今日，人才落落，隱然爲中外所倚仗者，曾不數公。風俗日以大敗，邪說日以橫流，陽託山林，而陰秉朝政之綱；名標高節，而實滋後君之風。蓋節義之敎不明，未有若今日之甚者也。故家大夫之意以爲今日政體，要當以此爲主，雖至如承宗之死，猶在所嘉奬。其他係關名節之擧，次第施行，庶幾以償前日士禍之酷，而以補國家之元氣，其志豈爲一承宗哉？且漢高祖豈爲一丁公哉？宋太祖豈爲一陶穀哉？皇明高帝豈爲一危素哉？其志則有在矣。

昔人有二妻，一美一惡。有人挑之，美者悅己，而惡者罵之。他日二妻之夫死，其人求娶惡者。或曰："非罵子者乎?”曰:“在人欲其悅我,在我欲其罵人。”臣道與妻道一般。蓋古英雄豪傑之主,方其事之未集也,姦盜陰附之流,俱收竝畜,以爲之用及其成也,則未嘗不鄙之也。一有守義之士,勁然不可奪,則未嘗不深惡而欲殺之。然及其成也,則未嘗不嘉歎之也,何者?從我者之爲人也,不過以圖富貴耳。一日貧賤,則又將從他人,以圖富貴也已。其不從我者之爲人也,爲我之使,則其必以事彼者事我也。由是觀之,漢高祖、宋太祖、皇明高帝,其智術非有以大過於人也,不過曰“求娶罵已”之說也。

後世人主則不然,徒知從我者之爲賢,而不知不從我者之爲有益於我也,是亦求娶悅已,而美者之類也耶?然而彼古英主之所爲,其智術則然矣,夫人而知之矣而其一予一奪抑揚鼓舞之間,有非常情之所能測者也。將使天下後世之人,曉然知夫吾意之所在,則時有意外不測之事,以震耀而警動之。如明太祖斬金華女子,豈必一一中節哉?故英主之所爲,每出於常情之所不測。

若承宗之事,尤英主之所喜得以徇天下後世者也,何者?天下之所謂“當賞者而賞之”,天下之所謂“當罰者而罰之”,則天下將曰“是亦今昔之所行尋常之通典也已”。其必於天下之所謂“不必賞者而賞之”、天下之所謂“不必罰者而罰之”,則吾之本心,益大章明於天下,而其所以警夫天下後世之爲人臣子者,尤深且切矣。由是論之,如承宗之事,雖或嘉奬而褒賞之,因以著夫節義之敎,以正風俗,以遏邪說,以補國家之元氣,亦何不可之有哉?然則以漢高祖、宋太祖、皇明太祖之所爲，望於吾君，而何負於吾君？何愧於本心哉？

至若今歲之疏，再申前意，則所以深痛夫沈賊之變，而欲人主之知之將來之憂，猶有不可勝言者也。於承宗何與焉？此則家大夫前後啓疏之本意也。至若朴承宗死事事，擧世之議，不過曰“知其勢之不得免，而非以義之所當死”也；又不過曰“今日死義之善，不足以贖前日貪婪之罪”也。以愚論之，使夫人知其勢不得免，便能引決，則天下義士多矣。彼引決者，能捨軀命於頃刻之間者也，能捨軀命於頃刻之間，則足以爲義矣，何必於勢所不免乎？

試觀天下人，知勢必不免，束手受刃者何限？士君子負天下重望，不能捨軀命於頃刻間，貽譏千古者，亦何限？試論歷代革易之際，有居大臣之位，知其勢必不免而自引者乎？如是而有不爲史筆所褒者乎？王夷甫惡其妻之貪，終身口不言錢，可謂“有淸操”矣，不能立節於石勒之亂，安有晉室大臣？一見小胡雛，便勸卽眞，以圖活己，是夜爲墻壁所掩，則惡在乎知其勢不免而自引者乎？惡在乎淸操之能爲立節乎？

蓋世間士君子，自有二種人品：或優於淸通之質而欠勇果之資，或豐於剛決之氣而少端介之操。平居曩日，淸德重望，風流醞藉，爲擧世所宗，人皆曰“不幸而有變，則仗大名立大節者，非他人而必我公也”，及乎果有變亂臨死生，則不必如之。此所謂“優於淸通而欠勇果之資”，褚淵、王儉是也。淸介之行，不足以服人，而豪爽之氣，或至於踰制，人皆曰：“不幸而有變，則如斯人也，而何足賴哉？”及乎果有變亂臨死生，則不必如之。此所謂“豐於剛決，而少端介之操”，敬翔、孫晟、桑維翰是也。

敬翔本唐宗室之裔，擧進士，不得志，陰附全忠，謀革唐室。其後莊宗入汴，敬翔約李振同死。問其僕曰：“李公安在？”曰：“入朝矣。”翔歎曰：“李振繆爲丈夫矣。遂自殺。孫晟本北方人，居道觀，以無行作妖爲師所斥。遂投南唐，致位宰樞，肉盤之侈，侜於玆人。及周兵日逼，慨然以死國自任，請奉使圖緩其兵勢，世宗不許。晟不屈，南向再拜曰：“臣報國畢矣。”自縊而死。世宗驚歎不已。桑維翰怙侈自植，甚於兩人。鄕曲故人有童戲之隙，來求補職，便撲殺之，爲人無狀可知。及出帝被執，或勸維翰逃，不肯。張彦澤來索，維翰厲聲曰：“余，晉室大臣，去此安往？”彦澤股慄，不敢仰視，是夜拘諸獄殺之。此三人者，跡其當初出處本末，則豈料其終能樹立若此哉？歐陽公傳此三人，雖不得與汪彦章、劉仁瞻比，然嘉悼之意，溢於言表。大君子眼公心平固如此。此三人者，以其前日之罪而棄之，則褚淵、王儉，宜在所取，褚淵、王儉，不可取。此三人者，君子不可不悲其志也。不然，君子何所懼而不怠？小人何所勸而爲善乎？

承宗之死也，其言曰：“身爲大臣，不能導君以正，死其分也。”謂其子曰“吾本儒家，死於亂兵，則心跡不明”云云。先殺其子，而己隨之，雖不逮古義烈士，獨不得與敬翔、孫晟、桑維翰比肩乎？況平日之行，不至如彼三人之大段無狀者乎? 使歐陽公作, 必列於死事之傳, 豈使之入於雜乎? 如使承宗無前日之罪, 而有今日之善, 非其勢之不得免, 而唯以義之所當死, 則當與古之君子鄭文忠、成三問、朴彭年比, 豈但爲朴承宗而止乎? 論者當曰"褒贈加諡, 廟享血食, 以垂訓百世", 豈當但曰"還給籍沒而已"乎?

歐陽公且置之, 使朱夫子作, 秉《春秋》筆法, 則當書曰"李爾瞻等伏誅, 議政朴承宗自殺", 蓋據實直書, 不得不然也。則註者當曰:"此自殺, 不可與楊震比, 而可與荀彧等而已。" 豈有以"伏誅"二字, 加於承宗者乎? 然則自殺者, 無罪之辭也; 伏誅者, 有罪之辭也。史家之法, 褒貶頓殊, 將以訓夫後世之爲政者, 依此以行賞罰也。然則朝廷之所以待承宗者, 可無褒賞之典, 豈可遂與爾瞻輩同科乎? 當書伏誅者, 旣籍沒之; 當書自殺者, 又籍沒之,《春秋》之義不明, 而勸懲之典安在? 此則所謂"朴承宗死事"本末然也, 而至如執事之所疑, 則有不足辨者矣。擧世士大夫、兒童、走卒無有以此相加者, 曾謂出於執事之口乎。夫以擧世士大夫、兒童、走卒之所不爲, 而出於親愛相惜之間, 此所以恐情義之或至於阻隔, 終不得默默無一言。伏惟垂諒焉。

與金台甫【尙鉉】

即惟高秋, 尊履起居神相, 傾溯切切。弟爲遣無聊, 頃入秋山遊賞。轉到金堂, 覺得風水長遠之勢, 比此處差勝。因於福泉間得一隙地，念後更往，買占卜等數間屋計。計欲經高眼，而何可得也？

答金方伯【徽】

伏承台下問，不勝仰感之至。惶悚伏達，此中一事，有不可不陳達。所謂“疾痛不容緩聲，事急不容緩步”者也。竊以道內田政大亂，近邑似爲尤甚。據文案論之：除災傷外，千結例縮數百結，或百餘結。論其文案，似不太減，然其餘存結卜，率是僞增。姦吏沒其受價之人，以其卜數，攤於不受價之人，數十卜，例增七八卜；十卜，例增三四卜。文書混亂，末由稽考。其中無勢者，則旣出其結卜於此面，又疊出於他面，此所以元數似不太減，而生民之困極日甚者也。富民優給價，故有全數得免。公然復戶者，貧民無價以給，則獨當其疊役。富者無稅，而貧者疊徵，此所以元數似不太減，而生民之困極日甚者也。

侍生僅免疊役，而奴僕、隣里皆懷離散。目覩隣居一民，則給價書員，而還出於他面。貢稅過後，其戶始來徵價，則十卜田稅，幾徵十餘疋。窮民呼痛而訴於官庭。如是而尚可一日扶支乎？給價者或如此，則不給價者當何如也？如是而尚可一日扶支乎？大率計之，則一道田結，例失十之三四，而八道之內，國家失其三道也。以祖宗櫛風沐雨之地，爲書員之食邑，豈不痛哉？自古國家土田，或見割於敵國者有之矣，豈有見割於書員之國乎？思之至此，不覺痛心，令人寢不安食不甘也。

伏願台丈所到，咨詢利病，則必有曉事設策者矣。或以爲發關嚴勅，摘其尤者，梟示以懲，則稍有戒心；或以爲今年年穀稍稔諸邑，皆令各面作夫，後年因以爲式，則稍得蘇息云。未知二說者，果何如也？侍生廢散之中，未承詢及，而遽發此言，近於狂疏伉拙，聞者必笑。然侍生非敢專爲獻忠之地也，窮居應稅，亦嗷嗷者之一也。無處告訴，尋常慨歎，前書微發其端，而不能詳也，故惶悚敢冒。伏願台丈毋視爲簡札，視爲一張呈狀而參酌之，千萬幸甚。

與權仲車【大載】

便中得承辱覆，就審比日酷暑，政候加衛，傾慰殊深。第以當此凶扎，拮据賙救，未免勞擾，反有羨於靜居而窮餓者，此或然矣。然聞古之君子，爲學先成己，必有以及人。今兄晝夜焦勞，活著一邑塡壑之赤子，此所謂"及人之功"也。鄙生閒居十年，眞是學人好機會，而用力散漫，不入腔窠。今年目力全昏，恐有盲瘘之患，但以合眼靜坐爲事。時或開眼，只看《節要》六七張，至呂子約、林擇之書，偶有會意處，輒欣然忘食，不知飢渴之爲苦也。方欲以此開導一二蒙學，而歲運至此，贏糧築齋，俱難如意，了無分寸及人之事。所謂"安靜"二字，乃是坐禪靜攝之類耳，何敢望博得兄濟人事業也?

都君適病，庶弟不見而來，未詳曲折。且自弟言之，近於涉私。然卽兄書論之，其罪目不過曰"事甚駭怪，做出浮言"而已，不曾著悖惡字。果爾，則警覺之黜之絶之，乃是政體當然也。今乃脫其儒冠，捽撲窘辱，著以重枷，牢縶獄中，如待賊儻，前輩、長者未嘗施諸下輩者，敢施諸相識士人，則豈非過中之擧?而兄不自以爲過中，兄之過中，於是乎見矣。

果使都生入而順附於主倅，出而詆毁，則乃所謂"不忠不信之人"。自是都生之不善也，於兄有何一毫損益哉?古人達此理，能不以好惡入於靈臺，超然於事物之表者，良有以也。朱子曰"當其怒時，遽忘其怒，而觀理之是非"，乃是前賢大公順應之要法也。

擬上許眉叟【穆】

某白：鄕曲疏闊，未遂納拜之願，傾嚮則有素矣。伏惟秋涼，尊道體起居加衛?煩恐，尙州 山陽縣 近嵒地，有水石之勝，申靈川牧尙時，就建書堂。頃年，構廟屋，祀寓菴 洪先生，因號近嵒書院。寓菴乃某高叔祖。玆者尙之儒士，謂"漢陰 李先生亦吾鄕人也。鄕諸老與李先生同時者，皆有尸祝之所，而獨李先生無之，寔儒林欠事。與寓菴幷祀近嵒爲宜"，議以克合。將以今十一月上丁，擧縟禮，而侑食之文，需執事屬筆，然後慊於多士之心，故使某敢再拜以請。伏惟執事特賜肯諾，惠以高文，以賁斯文盛擧，如何？不勝懇祈之至。

答朴定卿【鎭圭】

過去人傳致兄手書及令伯臨發時答書，因得到，在萬里外安信披瀉，慰倒可勝旣耶？曾勸令伯看《心經》及韓碑，《心經》則知已齎去可喜，然無《釋義》則不可讀。兄須覓送《釋義》爲佳。西山《心經贊》章法，最好看。首章押下，次章押上去，第三章又押平，迭押高低，井然不紊。晦菴諸箴亦然，須看得不放過，儘有意味也。讀韓碑法，則體制大概有三：墓誌小文字，雖不出數十行，首尾關鍵，必有相應處，如云“俱爲縣令南方”，“嬰兒，汴也”，鄂、郢皆在江南之類，且如《盧東美誌文》，關鍵詳密重複，字字相應，故不復爲銘也。如《平淮西》、《徐偃王》等，大文字，序末不必相應，何者？將就銘文中重鋪敍，一一與序文，相應關鎖故也。又勿論篇大小，銘文起頭字，輒取序文起頭爲之，故《孔戡序》首稱孔君，故銘首曰“允義孔君”；《張徹》則首稱其名，故銘曰“嗚呼徹也”；《子厚》首稱子厚，故銘曰“是惟子厚之室。《孟貞曜》、《平淮西》《徐偃王碑》皆然。熟看此法透得，則可以曉四書註門戶矣。

又如看杜詩法，以四韻分爲二章，則其意自躍如矣。

《嶽陽樓》四韻，精神意趣都在“今上嶽陽樓”五字上，蓋吳·楚之坼、乾坤之浮，今始因上此樓而後覺得故也。“親朋”“老病”之句，別爲一段，與“戎馬”“關山”之句相應。他篇及百韻，皆用此法。鏡府冬間簿領，不甚惱人，想留意文字間。《漫錄》以上，此紙因送鏡城如何？紙盡，不得別狀，臨風黯黯。

答李奉彦【瑄】

遠惟庚熱，靜中學履加衛，傾嚮彌切。區區此間厄運，不幸遭金甥夭折之慘。世間多少慘喪，豈有此比？愴悼不可言。前者得書，辱詢句法。東國文章家，於句法全然放倒，雖僕亦何由曉得耶？自年前始知尋討句法，謂之“有所得”則未也。

大抵作文句法猶治軍，先結伍法。伍法不明，雖百萬兵，無所用之。作文無句法，則雖有大海飜瀾之勢，不滿識者之一哂，無足觀也已。第大海飜瀾之筆力，要從句法中推演出。吾東不曉句法，故亦無此大家，數理勢然也。

大抵累字爲句，一字二字可至十餘字爲句。其中字意緊重者，撥轉居之句首，聯接字要不錯先後，至句末字照應，然後方爲一句。如《漢書》“上帝朕本親郊，而后土不得親祀”，可見下字有先後處也。

晦菴許多書牘，句法箇箇如此。累句爲章句，緊重者居章首，聯接句皆要歷落分明，至末句與首句，相應結之，然後方爲一章。次章要承接首章，不當挿入他意；第三章又要承接次章。累章爲篇，末章與首章相應結撰，然後方成一篇。先取經一章；冠、鄕、聘義；《孟子》首二章、好樂好辯、牛山章，郜鼎，伯夷、范雎、荊軻等傳，痛與理會一番，後就《庸》《學》序文、集註，潛玩血脈，熟觀"而""則"字下法，則句法可以了然無疑。一處曉，則諸處皆曉韓、歐以下，如破竹之勢，迎刃而解矣。幸依此試觀何如？第於時文進取，了不相涉，恐不足留意也。

答李奉彦

去冬，令從公袖致問書，爾後無便作謝，恒切悵悵。卽復承問，就認發春以來，靜中學味加衛，傾慰不可言。區區病隨齒添，牙疼眼患，一時作苦，憫憫。

前詢屬文句法，要先占正當路脈，然後論其巧拙。門路錯，雖工無益，莫如熟看四書集註血脈。儘枝枝葉葉有相對，當處、妙處，殆難形言。曾與景謙兄論此事，未嘗心肯。謙兄可謂"枉過了一生"，恨不令渠看取《語類》，自能頓悟也。

答李九成【允諧】

日間左右抵彼，渴於相見，柰遠莫致何？第切戀戀，得書傾慰，因悉學履沖勝，且以左右之遠遊，卜尊闈安吉喜而後可知也。生自去冬，避癘來寓龍宮地，今將移頓尙境，憫苦可云？

前讀《馬史》，卒業否？今方讀何書？不讀《馬》則已，旣讀，《左氏》不可不讀也。中國人讀《馬》者，必讀《左》，要以相資而盡其美也。蓋《左》精而《馬》粗，《馬》疏爽而《左》工緻。讀《左》而不讀《馬》，必有澁滯之患；讀《馬》而不讀《左》，則踔厲壯浪而欠裁約。必取而相資，然後全其美，而無二者之患也。

東人好讀《馬》，讀《左》者絶無焉。《左氏》以條理脈絡爲主，精巧甚於後世。吾東文字，雖時有好處，全欠照應精明，坐不讀《左》耳。韓文公目《左氏》以浮誇，其意有在。東人偏信之，遂以爲然，殆不亦癡前說夢矣乎？近來窺破昌黎一生文字，皆從《左氏》，推演出，分明諱不得也。豈唯韓子哉？晦菴四書集註文法、血脈，皆從《左氏》門戶中來，儘有歷落。

中朝搢紳先生，口相傳授，故後生輩解蒙時，便已曉得。我國人至老做文章，終不曉晦菴門路，亦坐不讀《左》耳。雖然讀《左》、《馬》，而不讀朱註，則猶爲僻古，而不切事情。見左右旣好讀《馬》，今欲其讀《左》，非謂如是而止，正欲其讀晦菴，以曉路脈。況由是以求之經中立言之旨，庶有悟解之理也哉？不得其門而入，雖用力專苦，轉見迷闇，何益哉？須讀《左》、《馬》，以求晦菴；讀晦菴，以求六經，斷不相誤。千萬努力。承歸期指日，恐不得相面，聊及一二。

答金佐郎【錕】

違侍幾載矣，瞻慕之誠，與日俱積。頃者，伏承敎墨，傾慰殊極。信後多日，春寒甚冬，苦不可堪。伏未審尊道體起居如何？仰溯旋切。區區姪每擬一造門下，穩承仁誨，近緣避癘，奔遑無定居，二年而後還。頓玆未遑，人事上恒爲悒然爾。

下詢麗朝判事安公 俊，事蹟堙昧，令無考據處。其見於史者，只有一兩度除授，及圃隱歿後金震陽等二十七人，一日杖流遠地。安公其二十七之一也。其後二十七人中，或有仕進本朝者，如安公終始完節，昭然無疑。誠足嘉尙，而本朝石室書，無由檢閱，不能究觀本末，爲可欠歎爾。

答全惠仲【五益】

願見而不可得，頃承貽問，詞旨懇款，可知其出於相愛之情也。續得所著辭賦數篇，筆勢沛然有餘力，與近來流輩口氣，迥然不侔，令人醒眼。承欲一來訪相從，固可喜，然往來徒費光陰，恐不如端坐，做實地工夫也，如何如何？

答柳拙齋【元之】

久未貢起居之問，區區仰慕恒切于中，昨者伏承傳到敎墨，披復傾瀉。就審臘沍，尊道體萬福，進德有相喜而後可知也。

侍生姑免他撓，但以眼患爲苦，恐有盲廢之漸，伏切憫慮。方擬望後往大竹，守歲親傍而歸，所苦猝劇，將發還停，欲於念四五間，進去抵彼，可池邐趨拜也。

下敎《庸學口義》，竊見《中庸》、《孟子》等書註法，皆以初大文爲綱領，而下文節節相應，關鍵甚密，盛水不漏。朱先生喫緊精力都在此處，而家間兒輩雖屢指敎，旋即忘失。故未免就其照應切要處，略加提綴。且聞元初諸儒亦爲《四書口義》，以授初學，而未見其書。玆敢倣而爲之，以爲兒輩習誦之資。不意誤徹長者之聽，有此俯索，重違敎意，姑將中庸口義付呈。伏望下覽後，其中謬誤處，一一指敎，勿令他人窺破，以惹外間嗤謗，如何？《大學口義》，則方在全翼耈氏所，玆未付上耳。

答柳拙齋

前者伏承下書，實深感慰，爾後無便，未得修謝，迄用罪歎。伏惟春寒，尊道體起居神相萬福。侍生頃往大竹，因舊舍有修理事，看役旬餘，以亡妹祥日迫近趣歸，不得進叩門屛，歎恨益切。後往便，遂此計也。

示敎陳北溪諸說辨訂，三復諷玩，不能自已。北溪說，在渚谷後，當取覽，或有見解處，敢不呈稟耶？理氣爲二物，聖人未嘗言也，析而二之者，後賢不得已之說也。至於性與理，所從言之者然也。性卽理也，理卽性也，豈有分而二之者哉？鄙見如此，何如何如？

《中庸口義》朱子自註有關於章句血脈者，皆載之，“似是之非”下小註乃朱子自註，而鄙冊有缺字故也。其他批示一兩條，敢不依副盛意耶？如章句分爲四大節，故第三十三章自別爲一節總結，而下教以三節爲言，無乃偶失照管耶？節首章字下，皆連書，餘章，皆不連書者，非有他意，低一字書之，以見其爲附屬之章也。故章下，連書者，凡四處，其爲四大節，了然無疑，更加商量，如何？

答鄭鳳輝【己丑】

某頓首。臣民不天，聖后禮陟，哀纏幅員，想極悲摧。卽承惠帖，仍審炎溽侍候加衛，慰感增深。

召命之下，聞來甫耳。卽擬就敍，參聞去留之計，適患暑症，末由遂意。恐成闊別，不堪缺然。且兄曾屬《無忝齋記》，宿諾已久，玆欲草送行序，投於行軒之下，計明明間專伻。何圖兄問先之，到此地頭？兄雖欲以蔭官自處，其道無由，況兄爲世臣之家，有與國休戚之義。

又此不世之恩遇，直須辦爲國一死心，勇決前進，以債身糜粉爲期。此後不當問痘疾，不嘗言身病，不當以親老爲辭，危邦不入亂邦不居道理，皆非吾兄今日所當擬議也。所謂“高蹈之士終身不屈”，無以議爲，未免一出，則莫若早出之爲愈。此，樊英之所以見敗也。況今聖上誠孝出天？歷觀前代帝王致孝，未有今日倫比，三光百神，照臨感動，況臣子乎？率是道也，其於挽古何有？實吾東方千載一時也。

兄於是時，際會風雲，豈非至願至榮？亦豈非蒼生之福幸？兄莫做隱逸常態，毋以求退爲能事，畢竟做出光明俊偉底事業，以塞吾輩之望，何如何如？

與鄭鳳輝

去月中，因便付書，得照未？玆者遠惟尊履起居益相，慰傃區區。弟粗遣，無足喩。

傳聞兄以乘傳事，受諸公嘲笑云，信耶？果爾，正副兄平日所願，想兄高視一笑也。丈夫學力，須全露本來面目，似與人人知。世或有飾矯詭，以賭虛名，能終身不使人覺得，豈非可恥之甚耶？兄須更擺脫虛名，爲世所擯，不與諸賢齒列，尤更快活耳。

顧洛中諸子，從來於邊幅上，看得分明，乏多少襟量，無由會得。吾人心事政使如此，亦何損於我耶？古人有僞訟以自汚，況治隱誓不臣本朝，而乘傳至京，未爲無據也。

廞衛日迫，普深悲慟。過後倘卽下鄕，當委進作數日款也。

與鄭鳳輝

寒甚於冬，苦不可堪。遠惟此際，侍奉政履益膺康福，伏慰不任區區。臘末惠書，其時得承。弟亦曾有一書，付明叟使傳之，得免深源否。

昨閱老先生集中草廬、南軒、潛室三說，乃是先生爲先君作，兄曾知否？弟前此泛看過了，今始忽然覺得，弱齡時，見先君問目草，正論此三事。在巾篋中，遺失者今數十年，猶記得一半了了，一半記不得也。

顧老先生三說，家中舊來無有，蓋緣在安東時，竈埃失火，延燒室中先世文記。先君紅牌及老先生尺牘累十紙，盡被燒却，弟五六歲時事也。卽三說草，必於其時，一並煨燼爾。曾將其時事，說與兄麽？謾恐欲知。學官奴因事下去，曉頭來督書，呵凍作字。

與鄭鳳輝

頃沐辱顧，迨極感銘。數日以來，天氣斗熱，伏惟侍餘靜履毖衛，瞻慰區區。弟奉老依遣，知荷。

近方得聞，年前各邑爲剞劂之役，零星輳合，却爲諸人，敢行丐貸，或有未易責償處云。噫！文集迄未流布，每念之，痛心疾首，豈容此輩從而作壞耶？此不是廉隅全然毁頓，便是吾輩氣象委靡不振。至於此極，却與江左人侵侮厓老，聞者不以爲怪，病根一般，苦痛苦痛。別座丈從來於等閑鄕論，不肯放過，何不於此等事吐一口氣耶？ 曺丈盡將宜寧板子，朽棄不用，可惜者，一方民力。以古之君子心事論之，曺丈正合破家還償也。此意擧似曺、鄭二丈何如？

曾見兄欲撰本朝名公言行錄。弟亦以文獻無徵難之，却勸同就麗史用功，及今思之，弟見便不是。合《六臣傳》、《戊午》·《己卯黨錄》及《儒先錄》，後摭取碑誌，旁證野史，則當爲十餘卷子，彙爲一家言，大是快事。野史一部，呈似以資，考据東史，暫擲如何？ 曾傳囑冊主矣。

老兄文字，雖欠大家規模，然精切簡當，有態有味。成就此等文字，必傳於後無疑也。見今非兄，莫可了此事，惟吾兄勉旃勉旃。但蔚章兄洽聞苦思，不可不相議區處也。

與鄭鳳輝

玉潤來訪，仍奉眷翰，就審比來侍餘道味加衛，忻慰不任區區。弟僅遣，知荷。

《名臣錄》一部，實爲世間有用底文字，非如等閑編集之比，塗抹處，亦得減字法。第其間猶有合詳訂者，恨不得相聚討論耳。且遺却李克培、洪應、文瑾諸公，足成之如何？

承辱招，其敢後期，第偏慈方在竹里。歲後當有往來之事。玉相定婚於李胤培氏家，期在初三日。想直到弟家過後，始擬向竹里，以此恐難副敎爾。親事，當委通於城主前，得其答語，轉報是計。

答鄭鳳輝

頃間得書，審新瘥後字畫似平日，傾慰之極，稍弛遠慮。比來冬深，政候想益毖衛，侍奉均慶。集中所謂"臥閤淸適，治聲藉甚。老先生門下人，豈不爲增氣者"，爲吾兄賀且勉焉。

弟數年僑寓，還頓未幾，又遭奔避之擧，苦事苦事。逖承縟禮，漸至差池，爲之奉慮。要不出臘、正兩月中完了耶？且聞供需不給，欲售山莊薄田云，可見情勢狠狽致然也。第此事在古人則可，末路人心險薄，近名之嫌，不可不避，兄何不思之甚耶？

且近日朝家酒禁甚嚴，幣帛代以羅紬。親舊衿佩之會，想大不如修老在醴泉時，浮費豈至大段耶？度兄拮据見存，亦足了事，脫或窘急，則碑役所貯穀物，可先推移除出。鉅役必須待豐，則吾儕數三親舊之力，豈不能塡補耶？

學宮扶助，自是公物，豈可因一兩人浮薄之談，遽爲退却耶？明兄之慮，似乎過矣。方與明兄，來棲三江，兩宵作款。雪月滿窓，無由致兄於此間，爲可恨爾。

答鄭鳳輝

音便久阻，傾嚮方切，玆奉顒札，就認潦炎，侍餘政候加衛，深慰深慰。且承謚禮定日，尤喜。請謚本非忙底事，鄙意不甚快適。今而更思，老先生禮學，要爲勉齋後一人，適得其謚，豈非天乎？尙何歉？尙何歉？

弟揆以情禮，固當進參，但旣非諸生，又無冠帶罷散人。參於盛禮坐次，冠服俱有礙，故未果進，適足爲平生之恨爾。柰何柰何？向來思量未到此，擬作一行，今則已決停行之計，歎歎。諸友亦與試期相値，大是久事也。

答鄭鳳輝【己亥】

不天之慟，臣民共切，而塞外孤臣，遽承凶問於千萬夢寐之外，痛割驚悼，迄今未定爾。南北渺然，縣仰方劇，再度承問，如得隔世消息。第審尊叔母宜人，竟至不淑，驚怛不能已。雅諳兄致養之誼，不比尋常，摧慕何以自堪？奉慮殊切。

弟厄會連仍，月前哭姊夫之訃，今又聞稚女夭折。國憂私慼，種種如此，家居平日，尙且難堪，萬里羈懷，當復何如？一疏妄陳，擧國紛紛，殆見吾杜德機也。第鄙見從來如此，兄始拜諮議之日，弟欲兄疏中及其意，兄以修巖爲嫌而不從耳。記得否？此論非爲今日發。

且以當時待兄之意，待時賢，何負於諸賢？實不料因此打動許多風浪，仕宦漸苦不可耐。倘得因此廢棄，誅茅於二白之間，從一二士友，講論以終身，有何怨悔耶？

《麗史》垂完，爲秩者五十。前輩所嘗留意未就者，幸而辦此，倘來榮辱，看破空已久矣。《名臣錄》，想亦斷手耶？何時相聚，各出二家言，揚確而上下之耶？古人云"分我江南數斛愁"，兄亦留念爲佳。

與鄭龍宮【岐壽】別紙

老先生文集，刊布已久，而孤陋僻遠，不得奉玩，常切慨然。近聞趙月川神道碑文中， 老先生據本家文字， 以"主和"二字， 指稱西厓 柳先生云云。 江左士林以此發文， 方聚會榮、醴間相議，然畢竟似沒柰何？可歎可歎。

當癸甲之間，地蹙財殫，人民死亡，國勢已到十分地頭。所恃唯天朝，而天下兵力亦竭，石、沈兩人彌縫其間，手足將露，幸朝鮮堅執僨事，爲歸罪自解之地。誤下一著，則正墮其計中，賴厓老相機善處，及封事不成，使宣祖超然得免皇上譴責，而石、沈獲罪，大兵再出，國之不亡，伊誰之力也？當時形勢，雖使昔賢當之，要不過如此，與丙子間事自不同也。張南軒於孝宗初，不主用兵，其意亦猶是也。況厓老箚議中，初無一箇"和"字，而月川得於流聞，遽以主和目之，一國公議不能無歉然於月川者矣。不知老先生平日，論其時事如何？偶因月川家狀而云然耶？似當博採一世之公論，下一轉語附錄其下。未知盛意如何如何？示及。

答權進士【垢○丙申】

一別隔年，瞻戀方劇，頃於意表，遽荷寵問，怳接紫芝之眉，傾慰欲倒。第審前日患候尙欠健快，方在調衛中云，旋切仰慮。弟病勢情勢，萬無趨朝之望，而恩命荐降分義未安，將未免一行，必更取顚踣，悶苦曷喩？

示及大方兄事，令人潸然下涕。顧念吾儕致力於此友，死後更復有誰？政是老兄一人，死者更作，可以無怍。

私謚一款，鄙料曾所不到。每念急須撰出家狀，備載其平生所著理氣之辨，務要詳贍，倘於龍洲丈處，資筆削以垂不朽，則他日太史氏傳東方卓行，疇有出此右者。區區所以爲大方地者，要不出此。至於儒林褒悼之意，私爲標識，亦是一種見識，要在博議而愼重之耳。

與李翼文【丁未】

積年阻拜，傾溯彌切。遠惟侍學之餘，進德有相。前者伏聞，尊履愆攝，逾時雖闕候問，實切奉慮，得諳邇來快收勿藥之效，喜而後可知也。

昨聞婦翁見過，爲弟道欲邀尊昆季至鏡光，因令弟入來，作數日款。旣已敬諾，斯會若諧，爲幸可許？

就東國史，無人理會，擬待左右商量，不成閑追逐，尤幸。其處有東史可考者，倘荷携到，亦所仰也。賢伯老兄曁令季，忙欠別候，伏歎伏歎。

答李翼文【戊申】

李生至，得承僉貽問，副以瓊章之投，爛然溢目。就認新元，僉侍學履端納佑，感荷旣極，傾慰亦切。

弟數朔來，爲一家種種病患所惱，了無興緖。重以痘火四圍無開眼處，閉戶龜縮。玆未趨鶴沙丈葬所，悲歎益難堪也。兄若抵彼，庶或乘便，迆臨此間？第以愚山差遠，故一二士友，初三四，擬先詣江院，以候行李，然何敢望？何敢望也？

《壙石歌》，節約句數，尤佳。韻法章規，則《求放心》、《尊德性》二銘極分曉，更加參商如何？但以老兄大手闊步，窘束法度中，覺得有辛苦處，可呵可呵。回便甚遽，賢伯上舍前，不得作謝，姑俟後便。

與李翼文【辛亥】

徽彦來傳兄途次記存。槪審邇來，尊道體靜攝萬重，深用感慰。曾諳兄在疚日，患候不輕，遠未克躬候，徒費慮念而已。爾後聞尊候遂獲全安，而得免於不勝之歎，乃知神明之保佑誠孝，果不無此理也。

敬堂先生墓誌草，當卽奉還，緣弟前年移寓福泉村，書冊半彼半此，搜覓不得。去冬，還故里，始得於亂帙中，且以癘疫逼逐，遷頓無常，旬朔之間，不得寧居，迄用稽延，歎罪恒切。誌文中一兩處，前日尊敎實爲允愜，玆謹修改以呈。

弟憂病餘生，僅免溘然。回顧平生，只有茫然之歎，而相愛如吾兄，又遠在數百里外，未承規益之惠，時復東望喟然耳。

答金定叟【字泰】、大亨【時泰○辛亥】

戀餘，得承僉問書，就諳春和，僉侍奉學履珍衛，深慰阻懷。疫患梗路，相値未易期，如能著力此學上，日有新得，卽無異於合堂同席，祝祝。易學傳義，文意無可疑處，撥著置直，就三聖辭意上理會，無可疑，方是眞無疑也，勉之勉之。我東易學，不曉文義法門，却去象數上理會，直是大脫空。君今差勝於彼，然却須體究上面，爲佳。

答金定叟【癸丑】

阻餘戀甚，得此問書，仍悉寒凝，侍奉有相，傾慰切切。示喩《節要》，疑處太煩，未暇詳也。生早時，將一部《朱書》，草草看過了。晩始覺得如此爲老先生大禁，方欲變其舊習，詳細讀一遍，眼患遽如許，慨然發歎。

今得來示，逐字逐句一一勘覈，無放過處，"須敎滿肚疑難不透，方爲長進"者，此之謂也。如此痛理會一番後，更就上面，認得海闊天高氣象，方始是讀得《朱書》爾。天意必不令前輩遺緖，至今日而頓絶，得賢輩數人用力於此事上，斯道庶有賴也，勉之勉之。所答合眼倩書，想妨於考見也。

與全明老

別來，縣仰更切，卽惟靜履加衛。弟還家，黃菊滿開，恨無可人共賞爾。數日披閱《本義》，時有欣然會意處。東人易學，眞所謂"隔靴爬痒"者也。晦初間，倘復陪五先生眞及携屛畫肯臨耶？傾佇傾佇。

與金得與【昌文】

別後，淸標無日不在眼中，頃奉貽問，尤切傾荷。緣脅痛方劇，未卽裁謝，爲恨。惠詩，雄渾勁迅，深得于鱗句法。知左右未嘗用力於滄溟詩，則才品有相類者耶？前頭展拓地步，當與中州騷苑爭衡，近日石洲以下不論也。

鄙意欲其撥置此，莫若專工他文上，透得千古正宗，方是不朽事業，如何？

答南貳元【亨會】

意外澤如兄遠訪，袖致兄問書，就審春寒，閑中靜攝萬相，洽慰傾想。弟冬末，還頓舊里，姑得無事。第以飢火內侵，痘火外逼，爲憫慮爾。前惠書至今未見，想以置在痘村故耶？

奉覩沖齋先生遺藁裒集事，頗就緖稱停，穩愜處頗多，可以深副士林之望也，幸幸曷喩？玆荷見屬以添減删潤，何敢爲也？何敢爲也？

第重孤來敎，謹與澤如商訂標題行上者，幾至十餘條。須更就具眼處，以爲取捨之地爲佳。但忠順堂一兩條似涉忽略，他小節目或反致詳，而大頭顱處如是草草，則文體不成模樣。似當參取乙巳錄禍根始末，碑狀所闕載者，添註其下，方爲詳盡，未知何如何如？餘都在澤如兄口報中。

答權子韜【銃○甲寅】

便回，承覆札，就審比日起居爲慰。僕居在路旁，聞諱音最早，卽往官廨近處，淹七日成服。再昨還家，困憊頗甚，眼患諸症更劇，悶苦悶苦。

近日嶺中由立祠一事，到底紛紛。專尙鬪爭，毋論得失邪正，俱非老先生當日設祠院淑世道之本意也。君子尊賢之道，要在尊其道而服行之正，不必汲汲爲立祠享祀等擧力戰角立之論，以自託於尊賢之義也。處事之際，務積誠意，以公心和氣處之，則人豈有不服者哉？

今者外浮慕尊賢之名，而內無服行之實，其處事立論，不足以感動人心。唯自恃所論之正，而不量時度宜。又未嘗參究事情，以求至當之歸，而務售好勝之意。挾以忿懥，假氣力而行之，轉成激軋，做出變故，上及於老先生廟庭者，伊誰之過也？所謂“楚則失矣，而齊亦未爲得”者也。

夫君子之論事，當窮源極本而論之，罪犯顯然，人人所易知者，不必挂齒牙間也。從來鄙見，竊以凡立祠之際，不幸有角立之論，則勿論邪正，卽當停罷，以待後世之公議。何者？生竝一世，不無恩怨之嫌，且有傳聞失實，未遽歸一，固不若百世之後，人心公平，而論議自定于一也。然而近來風習，有大不然者。於其所尊，則崇奉太過，不問得失，而極力擔當，然後方謂之尊賢。始事之後，雖知其難於收殺，而勢不容已，漸染成俗，咸謂當然。擧國之內爲一戰場，因致私意橫流，如河決海潰，不可禁遏。

僕竊不自量，欲救茲弊，庶見嶺中此後痛革此習，使一脈士論，知老先生創書院，淑世道之本意而遵守之。今世不敢望，所望者，後世之士耳。兄旣發論，勢難中止，更謀一會而處之，然後省得論議上氣力。

日取《節要》及老先生文集，閉門讀誦，反躬服行，乃是切身受用。此外不干己分事，不必深留意也。但僕少時，亦未免此病，自取顚沛。至今思之，可笑而有此云云。所謂“責人則明”者然耶？可呵。

近當一往龍門，可得奉敍。恐稠擾中不盡所懷，故姑以此先焉。

答權子韜

承覆，道履加衛，傾慰。示喩縷縷，所警發多矣。恨不早以書扣之，得此痛快之論也。舟川被停，若果有之，錦老登科太早。新自鄕曲來，舟川亦是時年少，名未著，故錦溪爲人所註誤耳，烏有如世俗所傳者哉？此不可不辨覈處也。

己卯黨人，丁亥年或蒙釋，癸巳復錮之。丁酉姦兇伏辜後，猶未敢頌言趙先生之冤，逮乙巳仁廟卽位初，始收召士類顯用，數朔之間，邪正、形勢大不侔，僅得復職靜菴而已。秋冬以後，己卯孑遺之人復遭誅竄之禍，舟川亦被刑。自是士類被錮又二十餘年。設令其時有停削舟川之事，豈復有見彈之理耶？

至於不試霜臺，則示意果符鄙料矣。老先生尙論人物及論學問造詣淺深，儘有斤兩，吾輩當就其集中，潛心玩繹，加數年之功，然後庶推度其一二耳。“不克大闡”，“其實疏漏”，“誤後學”等語，論人法當爾，未嘗於本狀中，遽爾及短處也。龜山爲朱夫子師門之師也，至以淫於佛老目之。

老先生之意亦猶是也。

南冥之學，直是禪會之旁派，其微意可見矣，至於輓詩一句，前此不留意看了。今承提起，然後再三諷詠，足以見老先生推許之深意，尤覺後學之不當立異於錦老也。

君子之論事，無主先入，無立彼我。當參伍停當，以究十分是處，然後從是是非非，有罪者罪之，正論之激者平之，誰復有以此藉口者哉？或有以傳囑法官爲言，則僕所不敢爲也，所以有閉戶之說也。可呵。世間誦讀老先生文集者，豈可勝數哉？不易信得及如此如吾兄者也。以吾兄高識正見，加工於此學，豈容做不徹也？

僕從來學問上，全欠著力，疑惑擔閣中，過了一生。近始有窺測處，欲與一二同志往復講明，而疾病沈痼，精力不建。且念昔人做工夫時，必旁資切磋之益，然後得以成就。如今四顧漠然，儕流中留意此事者絶少，故益復無聊，漸生退縮之意。而今而後有望於左右，望須更取《節要》、《心經》等書，潛心研究，體驗服行，硬着脊梁，究竟大業，以副老友之望如何？不勝幸甚。

與李執義【碩寬】

出宰山水，昔人所樂。每擬一書奉候，地左便稀，未果也。即見明老兄，細扣兄邊動靜，如做一場款敍，不知湖、嶺之相隔也。伏惟仲夏，莅候起居加衛。弟憂病叢中，姑免溘然，他尙何道者?

得見老兄與明兄往復論魯齋圖等語。 鄙意其圖據人坐爲向背，分內外觀之，則圖與本說沕合，初無可疑。老先生云云，恐不取魯齋大意而然也。如何如何? 兄更入思量，却以見喩爲幸。

聞愚伏先生狀、碑文字，皆去兄所，如有合商量，可蒙敎示耶?

木齋集

卷五

說

志願說

吾嘗慨然發兩大願，以爲讀盡古今奇書，覽盡天下名山，大丈夫之能事畢矣。獨恨夫吾之生也後，其地偏，足跡不能出數千里之外。雖欲汎洞庭探禹穴，登泰 岱小鄒魯，北遊燕、趙，上太行俯黃河之奔流，追子長之高躅，已不可得矣，而六經、百氏之書，雖得而讀之，固不能盡覽天下之奇書如中國之騷家也。

旣而，夷考朱晦菴遊歷所錄，東入雁蕩，西上廬阜，南登祝融之絶頂而已，其行脚未嘗一日渡江而北也。於是歎曰："彼生於中國者，顧有時而限於南北，余尚何望哉?"雖然，東國山水，名於天下，嶺以南諸山，奇峭雄拔不減雁蕩、會稽，而東海上蓬萊、楓嶽，固中國騷人道流所願遊而不得者。余嘗一登覽焉，絶雲霞而傍日月。觀夫大瀛、裨海，環繞於宇宙之外，庶幾少攄胸中之芥滯，可謂覽天下之名山矣。

歸而讀晦菴夫子之書，其書包六藝，攬百氏，掇秦 漢，轥魏 晉，下逮隋 唐，采剝諸子，咀英獵微，汎泆佛老、星經圭臬、九流雜技、騷怪幽奧，靡不刮磨而畢露。其闡發昭哲，以章先聖之正統，若鑑燭幽而車指南，若發千門之扃鐍而洞之也；其挑剔疏決，以達其歸，若濬畎澮導百川，合之江、淮、河、漢而東注之也；其斥遏異端，息邪衛正，無不批亢擣虛，剖其巢穴，若風櫛雨沐，戰勝攻取，廓四海之荊棘而一之也，而咸萃茲書。余得以寓目焉，是亦未嘗不覽盡天下之奇書也。

噫！斯二者，足以自快而酬吾平日之願，吾之生之後而地之偏，尙何恨也哉？雖然，斯二者，外也，非內也，不求諸內而有得焉，尙可謂大丈夫之志願也哉？尙可謂大丈夫之能事也哉？

諫說上【己卯】

有人於此，其所爲繆戾也，則鄕黨之人，相與訾議之而已，未嘗以告諸其人也，爲其親戚者聞之，亦不以告，則人必以爲不忠不信，不可與相從矣。如告則其人也輒勃然而怒，以爲我何嘗如是也？鄕黨之人，亦何嘗然也？汝欲害我而云爾也。夫如是，則其人之所爲，日益繆戾；而鄕黨之訾議，日益沸騰，而親戚相戒不敢告。於是乎其人也顚冥昏倒，如聾如瞽，亡身之禍立至而不寤，不亦悲夫？

余觀於漢唐之季，昏庸之主，幾可其不與斯人相類也耶？端坐於法宮之中，嚴邃若天帝之居，吾雖有不善，人何從以知之？但見其宦官宮妾讒夫小人，競進其諛言，彌縫其惡而掩覆之，不知史氏已書之於冊，士大夫之有識者，已相與扼腕，竊議於家。至於街衢之上、窮谷之中，婦人孺子已皆相與痛歎誚侮之，而弗之聞也。幸而有一忠臣志士，不勝其憤惋，不計其死生，暴其心肝，而冀其感悟，則輒艴然而怒，以爲彰君之惡，而賣名聲於天下也。薄者，竄謫之；甚者，磔戮之，快其意而後已。是何異於以鄉黨之竊議爲親己，而以親戚之忠告爲害己也哉？於是乎惡聲嘈嘈於天下，穢聞流傳於百世，而不之知也，弗之改也，以至乎危亡，尙何足悲哉？若唐 僖宗之殺孟昭圖、宋 高宗之殺陳東是已。

諫說下

君人者喜聞其過，而未嘗不畏天下之人聞之也。蓋明爭顯諫，則未嘗不厭之；密疏其過，則多有開顔而受之者矣。然則喜聞其過爲難，而不畏夫天下之人聞之也，爲尤難，是亦不知君人之道，而不能以天下爲度內之故也歟？今夫其父有過，其兄諫焉，隣之人在座，則姑且含默，以待其出可矣，而豈可使其弟之不聞乎？自人臣言之，天下，一家也；君人者，天下之父母也；彼天下之人，卽吾之弟也，而何畏夫使之聞乎？爲人君者，苟知此道，則視天下百姓猶吾子，而天下百姓視之，猶父母矣，曷嘗見人以父母之過，告諸隣人者乎？

貧婦說

隣有貧婦焉, 薄田而衆口。秋之所穫, 不足以支冬春也, 則貧婦能撙節伸縮而補葺之, 有其道也, 及乎來歲之秋而有餘也。里之人咸歎服焉。客往問之, 對曰:“有餘而費之, 則吾不知其爲有餘也; 不足而節之, 則吾不知其爲不足也。”曰:“嗚呼! 此古有道之士保國養身之說也, 今吾得諸貧婦。”

法制說

夫創法立制, 垂之萬世, 行之而無弊, 運之而不窮, 至矣盡矣, 無以加矣。其次, 維持數百年, 可得而無弊, 勢窮則變矣; 又其次, 僅足以彌縫眼前而已。嗚呼! 創法立制, 其可易而言之哉? 且夫周公, 元聖也; 明祖, 神人也。與天地合其德, 日月合其明, 四時合其序, 鬼神合其吉凶, 先天而天弗違, 後天而奉天時。至於創制立紀, 以爲燕貽之謀, 則必思之又思, 夜以繼日, 積月累年, 乃有得焉。夫以天地運行之數、世道升降之機、風俗因革之勢、人心變化之形, 紛綸錯綜, 有不可得以盡察故也。今以一人之智, 揣摩於數百年之前, 使中其所爲, 曉然若目見而爲之者, 顧不亦難哉?

城池說

世之病爲城者，常以驅民入城爲難。咸曰：“有城無民，將安用之？”爲民者，聞築一城修一柵，則曰：“城雖築柵雖修，吾誓不彼入也。”苟若是，則雖有金湯之固，何補於國哉？彼禽獸之無知也，驅之不以其道，則將見弱者奔迸而四散、彊者咆勃而傷人，不可得而制，而況於民乎？愚而神者，民也，莫深喩於利害之所在也。嗟夫！不能使蚩蚩之民，爭自入城而求活，而每有意乎驅之，則宜乎民之不樂入，而城之不足恃也。

有 策焉，請試論之。大城堅而粟富，器械利，士卒選，將帥得人，號令嚴明，有必勝之道，而無必敗之形，則民入城而有百全萬安之道。不入而他走，則必有飢莩塡壑之患，幸而免於飢莩，事平而歸，則必不免於違令之誅。當是之時，利在於入。至如城脆而粟貧，器械朽鈍，士卒怯弱，將帥非人，號令失當，有必敗之形，而無必勝之道，則民入城而必有目前不測之禍。不入而他走，雖知有飢莩之患、違令之誅，弗暇計也。當是之時，利在於不入。

苟使民知利在於入，則雖賞之使不入，不可得也；苟使民知利在於不入，則雖刑之使入，不可得也。然則如之何其可也？莫若高築城、多積粟、治器械、鼓士卒之勇氣耳，其要在於得人。

鄭是僑字說

壬寅月正之四日，晉陽 鄭鳳輝氏冠其子是僑，以書宿之曰："願吾子之來教。"屬余有寒疾，不可以風也，敢辭。余既未厠於贊者之後，則字之而勖之以辭，非異人任耶？雖然，吾於鳳輝氏視猶兄弟也，於是僑視猶兄弟之子也，惡可以不往而遂已也？則字之曰希直，演其義而文之，俾於其三加告之曰："棄爾之幼，順爾之性！聞昔之賢，有國僑者。有君子之道四：敬、恭、惠、義。聖人總其德而目之，則曰遺直。爾誠希之，盍先務斯四者？蘄至於直，爾尚克蚤夜孜孜，就其如而去其不如！思奮焉迭駕，蔑不及焉，爾可不自勖。"

又爲告之曰：

孔子云"人之生也直"，何謂"生"？人所得於天以生之，性也。性具於心，感於物而爲情，性其體而情其發也。其體也直，故其發也亦直。夫惻隱之發也直，故心得其正而爲仁之用焉；羞惡之發也直，故心得其正而爲義之用焉；辭讓之發也直，故心得其正而禮之用行焉；是非之發也直，故心得其正而智之用行焉。如或惻隱而不直，則要譽納交，而仁之體不立；羞惡而不直，則矯行近名，而義之體不立；辭讓而不直，則簞食見色，而失其所以爲禮；是非而不直，則縱橫捭闔，而失其所以爲智矣。是以，君子之學，以直養而無害，方正而有則，明白而易見，如砥之平，如矢之直，無一念之枉曲，無一毫之私邪，參錯於其間。然後可謂盡吾性之全體，而達其妙用矣。此則盛德者之事，抑可謂高於子産一等矣。爾誠希之！爾尙克蚤夜孜孜。去其不如而就其如，思勉焉竭才，冀有以齊焉。爾可不自勖乎？雖然，猶有進於是者，夫子繫《易》，在《坤》之六二盡之矣。

今使者之歸遽也，未暇究乎直方大之說。夫冠而後，見鄕先生父執，禮也。吾以俟夫是僑之見。

論

歷代君臣論

余謂君臣之間，恩愛至重無異父子也。夫父子之間，人道之際，切近而易見者也；君臣之間，天道之際，微遠而難知者也。故世人不察，以君臣之義，求之於名分等威之間，而不知恩愛之至重也。夫所謂“君臣主義，父子主恩”者，特云“其所主差異，所爭毫末”耳。義之全體，豈不干涉於父子之間；而恩愛之重，何嘗欠闕於君臣之際乎？且余觀於歷代君臣之際，氣象源流之相類，然後益知君臣恩愛之重與父子無異也。

蓋天地陰陽之氣，運行斡旋，固有會通否塞之時。方其渾淪磅礴、醞釀發泄，稟其至全至大純粹精者，爲天地百神之主。其偏小餘剩之氣，敷爲衆材，俾之服役臣屬，以成天下之務。故人臣之雄材碩器，要不出人主範圍度量之內，第氣脈風流大略相類，則抑可謂有之耳。漢廷諸公，雄偉朴茂；唐朝人才，英敏發越，有高祖、太宗之氣象。宋朝人才，正大和平而溫粹，亦由太祖之氣象如此故也，譬之木焉，根株之流通，而柯葉以之碩茂；譬之水焉，源頭之由來，而流派以之淸濁，同一氣脈故也。由是觀之，天道之際, 雖曰微遠, 豈復有難知者哉? 嗟! 汝薄夫, 尙鑑玆哉!

王安石論【庚辰】

余嘗見智謀之士, 以一隅之見, 妄有建白, 以誤天下蒼生者多矣, 不亦甚可慨也哉? 夫以一人之智, 不足以律萬人之胸臆; 一事之利, 不足以例萬事之便宜, 理勢之所必然也。天下公共之口, 違之而不問; 數世常行之策, 革之而不恤, 任一人之見, 而營一事之利, 害及乎生民, 禍延乎後世, 尙安怪哉? 王安石是也。

或曰: "安石不用, 則後世之名, 高於賈誼; 賈誼得用, 則安知不如安石之顚沛乎?"

曰: "不然也。二子之稟質學問、言語文章, 慈良之與傲狠, 明爽之與執拗, 逈然不同, 則惡有如子之所云乎? 安石未柄用, 當時已有知其爲人而卜其事業者矣。賈誼雖用, 其所設施之方、符驗之著, 未必如其所云云也。然誼之策, 或有行於當世者, 或有行於後世者, 頗能有益於漢, 而安石釀成靖康之禍, 二子優劣, 不必論也。但其年少, 慨然以天下之重自任, 文章雋辨, 才氣輕銳, 二子固未有不同也。

夫惟事功之集, 在於道德力量, 而不在於言語才辨。天下, 大器也; 治平, 大業也。夫惟鎭靜博大、剛健篤實之君子, 而後能擧其大器而成其大業, 漢文帝、宋仁宗近之矣。二子眇然以輕銳之氣, 扣發其外, 而欲以動搖其中, 吾見其戛戛而難合也。賈誼在景帝之世，則或能行其志，而安石遇神宗，爲魚水之契，膠固而不可解。此景帝之所以不若文帝，而神宗又惡得以希仁廟也哉?”

記事

記辛酉疏事

其歲辛酉，嶺儒將伏闕上疏，請斬姦臣李爾瞻等。儒林故事，必擇名家子負當世重名者，推爲疏首，則曰："鶴峯金先生有賢孫，曰上舍公。非斯人，莫可者。"咸曰："然。"公辭之至再，衆猶不釋。

公質諸家大夫洗馬公。洗馬公曰："爾其勉之！爾雖布衣，世臣也。先君子志在忠烈殉國，爾所知也。爾能以死報國，毋忝先君子之訓，則雖死，猶生也。爾其勉之！"公泣再拜辭訣曰："敢不祗敬，承大人之命？"乃出詣疏所，則不震不慴。遇多士甚肅，而處事從容靜暇，衆心賴以粗安。巡察使鄭造，爾瞻爪牙也。馳詣安東府，肆凶咆勃，怵脅士流，謀撓疏事。公志氣彌厲，以凝重自持。造乃色沮逡巡而去，欲得公疏稿，先報爾瞻，爲之地謀，取之多方。公閟之極嚴，不許宣露。造竟莫能得之也。

爾瞻宣言懼光海曰："嶺儒外託陳疏，其實張弓挾矢，水陸幷進，謀不利於國家。"則又宣言于外曰："主上大怒，俟諸生至，而盡殺之。"人人聞者惴恐，公不爲動。既入城，爾瞻僞爲完平相遣人者，譬曉之曰："疏若聞，事將不測，且無益於國。徒死無爲也，孰與輟疏而歸，保全士林之爲愈也？”公逆知其詐，正色斥之。疏旣入，竟無他。

夫以草茅之士，抗疏獨陳，請斬權姦，折首不悔者，古有之矣。時幸有得全者矣。至於合疏伏闕，則權臣目之以結黨謀變，陳東所以見殺於宋也。故當時議者，策多士必盡死，雖多士幸而不死，公則必死也，而公遂得不死。人皆莫知其故，而雖公亦莫識其所以然也，蓋諉諸天幸焉。

公歿之數十年，公之姊子金時任 重卿，遇醴泉 朴甫，談辛酉疏事。朴曰：“洛中有宋君者，信義士。慷慨有氣節，重然諾，與柳希奮相善。其時金丈之免於大禍，宋君之力也。當嶺疏之至也，爾瞻忿懼，罔知所爲，陰勸光海闔四大城門，拒嶺儒於城外，掊擊而殲之。區畫已定，宋君密認其謀，貽書希奮曰：‘閉城門戕諸生，秦所以即亡也，柰何蹈之乎？況嶺南，國之根本，南寇脫有變故，唯嶺南是賴？戮諸生無辜，重失南中士心，豈所以經國久遠之謀乎？公託在肺腑，何忍坐視國亡，不一爲上言之乎？’希奮然之，密奏其書。光海寤，命開城門，解散其謀。嶺儒之得免於撲殺之禍，宋君之力也。”

又曰：“宋君，故監司應洵之孫也。爲人長者，有故家遺風。癸亥改玉，申文貞 欽秉銓，欲官宋君，宋君曰：‘公爲國擇人，盍先金某乎？’文貞嘉之，即授金丈 安奇察訪，俾之便省覲也。宋君，吾族丈行，嘗語余云：‘金公，吾素不相識，吾終始爲金公，靡不殫力焉。吾旣不泄於人，人無知者。雖金公，卒莫知吾如此也。’夫急士之難，而終不使人知之，宋君眞信義士。”

重卿甫聞而心識之。癸卯夏，余到金溪，爲余誦朴說如是。余問宋君名誰，重卿甫忘之矣。他日閱晦菴《跋鄭宣撫帖》，有曰：“賢士大夫竄逐之際，雖其平生篤友，亦或背而去之。乃有平日不相識之人，獨能奮然不顧權臣之威，以致擁護之力而不少懈，非秉彛好德之良心、憤世嫉邪之壯志，獨有得於天分之多，其能然乎？”

余於是感歎。其所謂“好德嫉邪之志，獨得於天分”，若向所謂“宋君”者非耶？鄭宣撫事，未詳首末。然但能擁衛於竄逐流離之後，而宋君乃能運機於大禍未發之先，俾一道士林得免坑戮之慘，茲尤偉矣。余，外史也。敢竊識其事，以自附於紫陽之筆。若夫宋君之名與字，他日詢諸朴而錄焉。

議辨

甲午和議辨

甲午羈縻之事，論者至今紛紜而不決，蓋未察於常變經權名實之際也。夫天朝冊秀吉 日本王，許封而不許貢，得帝王御夷之道，天朝固不可目之以和。其在我國，不唯無和之實，竝與和之名而無之矣，而論者名之曰和。且天朝之冊秀吉也，不唯爲我地，亦以自爲也。其在我國，不唯力不能禁，於義不必禁也，則常也，非變也，而論者名之爲處變之道。至於黃愼之隨冊使也，不號以通信，而號以跟隨陪臣，則經也，非權也。而論者名之爲權，非所謂"未察於經權常變名實之際而然"歟？

壬辰變初，石尙書 星主本兵，違皇祖之訓，排滿廷之議，獨決東征之謀，克致平壤之捷，以大軍猝至，乘其不虞。且南師久暴露於西北，犯天道之戒。袁黃亦料其必敗，而倭旣退屯海徼，盤根窟穴，占形勢便宜。於是天兵再三進攻而不利，所謂"彊弩之末，勢不能穿魯縞"者也。我國力殫地裂，人民死亡殆盡，更無掎角之望，而中國復經西夏之役，兵疲財匱，海內愁怨。石公始反顧憂慮，恐事敗而天下之誅譴萃於己也。其勢不得不出於羈縻，以紓目前之急，與沈游擊惟敬相議，冊秀吉爲日本王，誘倭渡海。我國以陵寢之變，義不與同事，不肯從。顧侍郎 養謙箚付我國縷縷數千言，大意謂"句踐臣妾夫差，以爲後圖，今日本臣妾大明，爾國不猶愈於越之君臣乎"。

朝廷畏外間浮議目之以主和，相持數月不決石、沈二公，幸朝鮮牢拒羈縻，將以僨事之罪，歸之我國，而爲自解之地。是時，西厓先生以首台，屬疾獻議，以事機極重，不可於片言間輕爲許與不許。其劈畫先見，無不件件符愜於事後成敗，如燭照而龜卜焉。及楊冊使至東萊，要與我國宰臣偕，朝議嫌其近於遣信，遲回不決亦數月。冊使先登船，留沈惟敬，使挾宰臣以來。接伴使黃愼時在東萊，馳啓力請"如不能斥絶，當從冊使之言"，朝議遂以黃愼應之。浮議於是大激，以爲秀吉不當封，我國不當從，黃愼不當遣。力攻數三大臣，目之以主和，攘臂鼓吻，擧一國而譁然也。

夫自天朝言之，旣已發大兵，拯屬國之危困，俾不至亡滅，而中國兵力已竭，怨咨將起。雖用羈縻之策，使藩邦得以偸隙蓄力，自爲之捍禦，無不可也。安有竭天下之力，自蹙其本根，而但爲外藩地哉？天朝旣冊秀吉，以紓東國之禍，但許封，而不許入貢，非如漢 武之利邛竹、枸醬、宛馬、葡萄也；又非如元 世祖之招諭日本，欲以無外之名，高於今古也。又未嘗脅勒小邦，發專价，通玉帛之贄，忍恥乞和於讎庭，如宋 建炎之時也。故曰"天朝之待日本，可謂得御夷之道，羈縻之策，不可目之以和。其在我國，尤不當名之以和"者，此之謂也。

自我國言之，夫旣守天子之藩邦，不能效職捍衛，致狂寇深入，破三都，覆宗國，播越草莽矣。天子命將出師，調餽餉而赴之，驅醜虜而斥之海徼，存其宗社，復其三京數千里之疆土，恩德之厚，際天塞地。自漢唐以來，中朝之致勤外藩，未有若是之殷也。及賊奔潰之餘，更聚邊境，猶不能徼倦乘勞，破其殘羸而逐之也。天朝欲行羈縻，使小國得收拾散亡，以自彊於斯時也。苟不至悖義傷理，其在小邦，聽從之不暇矣。顧乃勃然不許曰："中國之力可屈，而我國之事，不可不終之也；天下之危亡不必恤，而小邦不可不存之也；大朝事變幾微之慮不可顧，而不可令小國君臣，蒙嗤點於浮議之口也。"餉雖匱而不得不再運，兵雖疲而不得不再調，則斯乃君父之所以責諸臣子，大國之所以望於侯邦，豈宣祖之所宜施於皇上者哉？故曰"天朝之冊秀吉，不唯力不能禁，於義不必禁也，常也，非處變之道也"者，此之謂也。

且夫楊冊使銜天子之命，冒不測之風濤，唯我故之以，則令陪臣導之以行，禮也。若號以通信而奉三尺之書，是徒知畏天子之令，而不念宗社之羞恥也；徒知保國弭禍之爲利，而不知萬世大義之爲可愧也。名之爲主和，名之爲行權，名之爲處變之道，猶或可也。今黃愼之差遣也，但稱之曰跟隨陪臣，而我與秀吉，無通問之禮。冊使已諒其有不得已之實，關酋已覺其有不肯和之實，雖天朝聞之，亦嘉我之有守，而不以爲罪也。夫號以通信，則實非主和，而可名之爲和；稱以跟隨，則實爲斥和，而名亦足以爲斥也。名正理順，協諸義而協，故事敗之後，使宣祖超然得免於皇朝譴責，而石、沈獲罪。大兵再出者，伊誰之功也？故曰“黃愼之差遣，經也，非權也”者，此之謂也。

昔者宋孝宗之初，張南軒不主用兵。是則所謂“處變之道”也，權也，非經也，非和之實，而乃和之名也。然朱夫子猶且是之。甲午之事，大異於此，而今之議者，務勝於南軒、晦菴以爲高，豈非所謂“未察於常變經權名實之際而然”歟？雖然，浮議之生也，有二種焉：一出於公，一出於私。出於私者，由同事之忌克妬害，鼓煽無根之論，以搖衆聽，以眩人主而發也，世之恒患也；出於公者，由一時之風習，不能深究義理之權衡，博綜古今之事變，傳聞襲誤，隨衆而訾之耳。

中朝亦然，而我國特甚焉。慣見《宋史》，拈出主和題目，以相訾毁，二種俱煽，名實眩亂。雖我宣祖之聖明，亦疑其近於和，而己亥群小，從而媒孼之，故聖批有所云云。澶淵之役，天下萬世稱其功，而姦臣以城下盟恥之，則眞宗惑之者，不幸近之矣。若夫近日士議之紛紜也，愚未知出於公歟？出於私歟，抑其出於襲謬之餘也歟？

文

水落臺契帖文【辛丑】

夫勝地多在於遐險，人聞而慕之。或其地在於邑縣村閭之旁，足跡易到，則狎以侮之。惟其見賤於俗眼，而遇知於仁智之君子，尤足尙也。甘泉之水落臺，水石之勝，甲於南中，而世罕有聞者。辛丑秋九月，鶴沙公約諸士友，遊集臺上，余亦馳赴焉。于時霜淸水落，溪左右奇巖盡露，上下七八里，石色璀璨奪目，玉虹流注於其中。異哉！玆區也，而匪遐也，而莫之聞也。

鶴沙公哂然而笑曰："子不知也耶？自有此臺，經千萬年，人莫有知好之者。唯我西厓老先生杖屨一及之，而亟賞愜焉，然後學士大夫往往知有此臺。今日之會，豈徒爲佳辰選地追逐而止哉？抑以前賢播芬之地，慨然想慕，以寓山仰之懷耳。子固不知也耶？"

余爲竦然起敬，作而歎曰："吾嘗浪遊半生，國中名勝，足跡殆將遍焉。如蓬萊之萬瀑、俗離之仙遊，當爲第一，而水落者抑可以爲次矣。然其與縣廨村墅相接，樵夫野老所狎處而遊也，過者鄙之而不顧。及一朝受知於大人先生，附靑雲而施後世，似若有數存焉於其間，而鶴沙公晩節林泉，優游塵表，招携同志。眷茲名區，傾數郡之纓弁，追昔賢之餘賞，則亦儒林之盛事也。" 於是各賦一篇，以記其事，因繪爲帖，以志不忘。爲文而識之，賀茲區之遇，實自老先生而始也。

咸寧書院立約文

鄉秀才二三子踵門而請曰："蓋聞東國書院之設，實自退陶先生建紹修而權輿也。士論翕然向之所在，慕效創立，是固倡斯道淑斯人之一大助也。風流寖盛，殆遍國中，而窮鄉僻邑，咸有所謂'書院'者，而獨吾邑無之。生等常自歉然，大不列於士林是懼。況念吾邦雖小，素稱文獻之鄉，長德巨人之産於是邦，德業文章輝映簡冊者，前後相望。鄉先生歿，而可祭於社者，殆不止於一二公。以故吾鄉諸丈，蓋嘗屢致意焉，而吾丈獨不急焉，言論未嘗及焉，會集未嘗與焉。生等竊惑焉，豈吾丈於一鄉斯文之學，不切於心耶？抑別有以也？後生蒙學莫曉其故，願吾丈卒有以教之也。"

余爲竦然對曰：

唯唯否否。僕之愚，非敢以書院爲不韙。顧以今之立院，非昔之立院，有書院之名，而無書院之實。此僕所以不汲汲於斯學也。請試陳之，而吾子擇焉。夫書院何爲以設也？爲講學養士，非爲先賢享祀而設也。先王制禮，設庠、序、學、校，聚國之儁士而群處之，教以詩書禮樂，欲將以作成人材，以供一世之用，經綸庶務，而贊天工之代耳。故《詩》有曰"菁菁者莪，在彼中阿"，又曰"古之人無斁，譽髦斯士"，言周家設學立教，養育英材，以致其振作之盛，如此云爾。迨其鼓篋、肄三之暇，息焉游焉，思其人之從事於是事者。慨然興想，取蘋藻而奠之，拜跪揖讓，以習禮容，以寓敬慕，非眞有肆祼腥爓、薦格鬼神而饗之也。山川丘陵，出雲雨見怪物則祀之，聖賢之有道而澤及民者，亦祀之。祀之自有所，未嘗祀諸學。後世學宮之血食，蓋以義起，然非先王之制禮也。是以中國書院，猶倣此意，聘名儒聚學徒，日夜講誦其中。或建院聚書，享祀則否焉，或享訖講誦，皆立限式。

我國則不然，諸處書院率多以祭享爲重，其視養士勸學，爲第二件事。春秋會集饋奠而已，立師生講誦之規，擧一國而寂然也。或有欲來棲攻業者，有司惜其費而尼之。甚者，招集朋類，供一場閑談而罷。此我東書院但爲先賢之祠堂，後學宴集之所耳，未見其養士講學之實也。國家右文之意，老先生建院之制，豈端使然哉？書院而若此，不若無書院之爲愈也。且夫國之立法旣久，必有偏而難救之弊。麗氏之初，以竺教立國，及其衰也，不勝其弊，以至於亡。盛朝創若是焉，崇儒重道爲治，及至今日，又不勝其弊。乃者文治旣盛，書院乃創，趨向漸篤，謬擧隨作。高識之士，以尊尙爲榮；卑下之論，以陞祀爲寵。夤緣奔競，有同親舊之援引美仕，必成乃已。間有公議之人，挾以不悅者之論，摘抉瑕疵，互相斥訐，彼此各執所見。其勢遽難相下，兩怒傳言，鬼神助煽，一事未了，別生一鬩。所在蜂起，無處不然，擧國之內，成一鬪場，以致世道日下，儒風大壞，則書院之流禍也。書院而若此，不若無書院之爲愈也。

大抵書院之弊，有此二種，某所以每聞有書院之擧，輒掩耳而走，不欲身與其間者也。如使吾鄕創，建院廟，經始之時，無相鬩之論。旣成之後，有講誦之實，比他書院，一切變其弊習，則僕雖固陋，亦將撥瞽披聾，超躄而奔走之不暇矣。其於一鄕斯文之重擧，僕心更切，曷嘗下於二三子哉?

秀才作而對曰:“敢不自警勑，以求從吾丈之敎?”

余又告之曰:“爲學，須從勤苦中得力。孟子所謂‘苦其心志，勞其筋骨，空乏其身，動心忍性，增益其所不能’，此之謂也。從古聖賢豪傑皆從這裏，喫著許多辛苦，方做出大事業，如李固徒步往來學中授書，不令同舍知爲宰相子；范仲淹讀書山寺，有饋遺者，輒辭不受。此甚麽樣喫苦；此甚麽樣著力?

我國士夫則不然。因有奴婢世傳之法，平居美衣玉食，安坐廳軒。凡係勞苦之事，一切不自身作，故到黌舍公家，必有精饌美肴，使令供給，然後乃堪久處。如或不然，則望望然裹袱而去，士習之弊至是。必須請託於監司守令，乞覓爨婢樵奴，斂散財穀，逐什一之利，然後方成學宮活計，此又近日書院之弊也。況吾咸昌，十室殘邑，物力寡薄，人丁鮮少？置田殖穀，必不若他院；炊爨使令，必不若他院。各自贏糧，輪定樵奴，喫淡攻苦，將百倍他院。非如李、范諸君子堅苦刻勵，以大業自期待者，必不能久處其地也。諸秀才誠能辨此心力，不憚餓乏，不恤勞苦，不事請託，不求安逸，讀書求志之外，一切世間名利，直要與他打疊，了無他念，則僕雖老矣無成，願入其中，而同喫苦焉，講誦聖賢之書。諸秀才其亦有意於斯耶?”

秀才作而對曰:“敢不自警勵，以求從吾丈之言?”

遂乃告之曰:“講誦聖賢之書，將以達其義而會其理也。欲識理趣，先要達文義；欲達文義，先要學句法。經義之不明，由句法錯了，句法之錯，薛弘儒誤之也。經文句讀，弘儒以俚諺足之，一句分作兩句，破碎不成句，文義粗通，而句法頓失。前輩謂‘古人所作，存而不刪’，後學則諉諸當然，而不覺其非。句法旣失，則章法篇法，次第錯了。及朱子集註，東來法門，明白頓勝漢唐諸家，而我國本不曉句法，以致朱子法門，全然不曉路脈。經義不明，都坐此病。於《詩》不知比、興，於《易》不辨今古，於四書不曉照應關鍵。夫以中國學士，貫穿經藝，尙見謂‘經生學究，無適用之學’，況我國之士，不達於文義者耶?今若建院，當先立講規，讀《春秋》，先《左氏》而訂以《胡傳》；讀《易》，先本義，而參以程傳；讀四書，則以照應關鍵爲主。然不先通曉句法章法，則將何所据，以爲講誦之地乎?”

秀才作而問曰:“吾儒之學，止此而已乎?”

余乃喟然歎曰:“美哉! 子之問及此。諸秀才誠能進此而用力於聖賢之心學, 是天有以相之, 而不使斯道之終晦於東國也。盍相與講明, 以毋負老先生建院之意乎哉?”秀才退, 掇筆以識其問答如此云。

記

記朴孝子異蹟

安東 豐山縣 蓋日里，布衣朴墀者居焉。里西仙源岡，有故參贊權先生墓。朴以權氏外孫，世居其里。墀父中燁，中燁兄承燁無後，取墀子之。墀奉養母金居焉。生母李歿，殯於宅西草堂之南僅十步許。戊申正月辛亥，大風；壬子，亦風。里西隔溪二百步，有四五村家及曺洗馬 實久宅。午時火作，延燒村舍曺行廊。風甚火烈，鬱攸掀空而東，奄及朴村，爇婢子愛環家。家在草堂西不十步，自此火分爲三道：中一支循草堂之北，燒豁籬落，繞其宅；而東南一支，循殯室之南，燒枯草，附地而行，繞出宅後，與中火合，爇民家一區，上山麓而去；北一支，循其宅二十步許，延爇村家十一區，火焰若飛蟲騰空，迸散而落者，不可勝數，而終不犯殯室草堂。是時，墀避癘在他所。及火作，人望見，墀登山而望焉。須臾火及其村，墀遂下山，入煙焰之中，觀者畵然痛傷，以爲孝子與屍柩盡燒矣。俄而，火熄煙捲，一村盡空，而朴宅草堂及殯室，巋然獨存。村民盡驚，莫不歎息泣下，意此家必有隱德焉，神天其佑之矣。

　吾友權擇之卽參贊先生玄孫也。家于里西南，是日望見，亦痛傷泣下。十八日丁巳，來訪余宿焉，道其事。余謂“塀有至行否”。

曰：“塀也，爲人慈良，事二母，得其歡心而已，未聞有絶特之行也。”

余歎曰：“異哉！吾聞風反之矣，不聞火迂其道而避之也。火乘風而行，掀㷆盪震，雖數百步，旣已蔑不及矣，十步之內，不犯苫蓋之屋。風則不反，而火自知避，此固傳記所未有也。塀也，有孝行，而人不聞，此所以獲佑於神天歟?”

擇之曰：“塀之父中燁公，爲人犖然長者，有文行。居家不治生産，年四十二卒。中燁父楣，慶山縣令，故宰相樾之弟也。樾葬其父參贊麓下。”擇之先世，亦葬其祖於其旁。樾藉宮禁之勢，訟而移之：擇之云。

記乙巳禍蹟

自中廟末年，有大、小尹之說，行於民間。上聞而怒，欲兩罪之，廷議白上而止之。大尹謂任，章敬王后之弟；小尹謂元老、元衡，文定王后之弟也。二尹素不相協，至是權勢相軋，構怨日深。任託以保護東宮，結安老腹心。安老敗，元衡因宣言“任謀危中壼以及大君”。文定疑懼，中廟亦憂之，未幾昇遐。仁宗卽位，奉事文定，極其誠孝。文定猶疑惡任不置，至謂寡女弱子，終難獲全。仁廟俯伏露地，慰釋懇至，然後稍安。然仁廟由是憂慮成疾，薨殂，乙巳七月一日也。

仁廟初卽政，朝野翕然望治。善類稍稍起廢復用，而柳灌爲一時領袖，擢拜相。灌感仁廟知遇，盡心國事，持論頗正。吏曹判書柳仁淑爲人剛直，援引名流，而群小之素爲淸流所擯者，靡然爭附元衡。初李芑擬兵判，灌沮之，林百齡與任爭妓而怨之，鄭順朋素憤嫉士林，思一逞快，許磁柔愿嗜進取，爲其所劫持。元衡與四人同謀，除任、仁淑以及於灌。元衡詐爲諺簡若任上於恭懿者，故爲墜遺闕庭，以動文定。宣言"大行大漸日，任思自全，不願戴介弟，欲援立桂林，而灌、仁淑助之"，文定愈疑惑，降密旨于元衡，屬兩司發劾任等。

元衡召大憲閔齊仁、大諫金光準，授以內旨，期爲一會。八月二十一日辛亥，齊仁、光準、執義宋希奎、司諫朴光佑、掌令鄭希登、李彦忱、持平金儲、閔起文、獻納白仁傑、正言柳希春、金鸞祥等會于中學。齊仁、光準曰："慈殿欲罪二三大臣，密旨內降，流言煽動，宮中恟懼。若不先發輕譴，則恐別生事機，貽禍國家。雖知諸人之冤，揆諸事勢，不容但已也"座中皆曰："此乃姦人，構禍士林。我爲所使而先發，正墮其計中，決不可爲也。"齊仁誘脅終日，竟皆不從而散。齊仁詣闕啓"同僚立異"，邪黨大駭，憂事不濟。於是知中樞順朋、兵判芑、戶判百齡、工判磁，夜會光化門外。

壬子詰朝，詣政院啓，國有大事，請面對，上及慈殿出御忠順堂。同召領府事洪彦弼、領議政尹仁鏡、左贊成李彦迪、右贊成權檢、左參贊丁玉亨、右參贊申光漢、禮判尹漑、判尹尹思翼及兩司長官入侍。順朋進啓:“任、灌、仁淑之罪，齊仁、光準欲論劾，爲下官所止。請分輕重罪之。”彦弼曰:“灌、仁淑可遞，尹任稍有形迹，當竄。”光漢曰:“上新卽位危疑之際，當務鎭定。”李文元曰:“事必光明正大。不然，恐有士林之禍。”

文定曰:“尹任倡爲邪說，離間君臣父子。自古安有去王后大君，然後能保護東宮哉? 旣害大君，而値此大喪，則置國何地。任今又交結大臣，將欲何爲?”

權忠定進曰:“物論，臣不得聞，前日大、小尹之說，不知自何而出。然我睿宗薨無嗣，月山次當立。貞熹大妃舍之，而立成廟。年甫十三矣，然猶終始帖然。況今主上以大行嫡弟，旣已定位，豈有他虞? 且今王子君，無外交，大臣無專擅，孰敢有陰邪之計? 方此初政，務得人心，每事當以大公至正行之。中廟初年，大臣不能善導，誣李顆以反，盧永孫濫取爵賞。自是上變相繼。中廟後知其故，盡釋連坐人，然後一國咸服，而人心定。此今日之所當戒也。”文定不從，命遞灌，罷仁淑，竄任。

翌日癸丑，兩司宋希奎、朴光佑等引嫌請辭，不允。希奎曰:“元衡主張密旨，惑亂人聽，當首劾此姦，而今暮門將閉矣。姑俟明日就職而論之可也。”光佑以下皆退，白仁傑留不出，獨啓，論“齊仁奔走權門，奉承密旨，失臺閣體”。文定大怒，下仁傑禁府，盡罷希奎以下。甲寅，召六曹判書以上會議，灌配舒川，仁淑配茂長，任安置南海。

初，忠定與順朋分深。順朋嘗屬疾在告數月，至光化門，諸對日始出。忠定迎謂曰："令公亦何以來乎?"順朋色沮，其後論議稍緩。元衡聞之，微服稱生員，昏夜詣順朋、芑所密議，而順朋家臣朴貞元又畫錄功之謀。順朋之論遂變，務爲刻深，事將不測。忠定念先朝託付之重，期以一死報國，達夜憂憤，張燈構啓草。待明趨朝，將論救三臣，家人子壻更扳挽泣諫，輒麾去之。詣闕，申公光漢相遇竝行，問知公意，愕然固止之。忠定不聽，詣政院。院相李文元見其草本，亦驚盡抹去其危言處。忠定却坐，長噫深歎其不能如意焉。於是，齊仁擢拜戶曹判書，許磁爲大憲，與大諫羅世纘等論灌等罪名過重，尹仁鏡亦以爲言。

順朋大怒，上疏曰："竊聞姦賊構亂，心懷憤痛。臣積病不能自達，及聞密旨下，不勝驚憂，與二三宰相相議諭憲長，使之先啓。當時臺諫反以密旨爲不正，各自退散。危亡之機，迫在朝夕，故臣力疾隨同議宰相，敷陳罪狀，分輕重罪之，以鎭人心，而扶宗社也。厥後，邪議竝起，人心搖動，雖曰脅從，不可在都下，故幷命竄逐。而權橃以帷幄重臣，曲爲伸救，人臣無將，王法不赦。況凶謀已著乎? 尹任在丁酉間，黨附三凶，欲害國母，及至大行賓天之後，自生疑懼，陰結大臣，以圖不軌，原其情狀，死有餘罪。顧命大臣，當危疑之際，不思協力輔導，曲從尹任之言，使殿下孤立無依，嗣位之日，與首相語曰'當立何人'，欲自取稟。中宗大王嫡子，唯殿下一人，而大行遺敎以爲'慶源大君可付後事'。灌欲稟何所，而欲更立何人也? 仁淑連婚任家，締結已久。

殿下卽位，招潛邸師傅，問殿下賢否，欲將何爲？李彦迪入侍，退見仁淑言'殿下英明特異'，則仁淑默然不悅之色，見於面目。平居對人，指殿下發妖惡言，略無忌憚，罪惡甚重，得保首領，亦已足矣。嗣服之日，一二下官李霖等承此人指揮，不欲國權歸於慈殿，公然倡說，此亦凶謀之一端也。

伏願殿下明錄三人之罪，曉諭中外，以快物情，不勝幸甚。自七月以後，太白晝見，無日無之；陰虹抱日，淫霖不止。此皆陰盛陽微、君弱臣彊之象。議事之後，天始開霽，則人心難誣，而天象之不可掩明矣。撥不念近年災變之極，反以一日之雨爲罪三人之應，臣竊惑焉。"疏上，文定下敎褒美。

戊午，兩殿御忠順堂，召諸大臣入對，遂論三人以逆忠順堂。翌日，任、灌、仁淑皆賜死，中路，三臣旣誅。忠順堂論功行賞，竝錄忠順堂入侍諸宰，號曰衛社。已而順朋以忠定論議不同，請削勳，從之。順朋因請忠定及文元，皆處以死。文定堅拒而不從。時京畿監司金明胤詣政院，密告"桂林君瑠，尹任甥姪，鳳城君岏卽親王子，任亦欲立之"。瑠逃，捕而殺之。遂鞫任壻注書李德應，誣伏，獄成。朴光佑、郭珣、鄭希登、鄭郁，辭連杖死；李霖、羅淑，遠竄；鄭源、李若氷、李若海、金儲、盧守愼、李中悅，削奪；成世昌、宋麟壽、韓淑、李震、金振宗、沈苓、李焰及忠定，罷。

明年丙午，臺諫追論乙巳人加罪，羅湜、羅淑、李霖、鄭源、李若海、李中悅，賜死；韓淑、李文楗、李首慶，杖流；忠定、文元、愼居寬，削奪；具壽聃、柳貞，罷。丁未九月，副提學鄭彦慤與宣傳官李櫓同啓良才驛)壁書。其書曰："女主執政於上，姦臣弄權於下，國之將亡，可立而待。"命招仁鏡、芑、順朋、磁、齊仁、元衡、光準、百齡等示之。回啓曰："近來邪論未息，此書亦非迷劣者所爲。蓋緣當初從輕定罪，故敢爲妖言如此。仍列書應罪人，分輕重入啓。"

鳳城君 岏、李若氷、宋麟壽，一罪；李文元、鄭磁、李焰，極邊安置；林亨秀、盧守愼、丁璜、柳希春、金鸞祥，絶島安置；權應挺、權應昌、鄭惟沈、李天啓、權勿、李湛、韓澍、安景祐，遠方付處；忠定及宋希奎、白仁傑、李彦忱、閔起文、黃博、李震、李洪男、金振宗、尹剛元、趙璞、安世亨、尹忠元、安舀，付處中路。俄而，忠定移配朔州，文元安置江界。於是三司伏闕請處岏，斷以大義，從之。彦慤又獨啓，林亨秀與尹任同里居，必與任同謀，當誅，從之。宋麟壽、李若氷)、金儲、成遇、具壽聃，竝賜死。

屛山用一獻禮

壬寅冬十一月，祔修巖先生于屛山，以一獻禮。他日，客有過余者，問曰："一獻，禮歟?"河對曰："非禮也。"曰："何也?"曰："禮從一獻至九獻者，周禮也，而時王之禮無之，存一與三爾。一獻，禮之簡也；三獻，禮之盛也。人少而儀寡，則禮從簡；人衆而儀多，則禮從盛。祔享於斯文，儀可謂多矣；數州之儒士齊會，則人可謂衆矣。若之何其以一獻之禮也？”客曰：“月川之祔陶山也，則一獻；修巖之祔屛山也，獨不可以一獻乎？”對曰：“聖人之葬人歟？人之葬聖人也。何必陶山？”客於是然之。

山陽書堂立社呈文【代儒生作】

伏以民等所居縣中，故有寓菴 洪先生者，諱彦忠，字直卿，燕山朝直節名臣也。先生自早歲，文章節行，著稱丁時，與朴挹翠 誾、鄭虛菴 希良、李容齋 荇定交齊名，時人稱爲四傑。嘗在湖堂，同朴誾應旨封章，陳燕山闕失，燕山主大怒，幾陷不測。竟被逮於甲子之禍，度必不免，自撰墓銘而行。是時，燕山盡磔戮一時名流，其餘十輩，拘諸巨濟島中，而將殺之。先生三昆季與其中。島中日相驚，傳言賜藥已至，李公 長坤脫身逃竄。於是諸公惶窘不知所出，密爲賃舟汎海之計。先生聞之，歎曰：“君命，天也，天可逃乎？臣子之義，有死而已。”嚴責子弟，使不得預汎舟之謀。

俄而，中廟反正，先生遂得放還。然念委質之義，不應中廟之徵，不幸年三十六以卒。事具載《東文選》、《輿地志》。先生之出處大致如此，而挹翠 朴公，竟被戮死；虛菴鄭公，託跡方外；容齋 李公，際會聖后，致位廊廟。然跡其出處完節，論者於四傑之中，以先生爲稱首焉。

先生，咸昌人，卜居于本縣南茂林部曲 道淵村。自銘中所謂“卜于古縣，茂林之鄕，青山在上，瀠碕在下”者也。芳躅未遠，風烈彌彰，後學追慕，久而益篤，咸願建院，而俎豆之，亦嘗稟定於儒林宗師。邇來十年之間，鄕議再完，而連歲大扎，未遑鉅役。近者竊聞，朝家新頒事目，凡有書院創建，切勿輕許。

出於愼重之至意也。民等，一縣儒品，大小齊會，仰遵朝憲，俯協輿議，因以本縣書堂，自有齋室，只造一二間廟屋。功力易就，故卽其地，定爲鄕賢之祠，將以八月之初，鳩材始役。民等各出米布，期於集事，而燔瓦運材，須藉若干丁夫。況復事關風敎，不可不仰達於仁聽？伏願二天城主，嘉前輩之遺烈，恤民等之誠懇，特許於本縣一面洞內各出丁夫數名，以助運輸，則人心感奮，功力亟竣，其永有辭於後矣。

傳

白大鵬傳【癸未】

白大鵬，字萬里，父名蓮根，余外曾祖鐵城 李公之奴子。母，典艦寺婢也。故從母爲典艦寺奴。大鵬少能詩，句出驚人。一時名士大夫如徐公 翊、韓公某、洪公 迪，皆與之定交。大鵬嘗字呼韓益之、洪太古諸公，託以心期，不以名分見責也。諸公嘗使爲吏曹政吏，以謀食。大鵬曰："吾讀聖賢書，豈能作刀筆吏乎？"終不肯，諸公益重之。

癸未中，徐公爲北道巡按使，大鵬從之行。徐公還到嶺上，檢一行裝束。大鵬行橐蕭然，唯公所賜黃毛二箇而已，其操履耿介又如此。蓮根嘗有罪，李公囚之安東私第。徐公適倅安東，日遣人以候安否。大鵬晝夜侍父旁，不頃刻離，見李公，輒伏地叩頭，每見益加謹。

有李忠順者，李公之庶姪也。李公卒，大鵬祭之以文，忠順讀其文。癸未秋，余來春陽，忠順爲余道如右，因言"讀祭文時，年尚少，不能句。今已過五十年，都忘却一字，唯記得某年月日奴之子白大鵬敬祭于故上典"云云。大鵬有《斑竹詩》、《筒漆銘》，其外"萬里行裝"四字。弟雲鵬亦解文：忠順云。

金良傳

金良者, 良人也。少見知於崔守愚永慶氏。崔眼高一世, 於士大夫少許可, 而獨可良, 其爲人可知也已。及崔殞於己丑獄中, 時法網至密, 士大夫皆傷其冤, 而無敢收視者。獨良取其屍, 斂之, 凜然有古義士風。於是乎崔亦可謂知人者哉! 壬辰變後, 始雪崔冤。良九十餘, 終以老秩知事。有一女, 余庶母之母也, 故余得其詳而傳之。

策題

《春秋》筆法[13]

問:《春秋》, 經世之典, 百王不易之大法。爲人君父者, 不可不知; 爲人臣子者, 不可不通於《春秋》之義。然其書法有難以意例推測者。"元"何代"一"? "王"何次"春"? 桓奚有"年"? 定奚無"正"? 三叛之書名, 何意? 鄭、衛之書"盜", 曷以? 趙盾復見其然, 意如書"卒"則那? "崩"、"薨", 舊文奚據? 不地特筆, 奚證? 日食三十六, 月闕何缺? 弑君七十二, 髡頑何諱? 皆可歷指而詳言其義歟? 三傳作於一時, 而辭或異同何歟?《胡傳》最爲折衷, 而先儒不取何歟? 中州學者必貫通《左氏》, 然後及於他書, 而我國則不然。新羅時, 官人之制,《左傳》爲第一。世宗朝令文臣儒士, 皆習《左傳》, 而至今視爲史學, 絶無學習者。雖讀《胡傳》, 不諳事實張本, 故於聖人筆削之旨, 茫然不曉。欲令一國之士講明《春秋》, 而興屬辭不亂之敎, 則其道何由?

13 春秋筆法 : 저본에는 소제목이 없으나, 한국고전번역원 한국고전 종합 DB에 의거 보충함. 이하 策題의 소제목도 동일함.

《禮》

問: 禮者, 天理之節文也。聖人旣以此敎人, 又錄之爲書, 至周大備, 遭秦而滅。古經出淹中, 較高堂之所傳, 孰多? 傳記載《漢志》, 《王史氏》、《曲臺》等篇安在? 推士禮諸侯天子, 其說何據? 總凡目三千三百, 將何以充? 程子以《禮記》出於漢儒附會, 朱子以仲舒何能說到這裏, 將安取衷哉? 安石之廢經, 何見? 晦菴之集傳, 何意? 勉齋之續, 若經朱子勘破, 果有可議歟? 其數易陳也, 其義難知也。"尊之上玄酒也, 俎之上腥魚也, 豆之上大羹也", 可詳言其義歟? "大昏之未發[14]齋也, 太廟之未納尸也, 始死之未小斂", 爲其義一也, 可得聞其詳歟? 三年哭之不反, 淸廟歌之一倡, 吉凶頓殊, 而其理則同者, 抑何歟?

恭惟聖朝爲國以禮, 儒先輩出, 專門講明, 禮敎興行, 比隆三代, 可謂盛矣, 不幸數十年來, 禮俗陵夷, 至於喪祭之禮, 人異論家殊俗, 服行非禮之禮, 恬然不知恥也, 到底聚訟, 甚至疾讎國幽之歎, 不幸近之, 噫, 壞國喪家亡人, 必先去其禮, 豈非可懼之甚哉? 諸生博古通今, 思欲救正, 必有慨然于平素者, 其悉陳之,

14 發 : 저본에 "廢". 《荀子·禮論篇》에 의거 수정함.

《易》

問: 《易》更四聖而成, 其消長盈虛之理、象數變化之法, 宜無異同於其間, 而傳、義或有不同處, 其故何歟? 費直以十翼, 各附經下, 果有何見? 晁、呂所定古本, 果合於宣聖序次歟? 程子據《費本》, 而朱子不從, 何歟? 本義既合於古, 則永樂儒臣又取以附傳, 何歟?《乾》、《坤》占二用, 餘卦占變卦, 爲學《易》第一門戶, 而程傳無之, 何歟? 傳之卦變, 皆從《否》、《泰》變化; 而本義卦變, 則皆以旁爻挨換, 抑有得失之可言歟?

中朝明經宗式, 點絶句讀, 壹從本義, 而我國不從何歟? 《易》傳初來, 禹祭酒獨得其門, 至於本義, 則未聞有沈潛講究者何歟? 退溪先生晚年定論, 歸重本義, 而至今後學無人信得及者, 抑何歟? 我朝設明經之科, 獨《周易》倍書, 其崇奬《易》學, 可謂至矣。三百年間, 太學諸生徒能誦讀而已。問以大義, 則茫然不曉, 雖多亦奚以爲? 是果諸生不善讀之過歟? 抑國家之所以崇奬者, 猶有未盡而然歟? 如欲使《易》道大明, 而興潔淨精微之敎, 則其道何由?

《綱目》

問: 《綱目》, 繼獲麟而作也。綱, 倣《春秋》而參取群史之良; 目, 倣《左氏》而稽合諸儒之粹, 萬世史筆之規矩準繩也。就其書法而言之，果有得於《春秋》微而顯、志而晦之義歟？桓，書卽位；而光武、昭烈，獨許帝位何歟？春正一統，而呂后、武氏，分註削年何歟？"以"者不以，而陶侃，書"以入淸君側"，而王恭，書"叛"，張良、荊軻跡同而褒殊，揚雄、馮道罪同而罰異。其他此類，不可勝記，皆可歷指，而揚確歟？

我東諸史作者何人？《三國史》、《麗史》列傳之體，《通鑑》前後書編年，是倣何其猥釀不綱，荒誕竝取？至如新羅后之琴匣射、僧異次頓之佞佛請死，本無是事，特書《通鑑》，其於婉而成章，盡而不汚之義，何如耶？盛朝文治制作，軼於前古，而良史不作，史法不明，將以國小事簡，不足紀述歟？抑以史學淺陋，無益政理歟？如欲遵《綱目》之大法、修策書之舊制，奉天道定人倫，大有補於世敎，則其道何由？

《大學》

問：《大學》一經十傳乃聖人全體大用之書。三綱八條，實學者修己治人之要，爲人君爲人臣，俱不可不知者也。孔子述作之時，聞知者三千，而曾氏獨得其傳，何歟？雜之《戴記》何見？實始表章者，誰歟？兩程同在一堂，而所定章次各異，何歟？朱夫子定著序次，補其闕略，所以大有功於萬世學者也，然而第五章欲效傳體，自謂做不成者何歟？朱子看得《大學》，透見到前賢所未到處，而猶未效傳體何歟？

王魯齋、方正學以格物章未嘗亡也，遂以經文“知止有定”、“物有本末”兩節，歸之於第四章之下。我東晦齋之論，亦不約而同。此說果又見得到朱子所未到耶？王守仁者，以“在親民”當從經文，蓋以絜矩章於“新”字上，都無發明，遂疑朱子。夫以朱夫子高明之見，豈不知後人疑此，而不下一轉語於十章之末耶？諸生必有講究於平日者，其明辨而悉陳之。

倉廩、糶糴之法

問：倉廩、糶糴之法，昉於何代？而果爲便民經久之策歟？三代盛時，國有餘儲，豐則斂之，凶則散之，亦與今制無異歟？告糴于齊，臧孫急病；矯制漢倉，汲直見憚，可詳言其由歟？王安石青苗之法，似乎得矣，終以是亂天下；朱夫子社倉之制，可謂盡美，而不能遍行中國，其故何歟？

我東糶糴之法，實自句麗乙巴素而權輿也。當時行之，公私稱便，至于今日，不勝其弊，刑獄職此而煩，怨咨由是而興。終歲勤勞，冀澤一日，而秋稼纔登，便施峻督，囚繫滿獄，鞭扑狼藉。至如扃鐍不嚴，盡歸偸耗，斂以精粒，俵以朽糠。況乎八路州縣，城守絶少，一有邊警，棄爲盜齎，無益臨亂，致擾平日，甚非便民之政。或謂“盡罷其法，一夫但出米豆一斛，以免乏軍興”；或謂“千年舊法，不可遽革，但當滌其虛數而存之，以待賑濟”，二說孰爲得歟？外此而別有妙法可救之策歟？顧聞之。

國是

問：國是之說，豈不謂"順天理合人心，而一國之所同是"耶？然而國是既定，公論鬱於下，以致亂亡者，時或有之，其故何歟？在宋熙寧，王安石以新法爲國是；迨建中靖國，章、蔡以紹述爲國是，南渡之後，國是在於主和；寧宗之末，國是在於斥和，孰是孰非？孰得孰失？皆可歷指而詳言之歟？

恭惟盛朝文教爲治，與宋類而國是亦頗相類。乙亥以來，主張國是，凜不可犯，誘之以布路金珠，劫之以吹毛覔疵，僅足以制士夫不齊之口，而一國之眞是非，終有不可以誣者。公論不行，景象愁慘，何以則是非歸一，而國家獲安寧之福歟？

國家敗因

問：國家之敗，由官邪而寵賂章也。貨賂之行，官以失德，而至於章，則其害有不可勝言者。以《春秋》考之，晉卿始禍，緣衛貢也；樂祁見執，獻楊楯也；蔡侯從吳，荀寅貨也；魯昭弗納，范鞅賂也。逮至後世，黷貨愈甚，受賂畀錢。漢帝何意，罪有瑪瑙？鄴侯何見，瓜子滿瓶？胡令勿却燈籠蜀錦，何至震怒？錢神著論，晉賂以彰；債帥成風，唐賂以章，皆可概論歟？

惟我國家，壬、癸以前，官方肅淸，關節不行於中外，賂遺不及於淸流。亂離歸來，此風寢頹，宰列或坐不飭，名士多以賂聞。未覈輦輸之馱，時檢藏壑之舟。噫！今日之賂章耶？不章耶？如欲激濁揚淸，明示百官，使苞苴不行，而頑夫廉，則其道何由？

名實相符

問：取人、立政俱在於責名實。有其實，則名自隨之或有，有其名，而實則不然者，其故何歟？沒世不稱，仲尼疾之；在邦必聞，聖人不取，將何取衷哉？大名之下，何以難於久居；盛名之下，何以難於副實？求士於三代之上，唯恐其好名；求士於三代之下，唯恐其不好名，其果然歟？

就其政事上論之，古者聖王建官立事，事皆務實，名與實稱。及至後世，宰相徒有燮理之名，給諫徒有直言之名，經筵徒有輔導之名。以至天官有銓衡之名，司馬有詰戎之名，度支有均賦之名，而顧其實則蔑如也。揆諸今日，殆亦近之，言念國事，誠極寒心。何以則名下無虛，士事常出名上，而政治朴實，頭做將去，國家終見實效歟？

序

送咸昌 鄭太守序【甲申至月】

往在己巳年中，家大夫莅安陰縣，僅閱三朔，而疾作賦歸。今吾咸寧太守鄭侯，安陰人也。夏四月下車，其年十一月，痘發境內，投紱而去。侯之莅咸也，多於家大夫之在彼且數月也，其政化之入於人，宜益深也。則咸之人相與語曰："古之仁人，先人而後己。今侯徒知恤己之病耳，而不念斯民在疾痛呻吟之中也，捨之而去。若是之果，豈所以爲仁乎？吾等甚惑焉。"

不佞諗于衆曰："往年家大夫之賦歸也，安之人相與語，亦如是。雖然，君子之所愼者疾。疾有輕重緩急，而斯民之利病，亦有輕重緩急之不同焉。權而處之，斯得其中矣，得其中，乃所以爲仁也。不然，先己而後人，豈吾侯與家大夫之心哉？"咸曰："然。"於是爲之序，以贐太守之行，因以解二縣人之惑云。

送鄭諮議鳳輝序

吾友鄭鳳輝甫，愚伏先生之孫也。先生之胤內翰公，先先生卒。先生卒，鳳輝纔弱冠，痛自樹立，志學彌堅苦。嘗以"無忝"扁其齋，屬余記。余諾而宿焉。旣而，鳳輝文學行義日有名，朝廷用先生後錄之辭。今聖上遹懷典刑，爰眷恬退，添春坊員，以待修姱淸節之士，而鳳輝膺是選，榮矣哉!

余惟先大夫負笈於先生之門，而內翰公又從先大夫遊，世誼可知已。其於贈處，烏可無一言半辭相送？而況有前日之諾乎？試演無忝之義以爲贈。古之君子，孰不欲其子孫飭躬謹行，以善業其箕裘？爲其子孫者，孰不欲立身揚名，以益大其門戶？然增光者或有，而墜緖者亦多，其故無他，在怠、敬、義、利之間而已矣。

古之人，其祖賢而其孫又賢者，吾得三人焉：子思之孫曰斌，楊震之孫曰賜，陶侃之孫曰潛。子順芥視千鍾，伯獻世篤忠貞，元亮恥屈後代，皆非有敬謹不怠之德，莫之能也，可謂有是祖而有是孫矣。其祖賢而其孫不肖者，吾得五人焉：荀淑之孫曰彧，楊賜之孫曰修，李廣之孫曰陵，鄭玄之孫曰小同，謝安之孫曰靈運。文若失身於曹瞞，德祖委質於東阿，交遊羞道於隴西，小同、康樂進不得爲魏 晉之純臣，而退無保身之智。是皆徒知利之爲利，而不復知有義故也，非所謂"忝厥祖"者乎？

今我老先生淵源之學，溯接洙 泗，非伯起、康成以下諸公所可班，則鳳輝宜益有所感發興起，淬濯奮勵。於是三人者，思所以齊焉；於彼五人者，思所以戒焉。先義而後利，克敬而無怠，果能是其於無忝之義，殆庶矣乎！且夫所貴於高蹈之士者，終身不屈最高歟？降此而未免於一出，則當盡心於王務民事之不暇。顧屑屑焉以求退爲高，往來不憚煩，若是者，吾無取焉爾。矧今聖明在上，孝理方新，中國四夷亦必感動，而況吾臣子乎？庶巖穴之士，聞而慕之，願進於闕下，致君堯舜，垂名竹帛，斯其會也，而輒求去，是乃所謂"山林一節之士，非審夫出處之義"者也。若吾輩之所以望於鳳輝者，則不在此。毋局於一節，毋安於小成，粹然以醇儒之道自律，出處大節，一以老先生爲法，然後斯爲眞無忝也已。

送李士徵令公序

夫倫五而朋友一焉，其爲道與兄弟不殊焉。兄弟之情，聚而處則懽，懽則愉，愉則樂，樂則生，生則油，油如也；離則悲，悲則思，思則愁。久而不見則其中悒悒若有所失然，病則爲之慼然而憂，喪則爲之悲號擗慟而不知止。斯固出於情之自然，非自外至者也。其於朋友亦然。聚則懽然而樂，離則愀然而思，憂其病而哀其喪，亦出於情之自然，而非自外至者也。

噫！兄弟固然戚也，友疏也而情若斯之篤何也？同生於天地之間，同稟其氣之秀者，而爲君子焉，擇其稟之秀與吾同而與衆人異者而友之焉。學同也，業同也，進而事君則義同也，退而講明則道同也，有兄弟之道焉，故有兄弟之情焉。此其爲一於倫，而與君臣、父子、夫婦、兄弟四者而五也。然倫焉而不及師何也？師友一倫，稱友而師擧之矣。師重而友輕，師有父之道焉，朋友有兄弟之道焉。故古之人，於師則若喪父而無服，於朋友則若喪兄弟而無服，其爲道重矣。獨怪夫東國俗誠厚矣，於師友也，殆近於薄乎！存而相與也，歿而相忘也，及其子孫，漠然路人視者滔滔，不逮中國甚何也？吾東達喪，行於皁隷下賤，而士庶婦女無行再醮之禮者，餘可類也。其於四倫則可謂豐矣。豐其四，故嗇其一，亦理宜也。

若吾士徵則不然，士徵之大父曰石潭先生，石潭先生之師曰寒岡 鄭先生。鄭先生棄後學久，士徵不及登門矣。士徵乃推其家學之所自、先世愛慕之遺意，深慕悅於鄭先生，其至誠暢於中，而見於辭氣，動於四體而可知也。厓、愚之門之士之慕厓、愚也，則不若之矣。吾故有取於士徵焉。夫篤於師也如此，則其於友道可知；於東國之所嗇如此，則其所豐者從可知已。此吾深有取於士徵也。

歲戊申，士徵以樞密直南北軍逾歲。一日不樂在朝，呈告下鄕。余遇之咸寧客館，聯枕敍話，臨別相顧，有愀然之思，故敍此以贈焉。然吾以士徵於鄭先生，不唯徒慕之爲，而深用力於鄭先生淵源之學，斯可矣哉！

送嶺伯李國賓【觀徵】序【癸丑】

上之十四年春三月，嶺南巡察缺將代。上曰："誰可者？"僉曰："左副承旨李某可。"上從之。李公上章力辭，上曰："行也。"夏四月，公踰嶺抵咸寧。僕於公，昔則友也，今則道民也。禮當趨候節下，而病不克自致。顧念平日從遊之雅、期望之情，烏可無一言半辭相送，以替對披也哉？近閱《牧隱李先生集》，有《送本道按廉使序》，因取以爲贈。其文曰："觀風之職重，在務劭田政、代祀山川二者而已。"中國及麗朝，號稱勸農、黜陟使，意蓋本此。

余竊怪夫今之監司，與此正相反也。粤自壬、癸以來，田政大壞，擧八路之田，爲姦胥隱占三之一，而用全數上戶曹。戶曹賦其全而各邑責其半。本曹賦萬結，各邑例以五六千結當之。豪猾得免，而疲癃偏被其苦。竊料國家賦斂，未必如麗季之重，而生民之困，無異麗季者以此也。以一州計之，失一大縣；以一道計，失七八雄府；以國內計，失二三道也。古之衰，壤地被削隣敵，今之衰也，反被削於姦吏，豈非可恥耶？

監司請于朝，令戶曹選堂上郞廳一兩員專管，嚴明約束，使各官擇鄕官，專掌其事，事竣而考之，誅賞行焉，則庶乎瘳矣。此監司之職也，而慢不加之意，一切委諸瞥然過去之敬差可乎哉？孟子曰："仁政必自經界始。"朱夫子爲州，所至以度田爲務，公其師法矣。諸侯祭境內山川，所以祈水旱風雨之順時也。人君不能遍親祀，使監司代而行之，嚴且敬若是。忠烈朝，上洛公 金方慶以上相爲太白山祭告使，其下觀察可知已。今之監司，水旱祈禱，一切委之守令，而己不與焉，可乎哉？孔右丞 麾更諫而登海船，張南軒所至，親祀名嶽，公其模範矣。此二者，牧隱先生之所告嶺伯也，故輒奉以告。

若夫目前之最緊者，守禦也。國家遇南警，輒以金烏、架山爲先務，恐不如控海置城列峙壁壘之爲愈也。昔人守邊之法，城寨與舟師相待爲用。夫壓海而城之，扼其要害，則賊不敢輕於下陸。賊不敢下陸，糧窘師疲，盤桓於海洋之上，則舟師得以掩截而膊之；賊至而卽陸，則舟師無用，此舟師待城寨而效力也。築城必池之以爲固，況海以爲池乎？艨艟大艦，環內外以爲城，則城之壯固，隱然有金湯之勢，萬倍內地之城，此城寨待舟艦以爲恃也。六朝守江遺制大略如此。

今當急置重城四五於扼海要地，使敵兵不敢下陸，因以舟師邀擊之，孰與引敵入於金烏、架山之下，潰裂心腹，陷沒州郡，公私蓄積，蔽野禾穀，盡擧以與敵，而獨嬰孤壘於高峯絶頂之上也哉？此時金烏、架山，有亦可，無亦可。昔南燕王 超近守臨朐，而不知遠守大峴之險，以禾穀委敵，爲劉裕所笑。今金烏，譬則臨朐也；海岸，譬則大峴也。不知置城於海岸，而退守金烏，竊恐又被笑於敵人也。臨急而城之，或以動民爲難。然擇海路數州，寬其征，以內地官租，代其民之賦，使其民築之，如古人臨戰壁壘之制，十日而成之可也。此一款則牧隱先生之所不道也，而竝以告，所謂“微足下，無以發狂言”者也。

一善 金通政公【活】慶壽詩序

上之十二年秋，加恩區內，敎臣民年八十以上，咸秩正三品。於是一善 金通政公春秋八十有餘矣， 荷朱紱、弁玉之寵。其仲胤長卿甫，時爲寧海府使。是冬，乞暇歸省，大會鄕之賓友，稱觴以慶之。在座者咸形於讚歎，各爲詩以侑，凡如干篇。彙爲一帙，旣以書，抵不佞，請爲序。不佞敬諾，且曰：“善之金三派，子之家，一也。世德、華閥爲國中聞家，而譜，吾未之見也。”尋取譜寄來。按譜：和義君爲始祖也。其後士大夫不絶。 五世至贈大參諱匡佐公， 享年八十。 有丈夫子六：長某，眞樂先生也；次某，別坐，通政公之曾王父也；又其次某，久菴先生也，從退陶先生遊，與盧穌齋、洪恥齋諸賢友善云。

乃作而歎曰：“通政公其殆有德者哉！ 古之君子，必有是德，然後得其壽享其福。傳有之曰：‘無德而望其福者約，無實而喜其名者禍必握。 故矜功不立，虛願不至。 此皆幸樂其名， 而無實德者也。’《詩》曰：‘樂只君子， 遐不壽耈？’又曰：‘黃耈鮐背，以引以翼。’此詩人所以美其德之實，而後世慶壽詩之權輿也。通政公隱德不仕，世莫得以知之。然公早孤零丁，値壬、癸之亂，能有以辛勤自立，克成有家。敎誨六男子爲儒，取科第典大府。 今年登耆耋， 膺邦國之寵命，而享專城之榮養，福祿、品秩與大參公略等。非公實有是德於內者，曷足臻乎是哉？《詩》曰：‘孝子不匱，永錫爾類。’通政公能紹復大參之業，是乃所以爲孝也。長卿庶克承之，而行己大節，一以眞樂、久菴爲師範，勖子孫世世爲法，以益大其門戶，則所謂‘不匱之孝’，其在是矣。金氏之福殆未艾也。”余故樂爲之說，因取譜而書之，所以著通政公之潛德，其來有自云爾。

《沖齋權先生文集》序

惟我盛朝治化隆洽二百年間，碩德、英材膺期迭出，光輔昇平。崇極而圮，遭罹陽九，孼臣乘機，竊弄國柄，芟薙善類，流毒生民，構大禍變者凡三焉：始於戊午，中於己卯，終於乙巳而極矣。沖齋權先生生是時。喬桐末，已擢第，旋幸被削。不爾，惡知不遂批鱗而速禍哉？建中廟初載，便釋褐入翰苑，倡議率同僚，伸佔畢之冤。士論快之。及膺顯遇，與己卯諸賢同心輔理，而多乘銳奮發，務爲激切。先生以正大弘毅之量，欲濟以和平，維匡其間，言不施而先生去矣。晩更遭遇，位躋孤貳。不幸中、仁繼陟，國事大變。先生以柱石重臣，受託孤之任，則其義只有一死而已。方群凶逞威咆嚇，益烈於己卯，而先生怡然談笑而當之。目不見刀鋸鼎鑊爲何物，使姦孼氣死色沮，羞愧內服，然卒乃擯先生遐裔以死。

噫！天大降任於先生，使其生壯老死於三大禍變之際。譬之松柏，自拱把戰風霜，以至聳壑干雲，節愈勁而色愈茂焉。先生每遇一禍變，輒出一奇，變愈鉅則所出愈奇。安戊午、匡己卯而鎭乙巳。凡遇三禍變，而三立大節，卒之斥死而無悔，求諸中國吾東，實鮮覯焉。然先生死，而公論定、士氣伸，彝倫以正，邦國賴之。蓋先生被削於昏季，色擧於己卯，乃所以全先生之身、養先生之氣，而發之於乙巳，樹風敎於萬世、延國脈於無疆者也，非天其孰使之。

先生平居撰述文稿，散佚於遘禍時，迄今百二十餘年。宗孫參奉霂、幼學濡等與金上舍 秋吉、南上舍 亨會，始克搜訪。或得諸士林傳誦，或出家藏日記，裒集編錄，詩若文總如干首。旣又撰定年譜，置諸篇首，竝取朝家褒錫之典、後賢讚慕之什，附諸其下，然後先生大節，終始略備。遂自溪院募工鋟梓，屬不佞敍顚末。不佞平日，每讀至先生乙巳獨啓之文，未嘗不三復流涕，顧以未覩全集爲恨，而今始獲見逸稿。其文氣格雄渾、詞句簡嚴，往往有當於古作者之旨。孔子曰"有德者必有言"，殆先生之謂耶？而諸君掇拾於斷爛久遠之餘，纂次成書。屬大侵力屈，能辦剞劂之役，實斯文之幸也。旣而，諸君以書來速，遂不敢辭，書此而歸之云爾。

《栢潭具先生文集》序

退陶老先生倡道東南，奬就後進。一時魁碩之士，彬然輩出。

若論文學之科，高峯奇公、栢潭具公二先生卽其人焉。蓋老先生於二公，遜皐比而不居，二公則執弟子禮益虔云。栢潭始釋褐，聲譽藹蔚，人慕之如覩祥鸞鷟鷟，曠世一見，卽識者推許，有以三代人物、兩漢文章目之矣。歷敭藝苑、材館，皆極一時之選，而出按海臬湖閫，治軍毖民，政績可觀。方其盛年激昂，論事奮發，直斥權姦，而氣不少懾。迨晚節，老成持重，其論議率多忠厚懇篤，維匡調娛，而不失其正。于時朝議携貳，分門相軋，號爲黨人。朝之大夫士，毋愿姦忠佞，均被指目。獨先生嶷然中立，無少偏倚，庶幾呂大防特立於朔、洛之外者，非盛德而能然乎？夫德、學、文章、政事，三代以來，士鮮兼之者。吁！其盛矣。

先生歿八十餘年，遺文迄未刊布。今豐基守金景謙甫慨然興歎，謀捐俸鋟梓，而時屈不贍，藉助於方伯閔君，然後始克就功。屬余編次，往復商訂，總釐爲如干卷。先生與王鳳洲元美生同嘉靖丙戌，文章氣格雄渾，眞不相上下。蓋獨稟之才，得於天者同也，而其習氣工程，不得不囿於地之偏全，則未知如何爾。元美文章滿天下，家有人誦久矣，而栢潭之文，何晚出而益少也？然觀鳳洲之學，雜以縱橫仙釋，不醇乎儒者也。栢潭早而得老先生，爲之依歸，講求朱門宗旨，故其平生撰述，粹然一出於正。斯其爲正也，而不亦多矣哉？

李孝子【瓈】傳序

壬子冬，吾友全德容甫來示李孝子 瓈行錄文四道：其一，李佐郎 爾能撰傳；其二，李君 徽彦題語；其三，生員康用錫所述行蹟；其四則德容所自撰也。因索余題卷首，取閱其傳。李生事父母有至誠。父患風濕，生迎醫救療，供藥餌，浴溫椒。家素貧甚，能營治勤劇。雖富厚之家所難致者，輒能致之，人以爲誠孝所感。一日，父病猝劇將絶，生夜禱天，願以身代，斷其中指，取灌口中。俄而，得蘇。又一年，病又劇，又斫次指以灌，亦驗云。余謂德容“以吾子之言，可以取信，重以二李及康之文。況其中有月、蒼兩爺輓詩，亦足以徵於世矣？奚用不佞贅哉”。

癸丑夏，又來索益勤而不懈。夫斷指救病，孝之一節。君子以爲過中，然子之支體，乃父母之所遺也。喘息呼吸，一氣流通。取子之血，可以療父之病，則其理容或可爲也。霎然之頃，本心呈露，而自不能遏，豈復知其過於中道而不當爲也？然余取考《三綱行實》、《輿地勝覽》等書，錄孝行多矣。至於再斷其指，而皆有驗，而如李生者，不亦鮮覯矣哉？李生父某，星山 李氏，與樵隱、陶隱諸公同祖云。生既丁憂，執喪過毁，外除數年而沒，得年三十八。妻朴賢能內助。生無子，有二弟：曰瑾，曰玹。玹亦早亡，皆以行誼，見稱於鄉邑。余是以錄之。

缶林洪氏族譜序

洪氏譜，譜缶林之洪也。洪氏出燉煌，其後徙于楚。以中國載籍觀之，燉煌無聞焉，其在楚者，班班可考。吾始祖學士，大唐初，自楚至于遼陽，而遂東焉。牧隱李先生《唐城引》，詳戴其事。迄麗中葉，有諱鸞，位宰相，自南陽徙嶺之缶林。其後遂爲缶林之洪。猶古之大夫以王父字爲氏，而別於姓也。故今作缶林之譜，以別於南陽，學士以下至諱鸞，其間累十世，名、字、官、封皆莫得以詳焉。十世以下，外派亦得書，從東國之俗也。

噫！孝子、仁人知愛親，故尊祖矣；知尊祖，故敬宗矣。知敬宗而合族矣，則以修譜爲務。夫祖宗者，類之本也；天地又人物之大本也。彼天下之人，與我不相聯屬也，然其相遇，懽然以接見，其生則喜之，死則悲之。見其入於顚頓危困而不自拔也，則思所以拯濟之，若是者何也？同出於天地之大本也。出於天地之本者，遠而不可見也。遠而不可見者，尙如此，況其近而易見者哉？

同姓之親，雖百代之遠，其初同出於一人之身。其氣本於一，故其情義有流通連綴之理焉，則其相見懽然而喜。喜其生而悲其死，見其危困，而欲拯濟之，夫豈天下之人泛然不相聯屬者比哉？故聖人制爲之禮，係之以姓而不別，綴之以食而不殊。使大宗未毀之親，服宗子、宗婦之服，而雖百世，婚姻不通焉。凡以人之類，本於一氣故也。噫！孝子、仁人之修譜，其有見乎此也夫！其有見乎此也夫！

《嶺南道會契帖圖》序

生長於一道之內，不必皆從遊之雅，則平居情義固漠然也。及其離鄕井、適京國，邂逅於逆旅之中，則握手敍舊，懽然如平生，不以窮達親疏而有間。斯固人情之必至，非獨吾南中爲然也。於是乎燕集而記之，圖繪而傳之，其有以也。夫甲午冬，嶺南諸君子設道會於三淸洞，圭組十五，儒冠十一。因繪爲圖，列書名氏下方。余時病臥京邸，不得往厠，常恨焉。越翌年丙申春，罷官還鄕。安上舍 景樞、李上舍 善鳴甫袖其圖帖來示。余始得展玩，一時諸君子文采風流，宛然在目。余旣以未厠席末爲恨，輒以挂名卷端爲幸。乃識數語而歸之。

木齋集

卷六

記 跋 箴 銘 頌 贊 上樑文

記

聽天窩記【李榮全齋號】

夫天有是命而物聽焉，其爲命一也，故物之受之也，有同聽焉。蓋自太極流行賦物而物各得其分，有偏、有全。其偏而或鱗、或翼、或角、或鬣者，分也；翼職翔、鱗職潛、角職耕、鬣職乘，聽也。其聽也，循其性也，同一性也，同一心也，同一太極之流行也。其全者，爲材、爲愚、爲貴、爲賤者，分也；君臣職於義，父子職於仁，夫婦職於摯而別，聽也。其聽也，亦循其性也，同一性也，同一心也，同一太極之流行也。抑又有全乎全者焉，聖也，盡其性而聽焉，同一性也，同一心也，同一太極之流行也，故曰"物之於天有同聽焉"。

今有一物踊而出，號曰："夫何坱圠而甄陶之不齊也？彼則翔而雲矣，我則走而陸矣。夫何使我而鬣也、使我而角也？彼則公而吾則牧也？"均爲人也，或飫粱肉而抛棄，或吃糟糠而不足，於是切切然號天以怨，則不聽孰甚焉？夫爲物而不聽天，猶子之不父聽，臣之不君聽也，其可乎哉？其可乎哉？

是以君子知其稟於有生也，體其莫之爲而爲也，得喪曰唯天，榮辱曰唯天，隨遇而安焉，若是者，可謂聽也，其聽也，循其性也。雖然，性也者，天之出也；心也者，性之寓也。心不存，則性不得養，性不得養，則天不得而聽也。心能存，斯知天矣，知斯順，順斯樂，聽天而至於樂則幾矣。陶靖節曰："樂夫天命復奚疑？" 橫渠氏曰"存吾順事，沒吾寧"，其斯之謂歟。

吾函丈李公家于烏川上，扁其堂曰聽天之窩，走一日執役堂下，公指之曰："子盍爲記？" 不敢辭。竊惟公蘊蓄而不售，窮居隱約，數畝田廬，僅庇風雨，蔬糲不繼，自他人視之，殆不堪其憂，而公處之裕如也。其於窮通死生，一任造物者處分，不以攖其中而汨其性焉，其於昔人聽天之義，殆庶矣乎。嗚呼！觀於此，則公之存心可知已，是爲記。

木齋記【庚寅】

余少閱焦弱侯《老子翼》，愛其"守雌爲谿，守辱爲谷"之語，取以扁所居。他日客見之，笑曰"甚哉，子之謏聞也！此今太學士張先生之自號也"，余爲謝不知漫其扁。歲戊子，卜居于栗里遺墟，方讀《魯論》，至"子曰剛毅木訥，近仁"，考亭釋之曰"木質樸"，余輒莊誦而潛玩焉。是時也，吾廬適成，取以揭齋顔。他日客過之，笑曰"野哉，子之寡學也！此乃弘治[15]朝定山莊公之號也"，余又爲謝不知。且曰："吾誠東人也，而不知有張先生之號，安知中國有莊公者乎？雖然，余非蹈襲前人者, 適觀書而有會于心爾。第吾生也晚, 向旣見攘于張先生, 而今又被欿于莊公, 則吾齋遂無號也而可乎? 吾於遷離顚頓之餘, 歸尋先里而誅茅焉, 廟廬籬落, 宛猶平日, 圍以萬松, 繞以淸流。於室之西北隅, 竪十楹爲小軒, 正與東㟗相對, 其近可挹, 㟗頂有脩竹百餘莖, 空翠霏霏撲人。下有小沼, 種白蓮數朶, 幽闃窅靜, 蕭然有塵外之趣。余於是樂甚, 方將優游歌詠以老於玆, 吾廬雖陋, 固不可以無號也。且夫吾之爲是室也, 戒工人勿施礱琢, 楹棟榱栱囷蠢磈磊, 溜皮白甲班班有存者。靜坐高吟於其中, 覺颯然有風露氣四至。見者笑其拙, 而余愛木之全其天也, 識者好其樸, 而余方憂其侈有累於先人之儉德也。若夫主人之自好也, 坦率任眞, 闊於邊幅, 不能爲小廉曲謹以苟趨時好。又不能力學磨琢, 矯治其氣稟之偏, 惟其生質而已矣。於剛毅則太不近, 於木訥則或能勉, 庶幾區區守此一節以終身, 毋負聖人之訓。方之於物, 無靑黃文藻之飾, 特一兀然槁耳。以斯人而居是室, 以是室而受斯稱, 實亦至當允協而不可易也。而況谿谷之說, 出於道家之書, 相詘而不相謀? 張先生雖不余攘, 吾固有如病不宿矣, 若斯稱也。吾嘗聞斯義也於夫子及朱夫子, 蓋將服膺而勿失焉。莊公雖欲我取, 吾何必璧還也哉?" 客哂然起出, 遂援筆而書其言, 以爲齋記云。庚寅臘暮, 主人小山居士書。

15 弘治 : 明나라 孝宗(1488~1505)의 연호인데, 莊昶, ? ~1367)은 元나라 사람이므로 맞지 않음.

雙修堂記

淸道郡 金台甫構第于商山之南村，扁其正寢之堂曰"雙修"，取其先祖英憲公詩中語也。屬余記，余敢辭，則曰："不佞追慕吾祖之風烈，揭遺辭而目在之，得以自勉焉。請試演其義，使吾子孫有所觀感而興起焉，子毋庸辭。"余于是，謹按《英憲本傳》，公以親老代執殳，題詩楯上有"代親報國，忠孝雙修"之句，元帥趙公見而器之，大被薦寵，後果爲麗室名臣，世多艶稱之，而余獨韙公大節。

方崔氏之世，執國命也，網羅一時英俊之士，無不受其籠絡爲之驅使。其卓然不附者，唯趙文正、兪文安、金忠烈及公數公而已。嘗謂公之孝不在於代赴之日，而在於立揚以顯；公之忠不在於在圍之時，而在於不附權門，服勞而孝竭，秉節而忠彰，可謂忠孝雙修，不負當日之願者矣。

嗚呼！爲子作孝，爲臣作忠，天地之間只有此箇道理而已。士君子不幸而或缺於兩全，若英憲一事而忠孝兼焉，雙修之所以難也。豈非公天資忠孝，鬱於中而暢於外，動於思慮，形諸詠歎，無非自忠孝中流出？蒙伐短篇，膾炙人口，迄數百載若前日事，課忠責孝，垂惠無彊，實吾東方爲人臣子者之所當法也，而况爲其子孫者乎？吾謂居是堂，目斯揭者，出入瞻禮，若覩羹墻，恒爲惕然念曰："不以英憲之所以事親事親，非孝也，是忘吾祖也；不以英憲之所以事君事君，非忠也，是忘吾祖也。"惓惓然慕焉，切切然勉焉，居而定省甘旨，出而委質執共，一以英憲爲法。噫！君親雖不同，忠孝無二致，修孝忠卽是，修忠孝卽是，夫是之謂雙修，可以無愧於居是堂，無忝爲英憲之雲仍矣。

台甫醇謹樂善，鄉人稱其慤，今能不忘本，欲以是自勵，又欲以訓其子孫，其志有足多者。《傳》云“公侯之後必復”，安知不有賢子孫出於是堂，以忠孝大節鳴於世？使人指之曰“此麗朝雙修者之後也”，則玆非可願也哉？台甫子定泰年十六，從余受《毛氏詩》，頗好古文辭，余故不辭而述此以勖之。辛卯夏，記。

龍宮 明倫堂記

竺城大縣其實郡也，其文物之懿，宜有軼於他縣。然自經喪亂，建文廟而俎豆之，齋廚夾室具如儀式，而明倫堂未遑作焉。廟之南夾室之北，空其地者六十年，蓋有待也建。李侯某之至，慨然興歎，捐俸而相之，然後乃克始役。擇儒士安君 瑞徵監董，閱幾朔而堂成，屬余爲記，余方隨慈氏於縣境，願爲之民，義有不得而辭者。

竊惟先聖王設爲庠序學校而敎之，皆所以明人倫也。東國自殷太師遯而東來，彝倫攸敍，厥惟舊矣。鼎峙迄麗，否盲以晦，迨我盛朝，列聖相繼，惓惓於右文崇學，立人紀明大倫，爲敷治之本焉。嚴尊卑之分，敦節義之敎而君臣之倫明矣，通喪行於皁隷而父子之倫明，從一究於庶女而男女之倫明，以至旣翕而兄弟之倫明，有信而朋友之倫明。倫紀旣明而禮教興行，俗化之美比隆《二南》，則實由於學校風動之政，而我列聖漸摩振作之化，豈無所本而然哉？

方斯時也，州縣莫不有學，有學莫不有斯堂，而斯邑也無之。今日之亟務，宜莫先於此，而賢侯之功，董事之勤，不可不識俾後有考焉。雖然，以余觀於今，世叔風漓，列聖之澤寖微，禮俗陵夷，倫紀寖以堙晦，則其所以倡明之者，顧不在於多士耶？

噫！一國之士，疇不囿於教育者？幸而有偏被朝家之恩獎，則其所以感發振勵者，宜益倍於他邑之士也。歲丙申，余直禁林，見有縫掖五六輩捧尺疏逡巡，立肅章門內，問知爲竺縣儒也。請出公家之隸，以供黌舍炊爨。疏纔入，適有上變事者，六軍纂嚴，宮門晝閉，儒士輩竄伏駭汗，計疏本失之矣。俄而先降溫批，特允其請，勉以勤學之意，然後變報隨而下。於是群臣咸歎大聖人度量出尋常萬萬也。

夫縣學炊爨，何等微屑？彼上變之事，惡知不遂至於劻勷難措也？而當呼吸變故之際，顧乃先此而後彼，則聖考崇學之篤，禮遇鄉儒之意，可謂至矣，竺城之士，雖謂之偏被恩獎可也。其所以感激奮勵，倡明君臣之大義，毋負我聖考振作之化者，其不在於竺城之士歟？其不在於竺城之士歟？癸卯夏，記。

晦軒 安先生、牧隱 李先生遺墟碑記

宋亡，程、朱書未行天下，其後稍稍東來，然猶未覩夫全也，無論東國，卽大江以北，不知程氏之後又有曰朱氏焉。高麗 晦軒先生生是時，實始尊信紫陽而尙友之，平居揭紫陽眞於壁，朝夕瞻肅，以寓慕羹墻。推其道以淑斯人，傳諸後，蔚爲百世儒宗，腏食夫子廟庭，與紫陽同列，而宗祧報祀，特盛於竹溪舊里，人擬諸考亭，世掌祠事。又嘗獲覩先生遺像，溫毅莊凜，肖紫陽像，非其類而尙類也。元氣所鍾，生稟之異，有自相符者，故先生之學超然獨詣，有得於朱氏傳統。若其重修聖廟，納臧獲購書籍，特先生餘事耳，烏足道也哉?

先生歿而牧隱 李先生，文章大鳴麗季，節義事業，裦然居二代名臣之首。二先生第俱在松都 西部 良醞洞，今善山府使 安應昌，晦軒十四代孫而牧隱十一代外孫也，買石勒詞，樹之洞口而表識之。

余惟麗氏五百年間，富貴而名磨滅者，不可勝數，而二先生道德深厚，風流被於後世，使過者躊躇瞻慕而起敬焉。安侯此擧，其亦繼述之一端歟。姜仁憲 邯贊、韓文敬 脩皆麗朝名相，二公第亦在此洞，宜牽連得書，故竝書以刻。

高麗贊成事李文孝公稼亭碑記

李文孝公稼亭在咸寧西村監巖，距縣治十里所，公自韓山，贅于縣人金氏，故宅于玆。溪壑深邃，林樾茂美，有石田數百畝，躬耕其中，築壇種樹，號曰稼亭。旣登第及中大元制科，皆授翰院檢閱，文章著稱海內，草疏建明，有仁人之利。朝之耆碩若虞、揭奚、歐陽諸先生交重公，輒稱爲高麗李稼亭。由是天下，遂知東國有稼亭焉，亭雖在遐荒萬里僻縣奧區，而一日名聞九州。公之處乎斯也，豈惟衣襏襫帶茅蒲枷芟擊菓是務哉？殆勉夫學也，學之旣種而勤於穮蔉，以致穫富而積崇，猶用於旣足之餘，則野處不暱，必足賴也。

公諱穀，字中父，亭曰稼，演己名而倣之也。名其胤牧隱公曰穡，及其孫曾玄諸名公錫名，皆以樹藝之義演亭號而蔭之也。其後迄玆，多聞家益昌以茂，猶大田之稼，則所以蓋覆庇庥其雲仍者，亦於是徵焉。後三百餘年，外裔孫善山府使安應昌及姓孫仁同府使興祿、開寧縣監海寬，相與謀鑱石于遺墟，屬余撰辭。汝河亦係公外派，又縣人也，不敢辭。

或云"亭在縣西"，舊老指南川上，爲李相謫居處。按文孝未嘗流竄，牧隱晩歲配咸寧，甿俗相傳李相，非文孝，乃牧隱公也。旅軒張先生從報恩罷歸，道西村，訪遺墟，其時尙有大木離立，則玆之爲稼益信。意者南川上，或有金氏別業，牧隱居之，故使人指點，到今疑歟？

遊楓嶽記【丁酉九月】

國之東海上有山焉，爲峯者一萬二千，通體皆白石，無一撮土，望之瑰然一大怪石也，故名曰皆骨。石間不生雜樹，唯楓樹最盛，故又曰楓嶽，譚者稱天下名山第一。石川居士以丁酉歲八月，發嶺南，適高山，道出淮陽府，將遊楓嶽，九月朔，屆蒼道驛疾作。從者請曰：“夫子殆病矣，登陟之艱，盍俟他日？”居士微哂，策馬向山而行十里所，東望山角微露，瑩然而白，遠不可辨，望者疑爲雲或雪。暮抵斷髮嶺下。

翌曉登嶺，光廟駕幸時墠壝在焉。遊者先於此，望山而後行，適大霧，不見山面。下嶺過板橋前，登一小嶺望焉，雲漸捲，山益露，坐移晷，俟雲過，乃知白者皆山也。行十餘里，到山下四顧，千巖萬壑楓葉正酣，爛若霞漲，紫翠霏霏映衣袂。遡溪流二十里，繫馬石觜，步入長安寺，仰見衆峯削立色微黝。居士訝曰：“遠望皭然，逼視何蒼然也？”一沙門從旁對曰：“石性得雨而潔，得風而磨，得日而凝，故高處最白，低處風日不透，故漸變而翠，入山不見高處故爾。”一沙門曰“否。他山石獨無高處耶？他山自蒼，此山自白，乃山性，非石性也”，居士莫能詰。

遲昕覓籃輿，行十五里，過一小菴，又里餘到表訓。晌午上正陽，陟天逸臺，臺不甚高，而據內山南北之虛，一覽占盡山勢，故遊者輒登此臺，眺望而下。旣至，秋雲陰翳，咫尺難辨，居士曰：“噫！衡雲爲韓子而開，玆嶽之雲獨不能爲我開耶？”歸臥南樓，釋子出示懶翁子衣鉢、玉麈尾。

此山聞於中國，歷代多以珍寶施之，梵燈鐘鐸往往有天王家物。

居士困甚就睡，從者報夕霽，急策杖出臺上，纖雲四捲，衆峯呈露，日觀、月觀、白雲臺、穴望、國望、大香爐、小香爐、金剛臺皆森列眼底，而東北衆香城一面最佳，巑積嵌巖，磝碕磈礧，環奇詭巧，不可殫狀。儼然若群仙拱揖瑤臺之上，矯然若皓鶴萬隻翔空而下，儘區內偉觀也。已而，夕陽下山，輕雲羃嶺，石色與天影相涵，山意挾秋氣爲豪，天風徐來，萬壑皆鳴，從者相顧，恍然不知身之在何世界。

歸宿西軒，疾彌劇，老宿曰"公夜瘳矣"，明日果愈。歷三藏菴而下，東行三里所，見洞門谽谺，水自兩峽間出瀉爲一泓，轟然而響，所謂"萬瀑洞"也，坐久毛髮颯竦。歷香爐下，折而東，經寶德窟，抵碧霞潭。清泉泓泓，楓桂覆其上，石理尤滑膩，酌泉據石而飮之。折而北，又轉而東，山益幽，水益淸，石益奇壯。到摩訶衍，在衆香下，孤峭迴絶，庭畔有杉檜數十章。菴空無人，落葉滿庭，肅肅唯聞風水聲。又折而東，路益險峭，殊不可前。

自長安人行石齒上三十餘里，足跡不印沙土，或緣磴躡棧，攀絙索而過，或崩崖陡斷無徑。始捨籃輿而杖，卽不可杖，捨杖而以膝行，喋喋頓地，四五步輒休。轉而南，登一嶺仰視，毗盧玉立，揷入天表，自非兩腋生翰，無由至也。遊人韻釋或有攀緣而上者，輒風雨暴至，顚頓而返，仙眞往來之地，非煙火食人可容易到也。

行數里，登水嶺少憩，嶺以西稱內山，以東稱外山，以北數百步有雁門岾。居士問曰："毗盧距雁門幾何？"一衲對曰"二十里"，居士喟然而歎曰："觀止矣。此山寔海外圓嶠、方壺，中國騷人、羽流所願遊而不得者。余生也偏，得幸而至焉，豈非千古之一快也？"屬余新瘥脚軟，縱不能躡毗盧、攀九井、挾飛仙而望八紘，然蓋浩浩乎其胸次，若與曩者異焉，尙何歎乎哉？

且念東漢 應劭氏《登泰山記》云："中觀去平地二十里，自中觀行十里，至天闕，又七八里抵天門，又東上里餘，上石壇卽最高處。"此嶺去平地五十五里，毗盧又去此二十里則楓嶽較崇於岱宗。廣輪且倍之如青城、天台，亦有仙都道山之稱，然決須讓此山一格，天下諸山唯崑崙可敵是山。天以兩山準望於寥廓之表，爲日月門戶，品藻名山者，固不得以軒輊之也。杜工部云"方丈三韓外，崑崙萬國西"，眞名言也。

下嶺入外山，外山稍雜以皮肉，故楓檜濃蔚過於內山。峯巒隱約於紅林翠樾之外，令人神舒氣暢，脩然有閑適之趣。暮投楡店，山中大伽籃也。燒香打更，鐘磬聲徹夜在耳，洒然不寐。明日踰狗岾，至百川橋。騎自長安從山北，得小路，行二百餘里，來待橋下纔到矣。涉橋騎馬，抵高城海山亭，夜人定矣。

遊三日浦記

越明日，自海山亭騎馬北行五里所，抵三日浦，結雙葉舟以須矣。引而南至丹書壁下，卽四仙題名處，成化中六字猶可認，邇來邑人苦遊者，鐫去其字。居士攝衣而上，引領而窺之，好事者倣而書之，不能似也。先文匡 虛白公嘗杖鉞關東，遊此浦，題詩一篇，時人刻之石，於丹書旁龕而藏之，今移置亭中，便回棹抵亭上奉玩焉。亭在水中央，巖石極奇怪。遂下登舟，從巖隙出，循北渚而東，覽盡一湖之勝。日晩，還泊于丹書壁下，忽見白鶴四隻，盤飛於北渚煙波之上，戞然長鳴而逝，舟人皆異之。湖中光景悉具於刻詩中，玆不贅云。其詩曰：

昔聞三日浦，今上四仙亭。
水拍白銀盤，山圍蒼玉屛。
天空綵雲濕，石老秋光淸。
仙人去已遠，古亭今無楹。
千載復吾人，六字看猶明。
當時遊嬉處，雲外笙簫聲。
風高永郎湖，月上安商[16]汀。
孤樽泊舟處，此固云蓬、瀛。

16 商：《新增東國輿地勝覽》에 '詳' 자로 되어있어 가장 일반적으로 알려진 것이다. 그러나 '常' 자로 되어있는 곳도 있으며, 홍귀달(洪貴達)의 시에 차운한 이원(李黿)의 시에는 '祥' 자로 되어 있다.

叢石亭記

東海之洲有叢石焉，石皆高可累十仞，皆廣尺餘，皆有六稜。其狀若方柱，其均整若鑱削，其相比若攢玉束竹，若相合爲一。然縫會界落，各自爲石，而不相紊亂。其蔟列而差次者，如人駢肩而立，其離立而偃蹇者，森然若鬼神之突鬢焉。或竝山、或揷岸而立，或立於波濤之中，環而數之，蓋不知其幾千萬枚也。

居士繫舟於石之南崖，挽而陟其巓，俯視石背，芒然而歎曰："孰推而行是？孰斡而竪是？孰居無事而鐫鑱是？"遂徑歸。從者厭觀之，追而諗之曰："小子執役以來，夫子授我《穆天子傳》、《山海》、《水經》諸書及騷人遊士所錄記異多矣，未嘗聞石如此其奇也。夫頑然者石之性，瑰然者石之形，不斧鑿而磨琢之，未嘗不齞齶然而嶔巇然也，以此爲人耶？雖神禹莫能措手，以爲天耶？何長短大小之如一，有若斧鑿而磨琢者然？胡然乎？夫石易辨也，其故易窮也，今而後覩石之難窮也，夫子其知之乎？"

居士不對，默然求其說，卒莫有得焉。是夜石言于夢曰："子何足以知之？夫物未始有異，亦未始有常，常而異，異而常。自夫常者而言之，子之十指胡然而參差也？胡然而大小若一也？未始不異也。自夫異者而論之，我之林然而立、整然而列者，有然之者也，未始不爲常也。在己則常焉，在物則異焉，殆吾子未聞大道而物我閡之也。海中有十洲，此其一也，子目其一，未睹其九，庸詎知不有石焉尤異於子之所覩者乎? 且也自予之居於斯也, 與之爲滄海, 則予湫然而浮乎水; 與之爲桑田, 則予突然而峙乎陸。 或陸、或水, 今不知其幾千百變矣, 而予固自如也。予形於後天之終, 而性於先天之前。予在六合之內, 而神遊乎六合之外, 六合之外聖人存而不論, 六合之內論而不議。王母之壽不足以計吾年, 方朔之智不足以稽吾事, 且子何足以知之?" 居士覺而診其夢, 顧謂從者曰"彼亦直寄焉, 以爲不知己者病也"。

遊國島記

居士抵鶴湖, 登白沙峯, 望北海而歎曰: "莊周所稱大壑是也, 壯哉水乎! 灝乎瀏乎, 沆漻乎爾! 其無涯際乎爾!"遙見一點秋峯獨立波中, 指之曰"國島山"也。將乘槎而訪焉, 忽颶風作, 濤涌如山。篙師曰"不可行", 居士曰"可矣"。趣櫓而行, 風亦爲之止, 瀰瀰乎潏潏乎, 淼莫知其所如矣。徑造山西, 轉而南, 又折而東。石狀大抵類叢石, 而奇巧過之。石頭各有一方石爲蓋, 比次整齊, 無離伍而立者, 通一島爲一石, 叢竹覆其上。濤浪自石底激射噴迸, 若銀屋崩摧, 舟不可近, 東北角尤削立高壯。居士曰: "奇哉, 諔乎詭乎! 造物兒逞技, 蓋至此乎!"

下有二窟, 遊者嘗引舟入大窟, 石墜今塞其口, 小者舟不得容焉。北有大石, 與島山對峙, 波濤盤束於兩石間, 若從高而墜，轟然雷鳴，舟由之而過，從者皆慺然失色。居士方倚柁而嘯，叩枻而吟。其詞曰："歷嶔崎兮捫天闕，汎空明兮揚素波。身飄飄兮泝鴻濛，黃鶴不來兮柰老何？"於是還泊南岸，日入濛汜矣。

楓嶽漫錄

余將遊楓嶽，於斗險川 石橋畔遇睦達夫適從山裏來，駐馬問楓葉盛衰，不暇譚他事，疾馳去。登斷髮嶺，見楓樹，高數十丈，挈之百圍，葉微黃，到山中，却不見如許大樹。楓樹有二種，其一微黃，其一深紅，綠葉時不可辨，深紅者，葉理較尖峭蕭疏。又有一種，葉理與深紅者類，而蔥翠經霜不變，杜工部所謂"青楓"是耶？正陽老釋語余云"楓葉盛時，一年不過十日，今過了數日則向衰矣。向者睦公來時，恨差早，公適會其盛時爾。天逸臺山中第一醒眼處，但此地法雲常陰，慧日不明，睦公淹此兩日，不見山面而去矣"，余爲之一笑。

峯巒可名者多不名，名亦不雅，余多略而不書。穴望下有一峯，楓樹最盛，無一點翠處，余名曰"赤城峯"，又名隱寂之南峯曰"丹丘峯"。入外山，南望一峯，玉潔而方正，名曰"玉筍峯"。東望山角，層聳疊秀，名曰"屛風疊"。下抵龍穴，水石絶佳，名曰"外萬瀑"。倘後之遊者，有指點領略者否耶？

山中故事具載高麗 閔侍中詩，怪誕不足觀。火龍潭，懶翁與外道比丘角能，閃出火光於潭中。獅子巖，胡宗朝行壓山之術至此，巖作獅子吼，胡驚沮以此名，事又幻妄。楊蓬萊於萬瀑石上，書“蓬萊楓嶽元化洞天”八大字，筆畫奇偉，可作山中公案。

摩訶庭畔有一樹類柏檜，秋黃落春榮，居僧呼爲桂，非也，亦自佳樹，山中只有三四株。溪無鰷魚，山無野鳥，鴟鴞雉鵲燕鶯之屬，皆不敢至。麋鹿獐兎絶跡，時見熊兒倒挂於松石間，夕陽林外，唯寒鴉數點而已。

山內舊有寺刹八十九，今存者無幾。層崖斷壑間，往往有絶粒頭陀修煉者，山僧祕之，不肯引至其處。金剛臺上有鶴巢，石墮巢傾，鶴不至者今已數十年。外山鉢淵最佳，余不得往見，隱仙臺亦不得上。是行也，適被公事忙了過，固不能抉微剔隱，究極一山之勝，以快心目，大是欠事。雖然，却似飢人入太倉，不食自飽，如禪家所謂“不許汝滿口喫”；又似九方皐相馬，庶望而得其精，不必留意肥瘠牝牡；又似讀《南華經》可解處，足以觸發性靈，不可解處，不必强解也。

或曰：“此山云‘一萬二千峯’，山雖大，豈容著許多峯也？”余曰：“不然。斷髮嶺諸山大抵皆楓樹，紫翠濃蔚，秋色不減山內。山之東麓，竝海而森列者皆石峯，如人負人、床疊床，嵌空裝綴，奇詭遞擅，百餘里未了。東人固肉眼，不辨認山之體勢，不知斷髮以東叢石以西，皆一山也。以此計之，豈特萬二千峯而止哉？”

喜懼堂記【王寅春】

庚子秋，余謫黃岡，密城 朴浩彥甫惠然來訪，因語余曰"吾奉二親，康寧而壽考，吾是以喜，夫旣壽則近於衰，吾是以懼也。故名吾堂曰'喜懼'，願吾子之記之也"，余敬諾焉而未果也。越壬寅春，浩彥之胤廷老氏造余而曰："吾大人曾有請也，殆吾丈忘之歟？使某也敢復請。"余曰："大人純孝也，天且偏厚之矣，余何敢忘諸？余旣諾於子之大人，雖微子，固將踐焉。況重以吾子之勤，余何敢辭？"

乃言曰："人子之喜，莫喜於親之壽，具慶而臻乎遐壽，天下之至喜也。其喜也至，故其得也常難。夫孝之純、誠之感，得諸天者，理之常也。其孝非不純也，其誠非難感也，或有不得者焉，理之變也。夫子大聖人也，生二歲，郰人喪矣。及是時，顏氏春秋高，孔子蓋傷先君之早歿而懸顏氏之將老。故其言曰：'父母之年，不可不知也，一則以喜，一則以懼。'孟子亦早喪怙矣。其言曰'君子有三樂，而王天下不與存焉，父母俱存，兄弟無故，一樂也'，孟子蓋亦傷先君之早歿而痛慈闈之偏侍，故其云也。朱夫子釋喜懼之義而曰'人子愛日之誠，自有不能已者'，則韋齋早喪，祝氏年高，其感歎之意，與孔、孟一般者，亦可見矣。其具慶之難如此，而子之王大父參奉公，今年八十二歲，王大母張夫人，今年八十一歲。媲德儷美，共享期頤，蘭玉盈庭，福履方將。若其家聲閫範，壽祿完備，歷數國中之名家，絶無而僅有，此則具慶之尤難得者也。夫以願孝之心値尤難之慶，抃喜之誠，宜倍昔人。閨庭雍睦，至樂愉愉，金璧之富不足以方其樂，袞冕之榮不足以博其喜。至於奉養之際，察其起居飮食，今年不如去年，今日不如昨日，嘅流年之易邁，惜頹景之難縶，警懼之心發於至情，而自有不能已者。於是退而扁乎堂，欲其常目在之，一月而三十日，一日而十二時，無一念而非喜，無一念而非懼，非誠孝之純，孰能至於斯哉？彼一聖二賢者，其孝非不純也，其誠非難感也，而終不得於天者，理之變也，子之大人，盡於己而獲佑於天者，其常也。聖賢値其變，而吾獨値其常，不謂天之不偏厚，不可也，非誠孝之篤，曷克臻於斯哉？”廷老氏起而再拜曰：“敢不歸而白諸？”

重爲告之曰：“余嘗一至仁里，納拜於參奉公床下。爾後十年，奔走風塵，不能源源執掃除之役，常以爲恨焉。今聞公華髮韶顏，神完而氣全，無異平日，類古者有道之士，而諸子弟奉養將護，出於至誠者，固不可誣也。昔人所謂‘加一飯則脫然愈，減一飯則脫然愈’者，庶幾近之，將見尊闈之壽益享於無彊，而喜懼之誠彌彰於永久矣。《詩》曰‘君子眉壽，介爾景福’，又曰‘孝子不匱，永錫爾類’，斯之謂也夫。”廷老氏起而再拜曰：“敢不歸而白諸？”

敬信軒記

吾友金長卿刺寧越，明年作軒于官廨隙地，以爲聽政延賓之所，揭以敬信，徵文于余。余惟表東海者，寧爲大州，距此三百里而遙。然嶺底吾數邑之民，遷鹽錯，日走于海，往來蹄踵，交于寧，故寧之政之美惡，先播于吾數邑搢紳之耳，其實固難掩。而寧在平日，爲宰列回翔之地，率多以老成重望處之，故年少新進當之，其疏謬尤易見焉。

長卿之始赴也，余聞其吏民稱便，久而益聞其政無疵纇之者，然後余知長卿之善爲寧也。今見其所揭稱，然後始信長卿之政之善，蓋用力於敬信而然也。孔子曰"道千乘之國，敬事而信，節用而愛人，使民以時"，此爲國云爾，豈所以爲州乎？然大而天下，小而州邑，其理則一。聖人一言，本末大小皆擧之矣，敬者其綱而四者其目也。長卿於其目獨稱信者，擧其一而包其三也。敬者何？一也。一者何？一於治民而不雜以他念之謂也，此所謂"敬之本"也。日束帶儼然，臨民以莊者，敬之餘也。世固有剸盤錯、善剖決，而莅之以嚴勵者矣，無乃欲以善爲政，聞於人乎？此所謂"雜以他念"之謂也。他念雜則不可謂之一也，不一則非敬也，長卿勉乎哉！長卿誠敬矣必信矣，誠敬矣信矣，寧之人必且敬而信之矣，余將續有聞焉耳，長卿勉乎哉！

若就其目而論之，信居其一，而節用次焉。吾以節用於寧爲最要，何者？寧之地少土而多海，海之入固將十於土之入也。國家之賦稅，惟土焉取之，其於大洋固不得以丈尺加之，故海之入，守令得專之。然供奉之難已也，餽遺之亦難已也。用之有節與不節焉，苟一一而節，件件而節，則有餘矣。取其餘以代土之入，以供國家之賦，則寧之民其瘳矣乎。《易》曰“節以制度，不傷財、不害民”，其敬信之推矣乎，其愛人使民之實矣乎。雖然，長卿之用則節矣，余旣以敬信之本告長卿，復以節用告後之居是軒者。

尊性齋記

余旣寓居福泉村墅，於室之東北隅，葺敝屋二間而棲息焉，扁以尊性之齋。客有見之，愕然曰：“異哉，子之揭夫齋也！彼尊性者乃陸氏之學也。吾聞中國之學，或有陸者矣，吾東蓋純乎朱者也，何吾子日從事於朱氏之書，而反有取於彼也？嘉、隆以來，陸益盛，陸於天下固不可，而吾子又欲令東國而陸者乎？異哉，子之揭夫齋也！”

余爲喟然歎曰：“否，不然也。宋之季，謬以朱爲道問學而陸爲尊德性。元、明之人猶襲是說，不知朱子之道問學乃所以眞尊德性也，而陸氏之所尊，非眞德性也而乃其氣質之性也。吾嘗笑之以爲論者之過，不意吾子之論亦似之也。蓋上聖之生，惟能備天地之中正而德性全焉，自大賢以下，稟質鮮有不偏，而仁義禮智之德之性，不能無一之虧欠。如忠者過於厚，而介者失於通，豐於才者嗇於德，贍於知者歉於行，故君子貴夫學也。學問思辨，省察克治，不敢少懈其功者，凡以祛其氣稟虧欠之偏而求全夫天地之德性者也。故孔氏、思、孟氏、周、張、程氏之所以教人詔後，朱氏之所以致力於道問學者，皆是物也。而其間或有稟才智之偏，穎悟出於衆人，則必自處高而務勝人。才高而務於勝，則其自是也愈堅，私意遂成而遮藏掩護，取聖賢之說之近者而文於外。其所以尊奉持守者，乃稟才與私意，合而爲一，出於氣質之性之緒餘耳，而不知非其德性之本體也。故君子之學，博觀天下之理而反諸己，以求其氣稟之偏而克治之，然後私意祛而天理明，德性復全於我矣。彼陸氏之爲人與爲學，穎悟超詣，高視千古，而德性之體不能無虧欠焉。

蓋天資太高，挾以好勝，見人議其學，輒東出西沒以閃避，私意分數較多，則於仁之德之性，爲有虧欠矣。聞伊川說而心不悅若傷於己，朴實敦厚之不足，於義之德之性，爲有虧欠矣。三年上食，公侯大夫禮缺，惡知其不遂有乎？漢、唐來大夫皆視公侯，夫豈過禮而不可行乎？陸氏而不知此禮，於禮之德之性，爲有虧欠也。朱氏註六經，功德被萬世，張、呂諸公俱知之，而陸獨不知。又不知濂溪《太極圖》爲宋之一經，爲萬世理學之源，於智之德之性，爲有虧欠也。四者有一虧焉，固不足以爲全德，況兼四者而各有一分之虧乎？

夫以陸氏絶倫之資，能虛心以博天下之理，而求其氣稟之偏，涵而揉之，其所就豈可量乎？而惜乎其不能也。若吾朱夫子則不然，生稟之美具仁義禮智之性之全體，得天地之中正，猶自以稟氣之偏於剛，力學以矯之，以求其所未至。斯乃學已入聖，而不自聖之盛德也，所以爲朱子也。故曰：'朱子之道問學乃所以眞尊德性也，陸氏之所尊，非所謂「德性」，而乃其氣質之性也。'

僕之愚陋，何敢自謂從事於尊性之學？然區區取以揭齋，欲常目在之，庶矯治氣稟之偏而求合乎性之本體，竊自附於朱門道問學之義。吾子乃聽瑩於中州末學相攻之說，反以陸氏爲若尊性者然，而戒學者廢其名目，若是則尊德性乃子思子所示入德之方也。顧因陸氏之一失，遂廢而輟其功，則是見噎而廢食也，可乎哉？”客唯唯而退，遂次其語，以爲齋記云。

跋

書丙子同庚契帖後

右明廟朝邊中丞同丙子契帖，其曾孫有亨携以示余，要題一語甚勤。余爲展玩，猶可想見一時英賢遊集之盛，而其梗槩不有鶴沙丈識哉？奚用贅焉？邊生曰：“不獨此，先中丞生後退陶十五年，從遊最久。其往復書簡盈箱溢牘，竝是帖蕩逸於壬辰兵燹，是帖賴柳參判家藏一本得全，故傳模成帖，誠幸也，而退陶書牘則旣失而不可復尋逐矣。以故吾中丞之儒雅，遊大賢之門最習，而不得附見姓名於集中，豈非子孫之不幸耶？鶴爺識之，偶遺此一款，故敢以爲請。”余惟老先生札翰累牘，其中必有裨世敎之大者而盡逸焉，豈獨邊氏之不幸？抑斯文之不幸也歟。官制中丞爲執義。己酉至月日，南川 洪汝河識。

題鶴峯先生筆蹟後

余旣得退陶、西厓兩先生手筆，編之裝帖，而求鶴峯先生筆蹟，詢諸其家，則寶藏外無餘件可以副人需者，訪諸士友間，卒無得焉。癸卯夏，余到金溪，發先生所藏《朱子大全》，卷中有一故紙，寫詩一絶，墨光爛然，乃先生親筆，驚喜奉玩。始求之而不得，今不求而得之，似不偶爾也。敬齎而歸，因識其後。後學洪汝河 應圖書。

題李君集《俗離遊錄》後

國朝兪濡溪最號能詩，其於他文輒不工。然嘗觀《松都遊錄》，何其偉麗蒼勁？比他作絶佳，豈以其一字一句皆從詩料上鼓鑄來歟？今觀李君集《俗離山錄》，綴以詩篇數十首。君集詩人也，余固愛其詩，不料其文老而方進。濡溪之後僅見此爾，不覺驚歎，因題其後。

題《陽明集》朱子晚年定論後

陽明悟解禪旨之後，陽尊晦翁而陰斥之，立言措意，詭巧奇譎，無所不用其極。然自知不容於天下萬世之公議，則乃取晦翁之說專於尊德性者，別爲裒類，以爲晚年定論。若以己之學早有得於孔門正宗，而晦翁則晚始悔悟而與己合焉者，則其爲術欲巧而反疏矣。

　　晦翁教人，隨方立教，互有抑揚，陽明之所裒聚者，卽晦翁平日之所嘗言者耳，豈可謂晚年之定論乎？若陽明之得力處昭昭靈靈底境界，則又晦翁二十歲時，飽經歷者耳。陽明之從事於此，乃在居夷之後，比之晦翁則已晚矣，反見謂晦翁晚而矜己之早，豈不誤哉？

孔門之教，雖在顏淵上知之資，必先之以博學，至於曾子，亦必待其隨事精察而後，告以一貫之旨，則其以下可知矣。故諸弟子之學，有三月不違者，有日月至焉者，工程階梯自有一定之序，何嘗不問其高下生熟，立談之間便責以上聖地步者哉？

晦翁之教，必使學者下學而上達，姑先從事於道問學上，精思力踐，則乃所以眞尊德性也。及其箋釋《中庸》之旨則乃曰："非存心，無以致知，而存心者，又不可以不致知也。"夫"無以"云者，急之之辭也，"不可以不"云者，緩之之辭也。其於本末輕重灼然甚明，宜萬世學者之遵守，而不可以錙銖差者也，可謂深契於孔門心法，若合符節者矣。及見門弟子有繳繞於文義，未達向上之旨，則痛抑而深警之，至有"自誑誑人"之說，是所謂"謙己誨人"之實耳。陽明喜得其間而以此暴之於天下，乃以晦翁眞若誑人者。然不足以病晦翁而適所以自病也，則其爲術不亦欲巧而反疏矣乎？

夫子之言曰"躬行君子則吾未之有得"，信斯言也，孔子非躬行之君子耶？晦翁之言亦若是而已。然則晦翁自誑之說，實無是心，而故爲是以警學者云爾耶。"曰非也"，正所謂因其近似而以自名，非心實自聖而故爲是退託者，所以稱於夫子者，乃晦翁之自道也。

竹所 權公《海東雜錄》後跋

余嘗怪東國搢紳先生不讀我史，而喜讀中國史，上下數千載間，縱橫貫穿靡遺漏，問以東史，茫然不知，則事理有不當然者。獨草澗 權承宣公博極群書，而尤留意東事，網羅遺失，倣陰氏舊例，繫事韻下，撰成二十餘卷曰《大東韻玉》。余嘗評東國撰述，以草澗此書爲第一。

草澗之胤子竹所公，卽其書，拈出事要，繫之姓下，補以他書，條例精贍，名以《海東雜錄》。其事實時有出於史乘之外者，積成累十秩。公方大耋閒燕，杜門麾客，披閱是書不少休。夫陰竹野序其子復春《韻府》時，蓋年八十四歲矣。今竹所公人地事爲壽年，大約相符，似非偶然者。然此書實有補於東方之史學，豈特陰氏父子區區纂緝月露而止哉？上章閹茂三月日，南川 洪某書。

題《麗人行》後

"喈喈黃鳥，集于灌木"，而岐周興；"英英白雲，露彼菅茅"，而驪山弑。馬氏好讀《楚辭》，長孫密著《內範》，漢、唐之所以治也。《白花之歌》作而元魏亡，《明河之篇》賦而唐室亂。楊氏謂孔子序《墻茨》等篇於《定之方中》之前，以見衛爲狄所滅之因。余讀杜草堂詩，見"楊花雪落覆白蘋，青鳥飛去銜紅巾"，豈非"犬戎直來坐御床"之兆也？此草堂之所以爲詩史也。

題《西涯樂府》後

余讀《西涯樂府》，至《臣不如》其論曲逆，可謂深得其情。然以余觀文正之爲人，其愧曲逆多矣。夫夬之爲卦，乃五陽共決一陰之卦也，獨九三與五，以應以暱，皆濳庇上六。然重剛中正，卒能決陰而得其正。

正德元年，內官劉瑾等用事，六部九卿臺院諸公，皆上章請罪瑾等。內閣從中持甚力，帝將僶勉許之，此正衆陽決陰之時也。當斯之時，文正爲"獨行遇雨"之人，而使帝不得成"莧陸夬夬"之美。於是衆賢相繼罷去，文正保寵固位，無復去志矣。文正在孝宗朝，侃然正色，文學議論，其視劉健、謝遷蔑如也，及受遺詔輔幼主，臨小利害，不逮二子遠甚。使其處陵、勃之間，當呂氏之禍，豈足以希曲逆之一步乎？都門泣送于喬，却思量"臣不如"三字乎？

書李司成贈行帖後

國朝初，最重學職，令久於其任，如金文長鉤、金文長[17]

17 長 : 저본에는 "章". 《한국민족문화대백과사전》 참조하여 수정.

末、金大成泮，帶學職率至二十年，或四三十年，故作成人材最多，一時稱三金焉。逮至成廟朝，李司成諱文興公，專任學職凡十六年，不離太學，教養有方，各隨其材而成就之，故朝之大夫下至百執事，率多公門下士。其以名節表見如李評事穆、李大諫成童者，亦多有之，其作成之效，不在於三金之下。祖宗朝以久任師儒爲培養人材之本，以致治效，風流篤厚，於斯見矣。

公之乃老也，朝之耆碩孫七休以下暨公門下士，咸賦詩以贐，彙爲巨秩，誠曠世儒珍也。許監察叔馨公外派也，一日袖示不佞。吾先祖涵虛公所製"國子先生腹五經"之句，爲世傳誦久矣，亦在卷首，手筆宛然如昨。不佞瞻慕感歎，敬書其後而歸之。

箴

視箴【此下八箴, 在鏡城時作, 己亥九月十五日】

目須在體, 神乃守宅。
無遠厥視? 無微不燭。
貪看錯應, 喪厥元精。
君子洞洞, 視於無形。

聽箴

存心有則, 維耳官聞。
交物則引, 縛靜則昏。
聲入而通, 表裏漸融。
君子惺惺, 聽德惟聰。

寢箴

夜而計過, 無憾卽安。

面壁舒膝，神澹慮閑。
淸明在躬，驗諸夢寐。
君子祇祇，爾無晏起。

食箴

整襟對案，當食思禮。
胃充中轆，充虛適味。
頓箸常處，義精而神。
君子慥慥，爾無違仁。

坐箴

正冠危坐，對越上帝。
淨几穿榻，毋跛以倚。
先覺有戒，坐忘成馳。
君子欽欽，儼然若思。

立箴

端拱正體，若奉圭璧。

載揚而休，毋踦而側。
卓然中立，唯道是依。
君子嶷嶷，聖賢同歸。

步箴

先哲有言，足以步目。
進退折旋，咸有繩尺。
擧趾心蕩，爰喪厥德。
君子翼翼，蹈道不忒。

臥箴

鄒老凭几，以警齊客。
魯叟責宰，爰譬朽木。
箕踞偃臥，長傲怠淫。
君子兢兢，敬保此心。

寫字箴

勿忘勿助，端莊正直。

非要字好，則此是學。

居室箴

夜驗諸夢，晝驗諸妻。
屋漏有神，靖共以居。

騎馬箴

忠信篤敬，參前倚衡。
功成馬上，夫然後行。

銘

屋漏銘

維天有命，維人有性。
欽斯承斯，克誠克敬。
維此一心，操舍無常。
毫釐之別，或聖或狂。
所樂舒肆，所憚收束。
所勉在衆，所忽在獨。
在獨伊何，宴息晦冥。
四肢安佚，逸欲易萌。
旣屛瞽史，亦遠莊友。
惟意所縱，人莫予覯。
相彼屋漏，厥有神司。
聰明正直，體物不遺。
爰赫其臨，亦孔之灼。
戰兢臨履，庶幾無怍。
信不言後，敬在動前。
我銘斯語，對越在天。

點离窩銘【幷序。安泰和齋號】

竹溪子早有疾羸而黃，木齋諗之曰："子盍從事於吾之點离乎?"竹溪子請其說，曰:"人之初乾也，私欲萌於其中而爲離，點之則復爲乾而復其初矣。爲學而至於聖賢，攝生而延年，治國而祈命，皆一理也。"竹溪子寤病稍復，癃者充，黃者康，今遂爲完人矣。

歲丁未，移卜竺城之南村，名其窩曰"點离"，屬余銘。余謂點離吾學也，而子取以名子窩，請書一通寘之吾木齋，以爲子之行窩乎? 竹溪子逌然諾之。銘曰:

庖犧畫卦，仰稽天象。
三奇作乾，純陽是尙。
純陽之中，陰坼曰离。
陽爲天理，陰乃人私。
人之始生，純一無僞。
是名乾體，天德咸備。
情竇旣開，私欲日滋。
牝牛之畜，大朴以漓。
焚如棄如，如日中昃。
夜氣旣牿，出涕嗟若。
我其鑑此，惕然反求。
有奪其瞻，有赫其幽。
遷改風雷，懲窒山澤。

克治修省，無時敢息。

陰萌日銷，陽芽茁然。

厥或點之，遂變成乾。

點之伊何？ 曰精曰一。

閑邪存誠，黃離元吉。

推之萬事，蓋莫不然。

國否而泰，體慾以痊。

譬彼坎精，晦坤明震。

爰艮兌巽，甲滿點盡。

嗟爾朋友，道在《易》書。

乾乾夕惕，迺復厥初。

洪聖任【凭】古劍銘【幷序】

南陽洪聖任持古劍一枚來示余而請銘曰：“之劍也，安東權氏家得諸野田中，弗之寶也，其用不越乎廚竈鼎俎之間。一日倚病人之寢，邪魔有屛退之兆，自是人稍異之。余以他劍博之，倩耽羅良冶，淬而粧之，宛然一寶劍也，子其銘之。”余爲取視，長尺半强，鋒微俯，左雙窪，右一窪，光烔烔照曜，其制非近世樣也，吾非劍士，莫之辨也。近世寶劍，或産於華，或産於倭，華也銘之，倭也則不必銘也。子其詢諸知劍者以來。他日又來曰：“華也。”曰：“華之劍，又有南北焉，龍淵、大阿出於韓則北也，干將、莫邪出於越則南也，將奚辨?" 聖任曰:"此固莫之辨也。然壬癸間, 天將留此嶺表者多浙將, 意者越劍, 浙兵遺之耳。" 余爲驚歎曰"是劍也, 殆豐城之苗裔也歟! 夫物雖至寶, 不能自顯, 待人而顯。豐城神物埋沒獄犴, 張茂先令雷煥斲之, 而後知其爲天下之至寶也。是劍亦爲塵土蝕, 不知今幾百年, 而後遇知於聖任, 事頗相類, 其可以有所感也夫", 遂不辭而爲之銘曰:

劍乎劍, 干將孫。
精埋坤, 光燭乾。
厥惟寶, 識者寡。
疇能識? 人博雅。
劍乎劍, 時用舍。
倘化龍, 請斬馬。

頌

渡江頌十章

帝有明命，乃眷我聖祖。
載興厥德，載篤厥祜。
以對于天，以畀我震土。

維時穆祖違難，遯居于豆滿東。
如周不窋，竄于西戎。

翼王烈烈，海外有截。
德威日熚，西土率服。
有或惎之，陰糾羌夷。
將肆翦除，初罔聞知。

天遣神嫗，遹來以諭。
翼祖大驚，出避蒼黃。
如彼亶父，避狄之侵，來抵岐陽。

爰及聖后，來朝走馬。

率西水滸，洪河在前。
其深不測，追騎在後，禍維棘矣。

帝乃震動，濟其艱阨。
乃勅陽侯，乃詔河伯。
戢彼濤浪，水爲渴涸，儵爾若無。
翼王乃濟，如履坦途。

追騎旣至，水則漲溢。
洪波瀰瀰，彌亘兩涘。
狄人稽首，駭汗匍匐。
聖德天祐，若之何毒之?

粤稽聖瑞，流濁變榮。
疇若滿河，乍縮旋盈?

融氷再凝，以濟漢兵。
方之此水，彼則理常。

滿河洋洋，長發其祥。
篤生我康獻，實是翦商。
奄宅天位，式于九韓。
國安如盤，神祚緜緜，於千萬年。

夢授金尺頌【幷序。乙酉】

臣竊念自古帝王受命而興，天必貺之以符瑞，而申之以吉夢。商高宗夢帝賚良弼，周武王夢協于卜，宣王之雅云："其夢維何？維熊維羆，維虺維蛇。"夫夢感之兆，幽恍難憑，然列之《詩》、《書》，垂法後人。蓋衆庶之類，措慮冥惑，故所感顚錯，無足怪也。若上聖之資，淸明在躬，志氣如神。吉凶之徵，輒朕於夢，揆之於理，豈無徵乎？

惟我太祖康獻王，玄德龍潛，克享天心。夢有神人授之金尺曰："應天順人，非子而誰？"覺而異之，尋膺景命，遂登寶位。夫金，寶也，天之大寶曰位；尺，度也，裁物使其正也，王者之德如之。金屬乾，爲九五大人飛龍在天之象，而尺以寸十、以分百、以釐萬，其數爲錫祚綿遠、本支蕃衍之兆也。比之高宗、武、宣三哲王之夢，不尤嘉且慶歟？而群臣之於考撰，形容盛德之美，通神明，被金石，以竝休於《詩》、《書》者，闕而不圖，于今二百餘年，此學士大夫之過也。

臣草茅賤士，心縣魏闕，誦古傷今，忠悃激厲不自已，謹再拜稽首獻頌。其詞曰：

帝有金尺，肇自邃古。
度彼乾坤，爰規爰矩。
孰堪享之？我其授之。
篤生太祖，聰明神武。

太祖有夢，上帝曰："咨，
應天順人，非君而誰？
爰錫金尺，保玆敬之。"
太祖稽首，上帝命之。
維心有思，金尺量之。
維躬有行，金尺方之。
百姓有違，金尺匡之。
四國有變，金尺皇之。
天有五紀，卓以順之。
地有四維，壓以鎭之。
尺之所麾，靡遠不斥。
尺之所指，靡獲不若。
煌煌金尺，以德爲效。
豈有德亡？而尺永保。
而傳而子，而孫無極。
咸有一德，克享此尺。
尺有百分，亦萬其釐。
神祚緜緜，厥數如之。
太祖再拜，金尺在手。
無貳無虞，上帝臨汝。
爰革麗命，奄有大東。
二境寧謐，民和物豐。
新夷變夏，治定敎弘。
煥乎文章，巍乎成功。

後聖承之，其光烈烈。
傳祀累百，金尺罔缺。
高宗、武王，粤有夢祥。
或協卜休，或賚弼良。
豈若太祖，基業隆昌？
惟周及漢，以鼎爲珍。
或象以鑄，或出于汾。
豈若金尺，降自于天？
惟我太祖，克配上帝。
維帝錫之，古無之瑞。
大人占之，享世之休。
蔑漢及商，奄逾于周。
曰彼島夷，及汝獷嚚。
奔走偕來，於我臣屬。
苟肆陸梁，捶之殛之。
謂予不信，視彼金尺。

贊

圃隱先生贊

事親盡孝，篤行君子。
殉國竭忠，死而後已。
經綸之業，道學之宗。
遺像凜然，正大英雄。

退陶先生贊

寸積銖累，旣熟而精。
高明廣博，展也大成。
遺訓垂世，炳若日星。
紹往迪來，追配考亭。

西厓先生贊

天資純粹，旣養而充。

淸明洞達，業廣德崇。
濟屯之才，主一之學。
命世眞儒，陶門正脈。

黃翼成公遺像贊

燕居怡然，群兒競挽其鬚而求抱哺，如嬉戲嘲侮其爺孃。
及其垂緌端笏而立乎廟廊之上，則百僚震恐，而朝端爲之肅然，如法家子弟，敬畏其父兄。
譬之神龍淵潛泥蟠，魚鼈蝘蜓狎而侮之，儵忽變化，則風雨霹靂，撼山谷而盪河海，不可得以測量。
此其所以當時無赫赫之聲，而至今二百載之後，婦人孺子咸能道其風流而誦其姓名。
嗚呼噫戲！瞻望儀表而親聆緖論，猶不足以窺其蘊奧，況此一幅遺像，何足以想像髣髴其平生耶？

拙齋贊

體若不勝衣，而勵志求道，確乎若金石之堅；
口若不出言，而遺詞摛藻，燦乎若珠璣之姸。
蕭然一室之琴書，尙友千古之聖賢。
雖其軒冕圭組，無所加乎身，榮名勢利，不足以動人，而有

以盡夫材德性命賦予之全,
豈非昔人所謂"拙於外而巧於內, 拙於人而巧於天"者乎?
是足以見其家學淵源之所自, 而遺風餘韻猶有存焉,
彼其性剛才拙而隱於柴桑之里者, 眞長沙之孫乎!

上樑文

寓菴 洪先生立祠上樑文

誦其詩、讀其書、知其人，寔資尙友；國有學、州有序、家有塾，皆以明倫。爰創一畝之宮，庸揭百世之範。恭惟寓菴先生，古之烈士，傑然一時。味已辨於取熊，生有不爲，死有不避；詞競傳於賦鵩，命何其短？意何其長？事君無改節之心，奉天有不讎之義。鄉先生歿可祭社，其在斯人；至今日始議作堂，蓋亦有待。眷玆近嵒書室，寔惟商嶺奧區。旣衍旣原，卽水抱山環之地；宜絃宜誦，抑冬溫夏涼之天。秀氣攸鍾，北盤黛美之嶽；芳塵可挹，南眺謝家之山。距先生之故居，若是近也；因講堂之舊貫，庶易就乎。鄉老出力而鳩材，多士釋經而敦事。齋廬庖湢之備設，益恢申侯之舊規；尸祝薦祼之縟儀，聿遵厓門之正論。儼輪奐而創構，面勢甚尊；精肸蠁而降歆，苾芬旁達。玆歷吉日，將擧脩樑。恭殫蛾術之誠，敢陳燕賀之唱。

兒郎偉拋樑東，看取初昇曉旭紅。
年富學人如此日，功程脩遠更昭融。

兒郎偉抛樑南，十里青山著寓菴。
欲學丈夫風節事，請君莫向利名酣。

兒郎偉抛樑西，指路漳州莫使迷。
平正一條堪踏去，休論適國有千蹊。

兒郎偉抛樑北，環繞列星控紫極。
三十輻共一轂然，心體如之須默識。

兒郎偉抛樑上，一片靈臺涵萬象。
聖賢辛苦說明誠，盡與斯人除慾障。

兒郎偉抛樑下，夏誦冬絃集儒雅。
《大學》始教必由玆，美俗薰陶民自化。

伏願上樑之後，文風丕振，正道乃行。建學立師，想成均教育之制；樂群敬業，資麗澤講習之功。人慕節義之風，家興禮讓之俗。爲臣作忠，爲子作孝。有餘力以學文，不肅而成，不勞而能，詎見遷於異物？

達川里社上樑文

成善俗欲化民，必由於學；鄕先生可祭社，其在斯人。爰創三賢之祠，庸揭百世之範。恭惟文參判、掌令兩先生，令聞令望，難弟難兄。質行謹醇，邁羲、戡之騈秀；風流文彩，比軾、轍之齊驅。又得內翰李公，乃是表從令弟。共依日月，蒙被明主之隆恩；仰溯淵源，師友靜菴之正學。聯駿步於邇列，圭璧交輝；發崇論於經帷，宮商迭奏。豈謂禍機之潛闖？遽見善類之盡殲。或鎖直北扉，投載筆而就理；或藩宣南國，撤燕豆而賦歸。至若侍御之云亡，寔在是年之維夏。雖譴禍有輕重之別，而心跡無彼此之殊。人稱己卯之賢才，於斯爲盛；家萃三子之標節，在古罕聞。眷茲竺城北鄕，實維桑梓舊里。地靈人傑，緬英風而猶存；俗厚民醇，思遺澤之不斬。卽攸居而尸祝，於禮則宜；至今日而經營，其實有待。簡疏儀節，雖倣家塾之常規；根極民彝，實本薦紳之咸允。董夫里而竭作，量事功而程財。面勢孔陽，儼輪奐而載構；苾芬旁達，精肹蠁而降歆。敷爲聲詩，用升樑欐。想齊到於童耄，共一唱於懽呼。

抛樑東，鶴駕峯頭旭日紅。
照見層甍迎淑氣，鎭和雲影衛明宮。

抛樑西，百里煙雲極眼低。
主屹山高君莫羨，三賢景行岱宗齊。

抛樑南，洛流無際水天涵。
試把澄淵較深淺，爭如學海更潭潭？

抛樑北，列星環繞拱宸極。
州庠黨序儘明倫，事君大義先識得。

抛樑上，此是儒林丈人行。
芳名還似李青蓮，餘韻遠紹文丞相。

抛樑下，夏誦冬絃集儒雅。
科程猥冗何足論？閒攻古文追董、賈。

上樑後，儒化醞釀，山川炳靈。間出巨人，蔚爲棟樑之材用；亦多吉士，聿覩菁莪之盛長。慕節義之高風，興禮讓之美俗。移孝作忠，固無待於外求；衛道息邪，乃式符於深望。

木齋集

卷七

祭文
碣銘

祭文

祭聘君黃公【德柔】文

惟公韜光葆眞，返朴斲華，語其器則如木宜宮，論其德則譬玉絶瑕。考其忠孝之懿、操履之確，寔有得於家學。庶克紹乎畜翁、槃澗之餘波，莅政則方嚴以鎭物，秉道正直而不回邪。推其緖餘，可以福利元元，而裨益乎邦家，胡豐其畀而嗇厥施？位壽止斯，於理則那？

蓋公蘊材抱器，浼視名利，未嘗汲汲以求知，故世之識公者，不如不識者之多也。嗚呼哀哉！余十七而贅公門，今兩鬢之皤皤，知公不可謂不早，而公亦以我爲知己，提誨獎掖，幾荷講劘？余旣有北關之行，而公出宰湖邑，嶺海萬里，書札難憑，第恨南北之脩遐。室人云亡，衆雛呱呱，託於公而余則遠遊，不以關念者，尙賴公之撫摩，孰謂公奄一疾而長逝？訃告未達於天涯，及余見逐來到黃岡兮。去公之藏不賖，亟往哭之兮。若堂纔封而未掩莎，痛矣痛矣！柰何柰何？唯死生窮達之理，視猶一兮，公曾不以係情乎歡嗟。吾知公卓然自立者，固有異乎人。精爽炯然，將百代而長存，不與萬物而消磨。今吾之來，何不能見公顔範而聆其謦欬？肝膈摧傷而淚傾河，公其知也耶？其不知也耶？敬奠一觴，侑以楚些。

祭姻兄金公【燮】文

嗚呼痛哉！

憶公來聘，余在弱齡。

公謂我弟，余視公兄。

迄逾卅載，情義彌篤。

晚居同卜，山南山北。

月夕花朝，携手蹁躚。

兄言此樂，可保百年。

余承嚴詔，路指氷天。

臨別丁寧，祝我遄旋。

孰謂奄忽，訃及天涯？

眞夢誰分？肝裂心摧。

歸途羈管，今始來哭。

日月幾何？墓草已宿。

嗚呼痛哉！

公後德門，金玉美質。

子良豈弟，世罕其匹。

一命未霑，壽且止斯。

天道茫茫，伯道無兒。

嗚呼悲夫！

寡姊多病，女姪盈闈。
見我痛愴，胡寧不悲？
嗚呼悲夫！
幽明雖阻，無間此心。
敬奠一觴，冀垂顧歆。

祭菊窓李公【燦】文【甲午】

嗚呼哀哉！
惟公儒素風流，金玉君子。
信篤操確，學則在是。
考厥淵源，斯焉有取？
大賢特起，公其酷似。
目染耳濡，啓鍵發祕。
德器成就，豈弟雅飭。
玉蘊蘭遠，休譽滿國。
勉赴旌招，歸袂旋翩。
斗南名到，如蟻慕羶。
恬退之節，方古罕肩。
遺風漸遠，範型斯存。
昔我先子，夙遊厓門。
從公伯仲，襟契莫逆。
施及小子，情偏誼篤。

灌心甘露，幾承提掖？
近世不淑，木稼纒悲。
公在巋然，祝公期頤。
公今至此，我懷安倣？
風儀永閟，心目耿想。
瓣香有淚，來假肹蠁。
嗚呼哀哉！

祭湖憂 李公【煥】文【癸卯】

嗚呼哀哉！
《易》嘉肥遯，《詩》美考槃。
高風難嗣，逸軌誰攀？
滔滔末路，縣特貨馬。
素履蹈方，疇若公者？
公在厓門，人道酷似。
穎異之資，高邁之氣。
先生器公，盡其奬掖。
公則彌勵，奉持佩服。
公有局度，人不可及。
於天下事，指顧可集。
公有雅識，襟懷灑然。
一丘一壑，永矢勿諼。

龐未輟耕，陶琴不絃。
浮名榮利，等視雲煙。
旌招不屈，白駒空谷。
反璞歸眞，終身不辱。
嗚呼哀哉！
昔我先子，友端莫逆。
遊公伯仲，契誼最篤。
施及于走，幾荷提撕？
師門旨訣，微露緖餘。
爰歸自謫，聞公示病。
余心驚懣，亟馳往省。
氣力緜綴，神觀不衰。
祝公期頤，胡遽至斯？
公訃旣聞，匍匐往哭。
比公葬虞，梗路癘毒。
操文一酹，恫此後辰。
再朞荏苒，愴悲轉新。
小子疇依？斯道已矣。
不昧者存，尙歆緜瀆。

祭九世祖考妣文

維歲次癸卯十二月甲午朔三十日癸亥，九代孫中訓大夫、前行鏡城判官汝河，敢昭告于九世祖考內侍府君、九世祖妣商山金氏。

惟我府君積善劬躬，啓迪後人。自缶移商，別爲一宗。墳塋旣失，香火永廢。言念及玆，不勝感愴。禮有冬至祭初祖之文，奠儀將擧，奔避未遑。今因歲時，敬陳菲酌。부조考之於子孫，猶本根之於枝葉，一氣流通，曷嘗有遠近親疏之間哉？求之以誠，理無不格。式彰冥應，歆我精禋。

箕川里社常享祝文

文參判【瑾】

遇險愈亨，歸潔而完。

麗澤高賢，屹立頹瀾。

文掌令【瓘】

冤雪佔畢，廉亞一蠹。

志同己卯，高風永樹。

李內翰【構】

執簡就理，偉節馨名。

遯居初服，永保幽貞。

祈雨祭文

於赫厥靈，變化協乾。
神功澤物，閟德在淵。
嗟此亢陽，比前年甚。
損耗百穀，摧剝庶品。
烈焰烘野，螢火燒澤。
怨極卒痒，萬姓啜泣。
哀我無辜，逝將塡壑。
救災賑飢，莅土之責。
穌枯霈澤，寔神攸職。
翦爪惜膚，宜降嚴殛。
有叩不應，咎將誰執？
民物窮殄，神寧不惻？
愬控斯迫，幽聽豈邈？
式昭靈貺，鼓發陰軸。
惠我甘霔，溥我明錫。

祭權高城【搏】文

惟靈名公碩胄，令質圭璋。
藝學夙聞，燁乎其揚。
濯鱗天池，聲譽藹蔚。

雅懷高潔，矯然拔俗。
浼斥華競，貞操彌確。
公退闔門，屛絶交遊。
衆皆睢盱，公靖以優。
人之所馳，唯子獨不。
入則郎潛，出佩郡符。
政簡而廉，惠洽而遺。
人皆惜屈，淸議攸歸。
所獲較多，奚憾而悲？
惟大參公，及我盧白。
道符出處，義貫金石。
施及數世，夙誼益勵。
我呼公兄，公謂我弟。
我自謫來，無意斯世。
公亦罷官，屛居桑梓。
林廬相望，僅十牛鳴。
携手徜徉，共保幽盟。
云胡不淑，一疾長辭？
豈謂斯人，而至於斯？
遐邇驚悼，矧在吾儕？
卽遠有期，今而旣夕。
音容永閟，痛結心曲。
窮通脩短，夫孰非天？
不昧者存，冀歆遺縣。

屛山書院修巖奉安文

恭惟文忠，道宏德崇。
高明純正，蔚爲儒宗。
繄我先生，克紹家學。
濡染既深，踐履斯篤。
沖和高嶷，積眞葆醇。
卑退肫肫，謙撝而尊。
薰仁勇善，懊立頑警。
望閭去矜，踐庭生敬。
蒙難靖守，際聖寵紆。
恪潔遵條，惠澤穌枯。
歸臥蓬堵，藜羹脫粟。
理義悅心，既飫既沃。
晩入憲司，正議寔持。
道之將廢，不與者時。
年位雖嗇，軌範攸垂。
眷玆屛院，文忠舊祠。
以先生祔，疇不曰宜？
吉蠲享侑，假思如在。
像位儼然，若奉鯉對。
瞻慕愈新，斯道彌隆。
神其歆佑，牖我群蒙。

祭從祖叔父宣務郎【好約】文【甲辰】

嗚呼哀哉！叔父之亡，今十二朔矣而葬，姪承訃，亦十二朔矣而來哭。蓋以叔父自示病時，村閭大疫，姪與諸孤皆有所忌，旣殯之後，諸孤亦奔避。故葬如此其緩，而來哭如此其晩也。叔父其知也耶？其不知也耶？嗚呼悲夫！

從祖父副尉公以曾大父命出後高叔祖博士公，則叔父於義爲從高祖叔行也，當服緦麻矣。然從祖父特以義繼絶耳，於養家無鞠育之恩，故得全恩於本生曾大父之喪，遂以申三年終制。且門運衰替，同居一門，只有祖父兄弟兩派耳。若以義斷之，同居一家，遂無服也而可乎哉？故當無服者服緦麻，當服緦者服小功，未知知禮君子以爲何如也？

先君之喪，卜葬先山內叔父田中，叔父曰："爾先君之名德，雖在他山他田，慕義者或能許葬，況吾山吾田而猶有不許哉？"旣葬而廬其側，叔父杖屨，時往來廬次曰："吾伯父府君蓋有隱德焉，爾先君未敢宣之於口，亦未敢筆之於書，爾年少何由知之？吾將爲爾言之。"於是日聞所不聞，輒錄而屬藁。我大父一二遺事，爲子孫所遵守者，實由叔父而傳也。

叔父器宇偉然，聰穎絶人。少時授經史句讀，便遭壬、癸兵亂，捨其學而力耕者，于今七十年。有時提起所讀書，慣誦無一字錯，通古今治亂大義，談說娓娓，聽者忘倦。先君每稱歎之"以世之名聰悟者，莫敢跂而望焉，使吾兄盡力於學問上，則其所成就，豈可量哉？而適際離亂，不克拓其業，實爲門戶之不幸也"。然而叔父雅性恬淡，志在耕釣。

仲氏田園優游逸樂，康寧壽考，翛然乘化，天之以淸福享公者，亦不淺矣，於叔父之喪，吾可以無憾矣。而在姪不幸伯父、季父皆早世，不及識其面焉，故平日視叔父，猶吾伯、季父也。今又喪焉，不可復覩矣，曷爲而不使予失聲長號而慟哭耶？悲哀之中，詞無倫次。敬酌一觴，以冀冥格，叔父其知也耶？其不知也耶？嗚呼哀哉！

祭聘母全氏文

積善之門，鍾慶淑人。
閑于女則，柔娩貞純。
嬪德君子，克敬以順。
蘭玉盈庭，義方其訓。
備茲五福，壽胡六旬？
哀榮終始，實鮮其倫。
汝河無似，早處甥館。
恩愛隆至，不替中晩。
妻在託身，妻亡託兒。
今而至此，胡寧不悲？
再朞奄迫，賤疾斯劇。
寓辭菲奠，莫罄衷曲。

祭宋公【以鎭】文

敦慤質性，爽邁風流。
器宇堂堂，昔人中求。
不可時試，棲遲丘壑。
仲長田園，其志則樂。
見客欸腴，拓軒促酌。
肴果雜陳，賓主迭酢。
酒酣以往，益露情悃。
高談亹亹，聽者忘倦。
壽考康寧，胡不百年？
反璞歸眞，乘化樂天。
嗚呼哀哉！
公友先君，室先君甥。
我雖兄公，視以父行。
公逮王考，見聞斯百。
家庭遺事，多從公得。
屬余在謫，不遐高居。
安信屢報，我懷則舒。
訃車奄至，曷勝恫傷？
情當匍匐，禮嫌越疆。
歸來冉冉，祥琴已臻。
疇謂來晚，轉覺悲新？
隻鷄緜漬，操文以酹。

公鑑薄奠，庶其不昧。

祭再從兄司果【汝量】文【乙巳】

嗚呼哀哉！吾門不幸，宗從鮮少，在吾祖考之孫，唯吾兄弟，叔祖府君之孫，吾及見誠齋及兄，誠齋兄之從兄也。歲壬申誠齋歿，後五年伯氏逝，一家兄弟，唯吾及兄兩人在爾，兄今至此，吾其柰何？慟哭慟哭，已矣已矣。

吾兄悌友之德、忠厚之性，鄕黨親族無不稱其長者，天資高出人數等矣。少習博士家言，淹貫經書，拾科第不難也，自聞鄭內翰遘痘之訃，遂輟舉業，不復萌進取意。蓋兄與鄭公，同受業于先君，情義甚密，兄亦未經痘疾，故聞之驚慘，異於他人而然也。自是優游林泉，漁釣以終身，時或沈冥麴蘗，放浪自廢，葆眞反璞，全而歸之，在兄雖無所憾，自吾門視之，豈非不幸耶？慟哭慟哭，已矣已矣。

兄之齡減一稀年，則可謂仁者之壽矣。兄以誠齋之第二子爲後，諸孫滿庭，蘭玉競秀則可謂仁者有後矣。死生常理，亦安用大慼慼於其間哉？但兄之晩歲，自他所來寓吾里，對門而居，謂吾曰"吾將終老焉"。花朝月夕，杖策敲門，登山俯水，不待招邀，携手徜徉，爲樂何極？豈意此願未遂，天遽奪兄之年？慟哭慟哭，已矣已矣。

兄之得疾也，初不謂遽至於斯也，一朔之後，病勢猝劇。未見數日而往省之，則兄疾已不可爲矣，問兄而兄不知我矣。

今雖撫棺而慟，執爵而侑，兄豈復知之？兄豈復知之？慟哭慟哭，已矣已矣。嗚呼哀哉！

近嵒書院漢陰李先生奉安文

盛朝流熙，釀元涵精。
維時先生，應期而生。
祥順其資，閎偉其器。
性理之學，經濟之志。
黼黻之文，亦韡其英。
陳謨發令，貫我休明。
褎然德首，循蹈規矩。
殆天降任，太平是輔。
運際陽九，海寇以猘。
三都浹旬，震驚幽、薊。
君臣播越，鄙在灣陬。
維時先生，誓不全軀。
哭秦出師，申胥慨慷。
單騎赴虜，志慕汾陽。
讓夷卽險，奔走禦侮。
從容儐相，折衝樽俎。
方晉宗向，譬鄭僑皮。
名聞華夏，威讋南夷。

匪先生任，國仆誰起？
天降先生，意乃在是。
黑頭大拜，正色垂紳。
巍巍堂堂，爲國宗臣。
狂昏顚覆，邪議盈庭。
先生曰嘻，我死則寧。
賢相有諷，得無傷勇。
先生曰否，我心如烘。
義有捨生，忠或祈死。
倫彝克正，校績愈偉。
於戲先生，兩有武文。
不爲聲章，不居崇勳。
有政有事，有言有烈。
具玆衆美，統于大節。
粤稽聖制，曷後明禋？
遺澤未斬，嗟我邦人！
眷玆近邑，溪涵嶽峙。
釣游不及，桑梓密邇。
維昔寓菴，爰有舊廟。
曠世神交，肝膽相照。
同堂妥侑，德將在斯。
衿紳濟濟，卒度禮儀。
假我虔誠，歆我粢盛。
勖忠課孝，以永厥聲。

祭鄭鳳輝文【丁未】

嗟吾鳳輝!

去我而死，一何速耶?

天之慼我，一何酷耶?

始聞驚愓，中自寬抑。

卒乃痛慘，迄猶未釋。

昔我先公，師事愚伏。

維內翰公，從先公學。

維我兩人，情孚信篤。

自在童年，道義相勖。

子在稠中，整襟端坐。

儕流褻狎，不敢相涴。

愛子敬子，中心藏之。

黌舍禪宮，動輒相隨。

子家專門，以禮自持。

子幼服膺，佩繩蹈規。

揭齋無忝，冀紹前烈。

子初赴召，余贈以說。

若余多愆，子不顯斥。

微以色諷，余愧以革。

自今以後，過將誰督?

子今亡矣，胡不驚慼?

中間契闊，各牽宦遊。

余綰邊綬，子宰炎洲。
南北萬里，僅達一書。
俄余廢逐，拘幽黃溪。
屬子賦歸，命駕而至。
入門敷腴，不暇唁慰。
把酒評詩，首敍遊賞。
余陟蓬萊，子躋方丈。
各出遊橐，互相評騭。
較奇角壯，終日談噱。
謂余抹撥，子亦遯肥。
庶保幽盟，白首相依。
恩詔遽被，錫先生謚。
畀子一縣，縟儀斯擧。
余時獨往，幾到愚山？
猿鶴興咨，惆悵言旋。
竣事投紱，速余往棲。
佳朋鼎來，譚經討書。
氷溪未融，雪岑對矗。
聯床十日，此樂何極？
畫圖巖畔，摻別躊躇。
馬上相顧，後晤莫徐。
子時康茂，神淸氣湧。
旋報子喪，胡不驚慟？
子之仲男，我以爲甥。

四月初吉，子以書聘。
反馬纔成，子以病聞。
候問未還，訃車奄臻。
婉婉弱息，在途號髽。
余欲忘懷，胡不驚嗟？
余思至道，朝聞夕可。
醉生夢死，滔滔彼者。
違道顯壽，孰謂之通？
蹈仁貧夭，孰謂之窮？
子算大衍，較回則遐。
貧不婁甚，位比憲多。
子大夫人，春秋既深。
二孫既長，庶慰母心。
子家太史，世掌翰局。
維子白衣，顯遇亦特。
子之文章，鑑裁精覈。
撰錄名臣，功百汗竹。
歿而有傳，可徵可裨。
余之寬慰，庶其在玆。
夫何近世，否運斯丁？
東國卒荒，善士凋零。
潛夫既歿，穀貴是歌。
紫陽考終，豈關硇砂？
斯學疇講？斯緒疇續？

斯余痛悼，曷有其極？

柳【千之】、金【尙鉉】兩友，愴惜余儔。

爲子卜山，子夢是求。

閼善衍昆，人或云矣。

疇誨二子，式穀似矣？

子苟安此，嗣人之利。

矢辭以酹，靈其不昧。

勿溪書院祔金鶴沙時告上洛公文

人仰盛德，無間古今。

維鶴沙公，寓慕偏深。

同堂腏食，爰協衆心。

恭伸虔告，冀垂顧歆。

金鶴沙奉安文

懿恪之資，旣莊以貞。

充養之學，則邃以精。

進陪經帷，剴切章奏。

出典州郡，惠澤下究。

晩節棲遲，一丘一壑。

俯視紛紛，寧博此樂？
夙歲志道，爲己工程。
居閑體驗，玩心高明。
旅老門庭，立雪多年。
服膺師訓，禮居其先。
專精從事，一箇敬字。
蹈繩佩規，所履安地。
世叔風漓，士趨靡宗。
厓門嫡統，疇慕以隆？
寔賴維持，遺緖彌尊。
衛正之功，有裨斯文。
維上洛公，爰有舊祠。
同堂妥侑，德將在斯。

祭龍洲趙先生文

粤昔殷師，與道俱東。
故吾小邦，有中國風。
其風維何？詩書禮樂。
逮羅而晦，迄麗愈塞。
麗之際元，益、牧大鳴。
老圃騷壇，狎主齊盟。
盛朝揚熙，群賢迭出。

或進以跲，或退以逑。
天不喪文，厥緒疇承？
旣極而亨，乃發先生。
先生始學，以道深造。
抽關啓鍵，覷其閫奧。
蔚爲文宗，奧衍深閎。
抶去浮靡，攬結粹精。
遭際昌辰，玉署以盛。
鋪張鴻藻，賁我休明。
論斥權宰，坐以簠簋。
雖被中傷，張我直氣。
東略扶桑，忠感狡虜。
館彼西河，大義益樹。
歸臥山樊，舊書日溫。
一統乾坤，千載完人。
禮疑聚訟，擧國紛紛。
時當遯筮，藁何未焚？
匪直其寃，痛先去禮。
衆議怠休，欲艾之體。
一笑怡然，如履安地。
天則民彝，賴以罔墜。
士林瞻仰，曰我宗師。
下民咨嗟，曰爲國基。
孰是寡佑？天不憖遺？

斯道斯民，嗚呼曷其？
若余無似，視同彌懿。
謂於我館，敎誨飮食。
評論百家，商訂《麟史》。
啓我以文，牖我以理。
先生昔游，愚伏之門。
尙厓隆陶，溯厥淵源。
先生執友，先公同庚。
先公之墓，先生寔銘。
發其幽光，庇我後裔。
恩則深矣，敢不警勵？
維訓不閑，以言速禍。
顚仆北來，入拜床下。
先生莞爾，色與神偕。
寵辱外物，何足攖懷？
違闊幾何？先生在患。
聞之廢食，中曲自亂。
思想之極，誠發宵寐。
朝而訊之，我心則降。
遐不眉壽，邦國之光？
登堂提誨，再或可望。
訃告奄至，驚悼遠邇。
伏哭走位，矧在無似？
聞卽匍匐，情禮則然。

疫癘遍國，首尾兩年。
勞結夙宵，迄稽趨哭。
炙鷄緜漬，始付家督。
素車千里，孤負此心。
靈其不昧，冀紆顧歆。

碣銘

贈監察李君碣銘【己亥】

當執徐兵起，國中瓦解，由布衣奮農畝，倡義討賊者，指不勝屈。雖闈微成敗殊論，其敵愾盡節，蹈死不悔，則俱有焉，在北關則鏡城府李君鵬壽其人也。

其歲七月，倭將淸正入北路，列鎭陷沒，會寧叛民鞠景仁、鏡城營奴鞠世必・明川末樹・木男等，縛執兩王子、宰臣、長吏以應賊，倭將皆僞署節度州府事。世必據本府，兵勢尤盛，君慷慨發憤，密謀討之，結同志士崔配天、池達源、姜文佑等，募義作隊。評事鄭文孚竄匿山中，物色得之，迎至武溪里舍，推爲倡義大將。鐘城府使鄭見龍，亦至爲中衛將，文佑爲斥候將，而君爲倡義別將。部署未發，會聞野人寇掠富寧境。因遣使說世必曰"國朝傾覆，吾等無地效忠，而倭衆撤歸，君亦難獨立。今若同心協力，捍禦虜騎，保此朔方九鎭，則亦轉禍爲福，機不可失"，世必然其計從之。

九月某甲，君從文孚，勒義旅百餘人，進屯于府西柳亭，世必盛陳兵以候。文孚遂入城，期以翌早，東兵因推世必爲主將。世必伏地叩頭，讓於文孚再三，然後許之。遲明，文孚上南樓，建大將旗，諸將官以次入行禮。世必先入，自文佑擒之，曳出南門外斬之，一軍不敢動。卽引而南，搜斬僞署者，軍聲大振，應募日衆。

十一月，與倭遌于吉州 長坪擊破之。十二月，大戰于雙浦，引鐵騎橫衝倭陣，斬馘甚多。越明年正月，又戰于端川敗之，俄賊捲而南。義師追至白塔郊將戰，君射倭將，應弦而倒。君因挺身出立文孚馬前，忽中丸死，朱乙溫萬戶、李希唐亦同日死。文孚間遣使報聞行在，而本道主閫怒文孚不先稟己，且妬其功，誣以輕擧僨師。朝廷竟疑文孚，抑其功賞，久之，事稍白得，贈君司憲府監察。

于時國家昇平久，猝被狂寇，八路靡然，無誰何之者。君以一介書生糾勵義士，戮兇魁，挫勁寇，數月之內，匡復九鎭。其功偉然，與湖、嶺義師埒然，竟爲人誣枉，如湖、嶺諸公，亦爲主閫所掩。

噫！受任方面，遇大難，不能效忠死職，而反妬人成功，是誠何心哉？後六十六年，余忝貳玆府。客有爲余誦君事者，問其墓，云在漁郎社 武溪之原，恨簿領纏繞，不得置生蒭於前也。君之孫東榮、東白等，將竪碣于隧南，請余文之。余惟甄義烈、伸幽抑，卽莅土者責，庸何辭？

君字仲輿，公州人。始祖芓仕高麗寶文提學，有孫曰懃，入本朝，拜承旨。至其孫謙，坐豪右北徙，君其四代孫也。考曰彭年。君以嘉靖乙巳生，自少時有志槩，器宇不凡云。生丈夫子六，某某，曾孫男見在六十餘人，不能盡錄。東榮、東白皆業文，從余問學。銘曰：

維士屹屹百夫防，遭國板蕩志慨慷。
杖劍誓衆氣怒揚，刲剔兇渠如犬羊。
一戰三捷復我疆，嗟時不利壯士亡。
毅魂凜凜爲國殤。
眷彼武溪梓木荒，遐耀湮沈令我傷。
刻詩最績告朔方，課忠責孝垂無彊。

湖憂 李公墓誌【甲辰】

湖憂 李公旣葬而闕誌，不以走無似，見屬意甚勤。余唯先大夫論交，盡一時勝流，而其深契者，有修巖 柳公、菊窓李公及公。修巖者西厓先生胤子，而公及菊窓，先生甥也。余未勝冠，先大夫詔受禮于修巖，將行修巖卒。及長，執贄于菊窓及公，得聞淵源之論。不幸邇來，先執諸公相繼淪謝，所恃以慰此心者，獨公在爾，恨不得日從容陪侍也。

歲辛丑，歸自謫，亟往省之。公時年八十，病在牀累月，聞吾至，扶擁而坐，精爽不亂，談說亹亹，猶平日。居無何，公卒，余聞之，不覺哭失聲。其葬也，病不克臨穴，今得撰次遺事，以相墓隧之役，則以少紓余懷者，於是乎在。

公諱煥，字季明，湖憂其自號也。惟李氏世居驪興，至騎牛子 文節公諱行，益爲聞家，生藝文提學曰逖。提學生中樞副使曰孜，夫人讓寧君女也。中樞生中和郡守曰曾碩，梅溪先生曹大虛誌其墓。郡守生師弼，師弼生司導寺副正迨，登第卽除檢閱，擠於權姦，竟不振而歿，於公爲曾祖。祖諱元忠，嘯皐 朴先生誌其墓，考諱潤壽，皆隱德不仕。妣柳氏，贈豐山府院君 仲郢之女，以萬曆壬午生公。

天資穎異，少遭亂失學，未授書，先解屬文。始讀《史略》，詠韓信事，有"丞相追還丞相紿，不如當日莫相奇"之句，一時傳誦。先生深器公，授以爲學之方。公勵志力學，沈潛經傳，至忘寢食。然志氣高遠，不屑擧子業，及中丙辰司馬，見時事大謬，遂絶意進取。自放於山水間，杜門却掃，左右圖史，不與塵事接。晩益韜晦，而聲聞彌彰，中外學士大夫皆雅重之。始授官不就，後除穆陵參奉，纔赴旋歸。

公性孝友，謹喪祭，重禮法，睦於姻族，恤患殫誠。其持己接人，動有幅尺，鄕人子弟皆嚴憚之。及其延接，辭氣款洽，退而靡不悅服。凡有斯文重事，輒推公主其事，指顧而集。卜築蕪湖 洛江上，有湖山淸曠之勝。卽其旁數百舉武，倡議建三江書院，祠圃隱、退陶兩先生，而配以西厓先生，月朔瞻肅以寓羹墻之慕。與仲氏菊窓及叔上舍公，隔江往來，談笑怡愉，素髮交映，鄕里艶之。與朋友交，信義有終始。修巖卒，公哭甚哀，每見先大夫，輒相對泫。然後修巖卒十二年，先大夫捐館，公每來哭甚悲，如哭修巖。嗚呼！其敢忘諸？後九年，菊窓卒，又八年而公卒，十月二十日也。用明年正月日，葬于龍宮治南具美村先麓。

娶東萊 鄭氏，有子女不育，繼室以永嘉 權氏，有三女無子，以伯兄子長發爲後。女長適李時恒，子瑄；次適郡守權塼，有子女皆幼；次適權灩。

公制行峻整，而不務爲崖異斬截。爲文章，不事畦逕，下筆翩翩，數千言立就，意贍詞約，尤工詩，有蕭散之趣。屛居隱約，不出而應時須，然人皆以經鍊器局歸公，雖其素不識者，輒歎其不一試於用也。旣不自輕以求合於世，而亦不肯以隱遁自標揭焉，公之學其有得於厓門之餘韻歟。銘曰：

不矯以亢，不卑以承也。
旣膺密付，不自售其能也。
後之人求觀乎公，盍於是徵也？

石門 鄭公墓誌【甲辰】

先大夫於同門士雅，敬慕石門 鄭公，頻造省芝圃舊第。走尙幼，實從之行，奉公談燕間，得見其雅靖純古，蔚然君子人也。俄而公東入，遂不復覩，悲夫！

公諱榮邦，字慶輔。早孤失學，聞愚伏 鄭先生講道愚山中，慨然登門請學，遂授以《庸》、《學》、《心經》。公覃思精索，微辭奥義，反覆問難，曉析乃已。先生歎賞曰："學貴窮格，聖賢功程，皆由是進。觀公器識，何患不做？"因取勿忘勿助之旨，賦詩以贈公。退而服膺，不敢少懈。及年二十九，成進士，或勸游泮不肯，自是絶意進取，益專精學業。後先生長銓部，謂公曰："聖朝顯巖穴以勵士節，吾欲薦公，何如？"公蹙然曰"某性蹇拙寡諧，一出懼併失上庠名", 先生嘉其意, 不復言。

公性孝謹, 養盡其誠, 喪致其哀, 時患胃脘痛幾絶, 猶扶掖將事。葬祭品節, 一惟先生之稟, 講究纖悉, 極其情文。常以出後不得申於所生, 爲終身痛。與伯氏梅塢公友愛篤至, 不須臾離。中年居隔水, 得一美味, 輒先寄然後入口, 病則憂形色辭, 未嘗解衣而寢。家敎以嚴爲本, 哇淫妖玩, 屛絶不使近, 子弟侍側, 不敢色戲惰。有專治擧業者, 輒引程明道改試爲課語以戒之。莊以持己, 和以接物, 稱人之善必當, 而有過者恕之, 由是人無不推服。少日善食酒, 以先生戒勉, 遂絶口不復飮。

公少有隱遁之志, 卜居于眞北臨川, 得異境焉, 及丙子新去亂, 公意決東。其地翠壁環立, 林樾茂美, 竝溪列衆, 白石礱琢, 若玉削然。灌其中爲池, 名曰瑞石, 構主一齋、雲棲軒於其上。日取晦菴、陶翁書, 整襟危坐而讀之。每遇風和景暖, 杖履徜徉於泉石間, 吟嘯眺望, 盡日忘返。見者皆擬之地仙, 因自號石門。文辭贍麗遒逸, 尤工詩, 先生嘗稱其善學唐體, 所著有《巖棲漫錄》、《石門》等稿。

甲辰春, 公孫堯賓氏來曰: "吾先人撰大父行錄, 將以謁諸世之君子, 志不克就而亡, 今無以掩諸幽, 唯吾子圖之。" 走敢辭, 他日又來請益懇。乃受狀而讀之曰: "余幼從先大夫獲拜公, 旣而不復拜扣而公遽棄, 後學至今悲之, 幸而克相茲役, 其何敢辭? 顧惟末學菲淺, 其何以發公之德之學之盛, 垂示今與後乎? 惟公早承旨訣, 從事爲己之學, 其於內外輕重, 辨之旣明, 而守甚確。雖以老先生爲國急賢, 欲推轂公而不得，則其所守可知已。及其肥遯靜處，玩索聖賢之書，優游涵泳，而日有得焉，則晚年所造殆不可量也，後之君子必有因此而得公之風槩者歟。” 堯賓氏曰：“唯唯。”

公系出東萊，自麗代迄本朝，班班可譜。高祖諱渙弘文館應教，曾祖諱允奇成均生員，祖諱元忠成均進士，考諱湜，妣安東 權氏，以萬曆丁丑生公。旣孤，出繼于從祖叔父諱澡。妣眞城 李氏，祖諱元健進士弟也。公卒以庚寅七月七日，葬以九月九日庚申，墓在松堤先兆右麓坐乾外向辰。娶完山 柳氏贈禮賓正復起之女，配君子無違德。有四子三女，長曰焜卽撰公行錄者，覽此可以知其人矣。次炘，次熑，次焍，女長適金時準，次李身圭生員，次趙廷瓛。內外孫男女百餘人，堯賓 焜長子也。銘曰：

有覺愚翁振儒宗，公能大扣韻洪鐘。
耽經畏義功莫輟，仕吾未信致師說。
棲遲一壑碩人寬，我琴我書至樂存。
渾然反璞不辱己，有孫鑽石埋我誄。

野菴 金公墓碣銘【丁未】

野菴居士金君，名烋，字詠而，義城人。系出新羅，蟬聯舃奕，載在國乘與家牒者可考也。高祖諱璡，成均生員贈吏曹判書，曾祖諱守一自如察訪，祖諱涌兵曹參議贈嘉善大夫吏曹參判，號雲川。初判書擧五子，皆以文行知名，而藥峯、鶴峯二公，褒然爲一代稱首。察訪其仲也，於藥峯爲弟，鶴峯爲兄。蓄而不施，衍昆鐘祜，發於雲川，詞翰風猷，焜耀一時，克纘二公之業云。雲川公娶退溪先生孫女李氏，亦五子。長曰是柱，魁司馬，擢文科，官至兵部郎而歿，娶於權，有四子，君其仲也。佐郎之弟是楗，早卒無嗣，厥配竹溪安氏。君始生而雲川公命安氏抱之，卽五六歲時，而猶未知爲權出，人或唆之則不信也，旣長知之，乃顧益母安氏不衰。始學字，雲川公日暮對梨花，使作詩，卽應口對曰"梨花依依白"，公驚曰："依依字摸出暮景，此兒必以詩鳴矣。"雲川公庭多俊孫，玉樹交映，君居群從間，踔厲奮發，藻思贍逸，雲川公絶愛之，親書所製十二歌與之。

年十四而佐郎卒，越四歲而雲川卒。君祭奠之暇，劬書刻苦，力殫于淵學，旁通百氏，飫實噴英，日進以肆出，而游刃騷壇，聲譽藉藉。然輒屈於會闈，三十二而陞上庠，丙丁以後，絶跡場屋者殆四五年。旣而，以二母俱春秋高無恙，强令公游泮覓擧，然非其好也。吏部郎有與君舊者，要鉤致君，君不應輒還。尋丁母憂，闋心制之年。將赴解于洛，入辭安，不覺泫然泣下，在洛憂想不自堪，觀者怪之。還至中路而安歿，訃聞千里外，君邃以爲大慼。蓋自是不復應擧，人或勸之赴，輒蹙然稱罪人罪人云。

所居山水絶勝，就其川畔兩谷間，築一室，扁以野菴，日處其中，謝絶人事，課子弟讀書。遠近學子負笈而至者數十餘，嚴立課程，晝夜不懈。時值佳辰勝日，風和景媚，則杖策而出，濁醪山蔬，招呼隣友，徜徉於水石間，超然有自得之趣焉。六十三歲之冬，感疾幾殆，撰自輓一章，其辭曰：“行不逮人，德無及物，送老江湖，瀟灑日月。生無益於世，死無聞於後，聊乘化而歸盡，甘與草木同腐。”疾數月而愈，愈逾月而疾復作，數日而卒。

君生萬曆甲辰閏九月二十四日，卒丁未四月三日，得年六十四。君性孝友，奉安孺人，左右順適，致其悅。嘗侍伯兄疾，不解衣帶者經月。候叔弟病於數里外，日以爲常，不以晦暝風雨或輟，逮衰暮猶然。撫孤姪如己出，敎誨俾有立。其析著也，取其羸薄，其奉先也，務其精虔。家人將買田，撥其價以周族人之貧者，典穀奴取息者，燒券而譴之，其處事峻潔多此類。少時論議峭峻，鋒穎頗露，中歲以後，挫其廉而出其遜柔，持己接物，一以謙虛，而不務爲崖異。爲文平易精到，詩高古有唐人風調。噫！君之人與地，皆足以自奮於世，而閼其逢，豈時與命使之歟？君能不以得喪嬰其懷，閑居翛然，有以自適，後之君子，覩其自撰，亦足以槩其平生矣。

君娶鄭氏左議政西原府院君琢之孫女，配君子無違德，生于壬寅十二月二十六日，歿于壬申十一月一日，享年三十一。葬在府治西林皮洞枕壬趾丙，金氏之舊園也。君嘗謂我死，與鄭葬合，故啓其右而窆之，是歲十月某日也。後娶信川 康氏。男女凡八人：曰泰基、履基生員、益基、鼎基，鄭出；曰有基、觀基及二女，康出，女長適豐山 金胄元，次未笄。孼男一曰汝基。諸孫男女二十餘人。生員有子曰昌文，年十九，有能詩聲，與余善，乃來請銘。銘曰：

制則破者玉耶？朥而災者木耶？維人也不自毁而返眞宅。

敬堂 張公墓誌【戊申】

李參奉 翼文甫撰敬堂先生張公行狀，造余以示曰："壙銘則未有託也，子其銘諸。" 不佞自惟末學謏聞，其奚以論次前輩之德善，列於士林而徵諸後乎？敢辭，翼文甫作而稱曰："外王父與先大夫相好也，子不可以不銘。" 不佞乃拜受狀而曰："先君子從老先生游甚契也，銘烏敢卒辭？然竊觀翼文甫之爲狀也，詳而有體，殆所謂'言之親切而有味'者，不佞奚用贅焉？" 謹卽狀，檃括其詞而次之，而系以銘。

公諱興孝，字行原，安東府 金溪里人，高麗太師貞弼之後。曾祖以武，祖曰翕，考曰彭壽，妣安東 權氏。公資醇志確，篤學力行。少師鶴峯 金先生，得聞爲學，以居敬明理爲大要，遂棄擧子業，尊信《小學》、《近思》，而博通乎諸經傳，精思力踐，奮勇直前，慨然以求道爲己任。金先生亟稱曰："此子他日大有所就。" 退而事親，怡顔承順，溫凊甘旨之節，一遵《小學》。

萬曆癸巳，疊丁內外艱，屬干戈搶攘，餓莩蔽野，而執喪盡禮，葬窆以時。與弟興悌友愛甚篤，一時遘癘，弟竟不起。公病在危毒，抱屍大慟，且曰："吾弟生而好禮，其喪也不可不以禮。”起視沐浴含斂，皆如儀，卒事，復昏絶，數日乃穌。

亂旣定，金先生且歿矣。公遂復從西厓 柳先生而請業焉，講磨旣久，造詣益深。嘗夜侍柳先生，柳先生指燈火曰“火之虛處是理”，公對云虛與實對，而理無對，恐不可以虛爲理。柳先生卽應之曰“虛有虛之理，實有實之理”，自此推許甚重。每對榻指陳存心養氣之要，其所訂正爲多。又嘗以喜怒哀樂之未發及靜中須有物者，反覆辨論於寒岡 鄭先生，先生深服其學有心得，歎其相知之晩也。

公一意沈晦，謙退自守，屛居林泉，謝絶世故，大書“敬”字於座右，因以自號。平居每晨起，拜家廟訖，拜朱子畫像。退處書室，危坐終日，左右簡編，俯讀仰思，而未得，則終夕不寐，有得，雖中夜必秉燭書之。又置冊子座側，錄己之言動，時取觀之，以驗工程生熟。

所居之南有臺焉，列植松柏佳木，名之曰“霽月”。講誦之餘，日與冠童，逍遙其上，習禮詠歌，襟懷蕭然自適。如是者五十餘年，足跡未嘗入城府，隣里罕見其面。簞瓢屢空，怡然不以爲意。教授鄕里子弟，學徒常數十百人，各因其材而教之，必先習之以揖讓進退，告之以忠信不欺，終日講論，亹亹忘倦。嘗語學者曰：“所貴於讀書者，爲其能體之於身，不然，與不讀書者相去，何能以寸哉？”又曰：“人之不離於道，猶魚之不可離乎水，魚出水則死，人離道則鬼，諸君何不魚之於大壑而欲學其出水耶？”又曰：“仁義禮智之根於心，譬如品物之根於土，苟得其養，理無不長，物無不盛；苟失其養，理無不消，物無不損。靜存動察，格致誠正，其功本於《小學》，養之以正，乃是作聖之功。”又曰“爲學不主於謹獨，則皆僞也”，其言之痛切而善警發人，率多類此。

公於書無所不讀，尤邃於《易》學。嘗觀《易學啓蒙》胡玉齋《分配節氣圖》，疑其差謬，反覆參究，積功餘二十年，遂推演爲十二圖，以配十二會十二月，而分排二十四氣於其中，名之曰《一元消長圖》。乾以上六會，則用伏羲先天，姤以下六會，則用文王後天，此前賢所未言者，公昉推而得之，旅軒張先生覽而歎服焉。圖成，復欲著書發揮而未及就。

崇禎癸酉春，除昌陵參奉，恩命未至而公卒，二月七日也。距其生嘉靖甲子十二月四日，享年七十。寢疾踰月，精爽不亂。臨絶之夕，猶口誦《孟子・養心章》，諄諄以告門人，且曰“吾夢自天錫棺，兆必不起”，因恬然而逝。噫！公少而嗜學，堅苦刻勵，不以壯衰窮阨輟其功，以至於老，無一日而不學，亦無一事非學也。志氣確然，死而後已，其於君子之德之勇，殆庶矣乎。

公娶僉知權士溫女，生一女。再娶學生權夢一女，生一女三男，男長鐵堅，次石堅夭，季道堅，有子女幼。女長適康陵參奉李時明，有丈夫子六女三，子曰徽逸即撰狀者，玄逸、嵩逸、靖逸、隆逸、雲逸，俱以文學知名，二壻金碤、金怡。次女適幼學琴以咸，有子女幼。墓在天燈山辛坐之原。葬之日爲卒之年四月九日，於今三十六年矣。銘曰：

夫士患不篤，不患聞之不早。

於惟敬堂，勇於蹈道。

繇鶴泝陶，幾即大方。

旣訂之厓，又諏之岡。

疇篤其工，而罔有獲？

一元有圖，以竢來哲。

長水察訪柳公墓誌銘

公諱䄙，字吉甫，領議政豐原府院君、文忠公 西厓 柳先生長子也。公天資甚高，有遠大之識、絶俗之行，而早有得於家傳之心學，文忠公器重之。年二十八，補長水察訪，未赴任卒。文忠蓋傷之甚，故自爲狀其行，將求誌於當世之秉筆者，然未及有屬而文忠公尋卒，今六十有餘年矣。

公之孤曰鎭安縣監元之，取文忠狀及公仲弟洗馬公、季弟修巖公所撰行蹟之文，竝以授不佞，屬其爲誌銘。不佞嘗讀先生文集，誦公之狀，而歎服公之懿行久矣。然先生之言曰"願得賢人君子數句語爲重，庶藉以不朽"，不佞誠非其人也，庸足以副先生當日之所須也哉？鎭安公請益堅不已，故敢略綴蕪辭而系以銘。

公高祖諱子溫贈吏曹判書，曾祖諱公綽 杆城郡守贈左贊成，祖諱仲郢承政院右承旨贈領議政，考文忠公，妣李氏貞敬夫人廣平大君之後，以萬曆戊寅七月某日生公。公幼至孝，年十二，遭貞敬憂，率二少弟，執喪如成人禮。及練，長老閔其稚弱不勝喪，使之肉，輒哀號不從，終三年，自是抱虛羸之疾云。李夫人既喪，事祖母金夫人，極其誠孝。金夫人年九十，寢疾在床，飮食起居須人。諸孫男女若女僕，久而困怠，無能稱大夫人意者，唯須公手扶臥起，然後大夫人安焉。故晨夜侍疾，衣不解帶者累月。嘗糞甛苦，以驗差劇。及喪，朝夕于文忠廬所，助行饋奠，朞年之內，不到私室，君子以爲難。庶弟死，輟赴擧，敦葬事，其篤於孝友，皆此類。

性沈靜詳雅，寡言笑而內凝定。少時寓居京邸，家有妖，夜深若有物來，打窓開闔不已，呼之不答，時聞有嘘嘯聲。同宿數人惴怖殊甚，獨公整襟端坐，恬然若無聞也。壬辰避倭，隨金夫人南下，食路旁，謬報賊逼，一行俱聳，公從容束帶曰："死卽死耳，何用恇撓乃爾？"擧止益詳緩。伯父牧使公呵之曰："汝獨何人，而不怕賊耶？"家貧屢空，不作生産業，人有問其故則不應。雖一芥之微，己未嘗求於人，而人亦不敢輒以資之也。其行己處事，一遵繩墨，而不以利害禍福貳其操。如違理悖禮之事，不唯痛絶於身上，耳聞目覩，亦終日不樂。論議一於平正而無詭激：聞土豪兼幷，則曰"如是而富，不如貧"；聞士子奔競，則曰"有甚於穿窬之恥"；聞兄弟之不相睦者，則曰"此固兄弟皆有罪也，一人如舜，則象可化，況不至於象者乎"。其言之風切多類此，聽者無不悅服。

公穎悟絶人，於書無不通。凡經傳之微辭奧旨，在他人，研究歲月而不能曉者，公一見輒解，無所滯礙。少時從天文生，論曆法，一聞卽布算不差，其人驚曰："眞異才也。"旁通術家九流，亦皆涉其藩而不竟也。尤邃性理之學，服膺先儒之箴訓，心解力行，日進不懈。嘗書"獨行不愧影，獨寢不愧衾"兩句於壁上以自警。尙論古人，以諸葛孔明、范希文自期待，修巖公謂爲信然。公旣有得於心學之傳，泊然內運，未嘗自語，故人鮮知之者。謂修巖曰："人無知我，唯汝知之而亦未盡也。"至於點檢身心，自驗進否，而日有所事，則雖文忠，及公旣歿而後知之也。

癸卯、甲辰，連中鄕解高等，俱不利會圍，以勳蔭錄光國扈聖原從。乙巳，授長水丞，赴京謝恩，歸至家病革。令人至門外，泣求入與訣，不許，乃卒，四月二十四日也。始葬軍威 松峴，贈司憲府掌令。用某年某月移葬，祔文忠兆次。文忠公狀行世久矣，而二公所撰行蹟，人多未見者，故不佞今序次公事實，參之洗馬公錄，庶詳略互見焉。毋論文忠狀，卽二公撰錄，人皆取信而無異辭，所謂"人不間於父母昆弟之言"者，於公見之矣。

令人洪氏判事世贊之女，有一子鎭安公也。鎭安娶某女，生三男二女，男長宜河今奉化縣監，次重河，次萬河，女長適某，次適某。曾孫男女如干人。銘曰：

德則世有，溫國之康。
祔于先兆，疇敢毁傷？

存齋李公墓誌銘【幷序。壬子】

李存齋翼文卒，將葬，其弟翼升甫撰狀，以書抵其兄之友南川洪汝河曰："知吾兄莫子若，子宜銘。"不佞發書悲嘆，噫！尙忍銘吾友也哉？吾嶺中自數十年來，儒風寢衰，士趨日卑，鮮克志于向上事者。見有辭氣恂恂類學人，步趨蹈規矩，則曹起而笑之，求其奮不顧流俗，力學求志者，獨吾翼文一人而已。翼文自丱角時，已有聞，余聞而慕之。顧翼文未嘗出游場屋，朝授以官不赴，故無因相見。翼文嘗因事，一到京師，余自鎖直出，相遇旅榻，懽然如舊識。後數年，辱索其外王父敬堂公誌銘，訪余栗里田墅。余遂取《心經》訂正，觸處洞然，無滯礙疑晦，頓釋若有得焉。平生雖一再見，自是心融神契，無異於合堂同席而居矣。

去冬游歷山水，爲轉扣翼文計，抵興丘，會翼文遇忌不出。余亦有故徑還，以來春爲約，還閱月而訃至。早知事至此，余豈惜旬日淹以佇翼文？翼文雖不來，又何難越險而相就也？嗚呼！翼文逝矣，吾嶺風益頹矣，後生輩鼓不起矣，吾尙忍銘翼文也哉？

翼文諱徽逸，存齋其號也。按狀，李氏籍載寧，五世祖觀察使某，顯光廟朝。其子縣令公，從叔父宰寧海，因贅其鄕，其後遂爲寧人云。曾祖曰某副司直，祖曰某通訓大夫宜寧縣監，父曰時明宣敎郞康陵參奉。有七子，翼文其第二也，出後季父承議公。以萬曆己未十月庚午生。五六歲，受閨訓，誦五經要語，得美味，輒推與伯氏，見客，作周旋拜肅之狀。九歲，解聯句屬文，出語輒驚人。作《貓虎說》曰："貓如虎，貓志小，虎志大，以故不如虎。"賦《碧落詩》曰"空中圓無坼，地在天空間"，他作多類此。十三歲，謁敬堂公，公知其有異質，授《孟子》收心養性之旨，至羲《易》先天、濂溪太極之說，亦無斬焉，翼文便欣然請學。又嘗抄取聖賢言仁處，褒爲一帙，謂之《求仁略》，通訓公奇之。其生質之美如此，噫！始基之矣。

翼文性至孝，事所後及所生，兩盡其道，處人所難而無間言。宣教與承議異居數舍地，翼文月再往省宣教，不避風雨寒暑。歲辛丑，卜居楮谷，有水石之勝。因結廬巖間，廣栽竹木，號曰冥棲，蓋以便兩地省問也。戊申，丁內艱，哀敬備至，鄉黨稱焉。承議公鰥居無聊，則輒爲之招致賓客，罄家貲供豐腆，求以順適其意。嘗欲得生魚饋宣教，使人候水邊，水方漲，忽有水鳥銜尺鱗，墜而得之，聞者異之。嘗曰"事親者當巧變，不可伸己而直遂"，其承迎將順，甚得其宜。然或隨事論諫，不以苟從爲孝。事伯氏以敬，愛諸弟以誨，遇族姻，俱有恩。其順乎親，有道如此，噫！"本立而道生"者矣。

翼文少時，從儕輩學爲程文，不習無不能，自丙子後，輟而不爲。性豪爽，慕橫渠之悅孫、吳。亦嘗理會兵家奇正之妙，究知山川形勢、夷狄情狀，欲將以有爲也，又遂輟而不爲也，自恨晚生遐裔，聞見之猶有局也。輒遍造諸前輩，親扣名理，取友四方，相與策勵，庶幾有觀感切磋之益焉。平居聚鄉人族子而敎之，嚴其程課，誘掖有方。發端啓要，皆以爲己務實爲主，雖當病劇，酬應不少懈，所親憂之，請姑謝遣而不許。其勤以得諸己，旣得欲以推諸人，可謂仁之方也已矣。

翼文甫十五，慨然有求道之志，將復往敬堂，所以卒其業，而敬堂公棄後學矣。翼文深痛之，乃始勵志自奮，專精誦習，至忘寢食。尋以讀書過苦，病瘩數年，因悉屛去諸書，獨取《近思錄》、《心經》、《性理大全》、《易學啓蒙》、《朱子節要》、《退溪先生集》等書，從容潛玩而究旨歸，其於道理源頭、工程階級，固有所領會矣。旣而曰："學不可以不博，或不能隨事窮格以究衆理之會，而徑趨於約，則其弊也陋。"

乃始大玩於六經、諸史、百家之言，以致其博，於《詩》依明道說詩之法，反覆諷詠，得其微意於言語文字之外，而知疊字散聲之協乎聲律。於《易》本朱子《五贊》之意，知生出次第之爲先天、互變交易之爲後天，而於《河圖》中五之數，玩繹而有得焉。於《禮》實尊信文公《家禮》，尤謹喪祭，得其大要，而變其節目俗習之陋，以至深衣、幅巾、喪服、柳車之式，亦皆考究其制，以致於用。因曰："《書儀》則疏略，而《家禮》遵用之，朱子已言之矣。"於是乃取《儀禮·士喪禮》，反覆硏窮，盡其制度節目之詳，使人有所持循而可行焉。近之鄕射飮酒之儀，遠之朝聘會同之禮，莫不耐煩理會，博盡註疏之同異。於《書》旣皆致思於心法之本、政事之體，而下至律曆、度數、璣衡制作，亦皆窮探其制，而知其說。尤有感於《洪範》之書，以爲聖王修身經國之法，盡在於是。但漢儒之說，流於災異，而註疏或詭經旨，蔡氏《集傳》則釋訓詁名物而已， 何以發明父師當日之遺意乎？況父師八條之敎，立朝鮮萬世之極，如有能發揮範疇，以傳諸後，則豈非我東方之幸耶？ 於是乃欲蒐集諸說，定著爲一家言，次其篇目，而書未及成。於四書則用力最深，通貫浹洽， 如《大學》、《中庸》經文章句之外， 旁及《或問》小註，無不精硏而爛熟。旣而曰："學者，須加工於本源之地，操存益固，察理愈精，根本自然盛大，而其出無窮，於此有失，則所謂'學者皆僞也。'"又曰"心不存，無以爲養性窮理之本。 然心不可把捉而存， 唯敬則常存而不昧。 聖人不曰以敬而曰敬以直內，其開示後學存心之法，可謂要切矣"，於是揭其室曰存齋。其爲學由博而約，無墮於一偏之弊，可謂不差用力於路徑者也。爲文章，不事彫飾，而渾雅條暢，自成一體，詩亦圓轉遒逸，非流輩可及。有《洪範衍義集說》、《一元消長圖發揮》，其他文如干卷，藏于家。

翼文凡再娶，前娶某氏，後娶某氏，皆無嗣，以猶子檥爲後，卽翼升出。翼文以壬子正月某日卒，享年五十四，用是年某月日，葬于某所。噫！以翼文生質之美、用力之勤，而又得門路之正如此，使天假之年，其所就豈可量哉？ 而至於是，悲夫悲夫！蒙學將誰使之牖？斯文將誰使之振？余所以傷歎，迄今累月而不釋者，豈特爲平日交遊之好哉？敢卽狀，摭其大者，每條之下，綴以陋見，而係以銘。銘曰：

於戲存齋，維醇厥資。

維卓厥志，維功靡懈。
維徑靡差，博而積之。
旣涵旣秩，將允蹈之。
庶幾有獲，孰云不祥？
朝聞而夕，相彼世學。
騖虛張担，假僞眩眞。
誇能以榮，以誤斯人。
靡正厥趣，後弊則有。
較子之爲，得孰云多？
於戱存齋，其如命何？

慵齋 李公墓石陰記

公諱宗準，字仲匀，號慵齋，慶州 李氏，世居安東 金溪里。父時敏生員，祖大司憲繩直，曾祖大護軍蔓實。中成化丁酉進士、乙巳文科，與金濯纓 馹孫、權睡軒 五福友善，以名節相激勵，歷仕亦大抵相同。公襟韻灑落，望之如神仙中人。爲文章，卓偉高古，書畫俱妙絕。嘗赴燕京，出宰聞韶，人得其揮灑之蹟，至於訴牒胡題，輒藏襲珍之。喬桐朝，坐金、權史事，北竄拿還，將置重典。吾先祖文匡公上書救解，主竟不聽，時弘治戊午歲也。後百七十餘年，金溪人立祉俎豆公。歲辛亥，鄕人金啓光守豐基郡，爲礱石樹墓道，索余銘。

余惟喬桐主方肆虐酗怒，名流被戮者，動以百數。吾文匡，莫之敢救，銳爲救公陳懇獻忠，寧同死而是甘，士大夫至今談之。余文匡裔孫也，其於識公之墓，敢辭拙文？是爲銘。

李國正墓陰記

公諱樟，字君直。碧珍李氏鼻祖忩言，樹勳麗初。十一代孫堅幹有文章，山花先生名聞天下。又六代鐵均，官至大司成。高祖師益栗峯察訪，曾祖安仁。祖應明，不事擧業，游退陶門，勵志篤學，不幸早歿。考諱瑞生折衝將軍，父歿時始生。旣長，追服三年，人稱其孝。妣秦氏正字冥鴻女，以萬曆辛丑生公。

甫成童，悉通經書，年十七，擧鄕解，不赴會闈。大書"空談無益"四字于壁上，讀書不輟，鄭文肅公稱之曰："立志如此，何事不做?"甲子，中司馬，丁卯，擢明經，除學諭，陞太常奉事。庚午，以四館主試所事，時尹善道、柳道三才名藉甚，考官恐見遺，先坼其名，取以居魁。公乃奮然曰"非舊典也，削尹、柳名，然後揭榜"，物議快之。壬申春，呈覲下鄕遂卒。公事親孝順，志氣磊落，遇事慷慨，守正不撓，人期遠到。一疾不起，聞者驚悼。娶蔡氏懶齋玄孫女，配君子無違。後公三十九年歿，祔葬新枝山。有一子一女，子望久，子女某某，女適牧使南天澤，子女某某。側室盧醴泉人，公歿卽自決而死，事聞旌閭。銘曰：

才類誼，年齊回。
我作銘，詔雲來。

忠義衛尹公墓表

公諱湯臣，字汝任。坡平尹氏，高麗侍中鈴平伯諱瓘遠孫，昭靖公坤十世孫。考諱涉掌隷院司評，妣禮安金氏贈工曹參議富民女。

公性孝友。嘗夜盜犯司評第，公冒刃赴寢所，司評已出，大淑人疾在牀，公負淑人出戶，盜義之不敢害。後丁憂廬墓，每朝躬掃塋域，祭奠盡其誠，鄕里稱之。業程文，累擧鄕解，竟不中，命矣夫！娶崔氏和順望族諱民秀女，配君子無違德。生四男二女，男長墝，次墩，次垸，次墇，女長適通德郎李文漢，次適幼學李鳳年。公生萬曆甲申三月七日，卒丙申正月二十四日，享年七十三。崔氏生萬曆丁亥七月六日，卒壬寅十一月二十日，享年七十六，葬龍宮縣東加山壬坐丙向之原。

木齋集

卷八

行狀

行狀

祖考府君家狀

府君諱德祿，字匡仲。曾祖諱貴達，議政府左參贊兼弘文館大提學，謚文匡公，號虛白，道德文章伏一世。祖諱彦國，有文章，世其家，嘗除齋郎，不赴，號訥菴。考諱景參，定略將軍、龍驤衛副司果；妣星山 李氏，獻納士澄玄孫女，以嘉靖辛卯四月二十二日生府君。

府君溫靖端毅，望之，知其爲莊士。通經史，問學夙成，屬家世屢經士禍連累，以名利文詞爲之階也。由是絶意進取。定略府君，雅不留意於家産。及崔氏妹坐己酉被籍，年尙少，抱遺孤，不忍使獨居，躬往護之。蓋撥家累，客京洛者十五年。由是家益落。府君自童丱時，綜幹務，指畫如成人。及崔事解，定略府君始下鄕，見室廬完葺無虧於前、田疇墾闢有加於舊，喜拊背亟稱孝子。奉慈親二十餘年，色養備至。及遭憂哀毁如禮，享祀務極豐腆。友愛一弟四妹，同居一室，終身無間言。分田宅臧獲甚均，而先妣手澤所及奩具筐篚之物，悉給季妹，先妣之所鐘愛故也。

嘗旅遊洛中，親舊有在要地者，使之仕。始諾留，俄而，不辭遂歸。其人以書謝之曰："實不知公雅操若是。"臨財廉，一毫不苟取予。力耕蓄萬斛租，家僮千指資用甚饒，未嘗爲酒食侈費。治家以辨內外、嚴嫡庶爲本。豪奴之難制者，因其微罪，責諭以義，資之糧，縱使遠之。有一寡女良，其婢妻我奴。他日，女之族以爲言，卽焚其券。一見之人，聞其死，必爲食素。接人和而莊，鄕黨敬畏。

遭壬、癸亂，晚後甚貧，不事營産曰："多積何爲？"日課子弟肄經業焉。萬曆己酉九月二十二日卒，享年七十九。後三十七年，移葬於茂林鄕高挺山中。先君泣謂不肖曰："先考厚德，人實鮮知。持身處事，循常安分而已，他日勒石揭行，則其以玆言爲據乎。"

丁亥仲春，旬有七日，從祖叔父宣務公枉叩廬次，坐定曰：

> 吾伯父府君平生隱行，多有人所未及者，汝年少，豈能知之？吾將言其槪，汝其識之。伯父有四妹，長適靈山居辛氏。辛得癩疾，其弟七人畏其相染，不通水火。辛挈其室，來依府君。府君兄弟接屋而居，朝夕省視，起居飮食，相與周旋，唯客至則令起避。辛感泣曰："此父子之間，猶或難之，豈所望於妻兄弟者也？"數歲而終，以喪還其家。次妹適田，次閔，次朴。同居二十餘歲，友愛篤至。
>
> 閔公、朴公皆心悅誠服，敬之若家兄然。田有三子：淸吉、榮吉、鳴吉。鳴吉，最府君所鍾愛，常稱爲孝子。癸、甲之間，兄弟俱亡。府君痛傷之甚，每遇節祀忌辰，書其兄弟紙榜而祭之。此皆細事，然爲子孫

者，所當遵守而勿忘也。汝其識之。

又曰："辛歿之後，其弟兩人染死，而府君兄弟無恙，斯固天道有知。吾又以此知是疾不染他姓也。辛歿在庚午，姑以丙寅歿，壽九十一。吾方居憂，衰服而往哭焉。"

又曰："伯父平生，口不道人長短得失及門戶事，見人不是處，必正色責之。以此人敬愛之。吾仲舅氏姜公嘗謂余曰：'爾之伯父，人無知者，斯世豈有如斯人者乎？'叔父出門，孤泣而書諸狀後。

嘗聞：姜公，古之人也。廬墓朝暮哭拜，雖大風雨不廢，室人病且死，自牖一問而已。居官律己甚嚴，而施措闊遠，蓋古之人也。孤雖在幕下，久廢哭省之禮。每憶姜公，類輒有泚，所謂"公能泚之，不能已之"者也。因竝書之，以著姜公之言，可以取信於後世云。公諱霭，官至報恩縣監。

祖妣柳氏行蹟記

祖妣柳氏，籍晉州。七代祖惠孫仕麗季，官至門下評理。曾祖諱自恭，贈兵曹參議。祖諱貞，擧己卯賢良，拜弘文博士。考諱承善，登第，入玉堂。與銓曹郎金虯、持平鄭得密議抑退李樑權，事泄，黜令東萊縣。及樑敗，復召用，拜同副承旨。妣安東權氏，以嘉靖辛亥四月一日，生祖妣。旣長而承旨公卒。及笄繼室于我王父府君。柳氏，世儒，素家敎甚飭，而祖妣貞懿莊淑，動遵禮範。逮事姑李氏致孝，接妯娌，咸得歡心，綜理家務，靡不適宜。府君先室有一女，祖妣教之組紃女則，甚恩而勤。府君敬重之。祖妣性明達而慕節概，甚有先公之風，其視世間名利泊如也。

府君中歲，嘗有意於求仕，而祖妣獨不欲也。謂府君曰："蔭官豈大丈夫事耶？子以名卿世家，有田宅之饒、湖山之勝，優游以終老足矣。何用趨候權門？取一級任子，豈足爲門戶籍？卽親舊爲要人，不敢廢獻遺，秖取辱耳。吾猶及見國家盛時，文蔭交際甚嚴，南行官造謁先公，呼門者呫囁語，刺既通，委蛇趨入，起居進退，抑首甚恭，其勞且病。若此蔭官，豈大丈夫事耶？"府君輒爲之止，愈敬重祖妣焉。

府君卒時，祖妣春秋僅六十。先君見光海政亂，將買山而隱焉。念祖妣老貧，闕甘旨供，計久不決。祖妣聞之，謂先君曰："爾將不義而三牲我乎，則毋寧菽水我而義乎，則其榮也不旣多乎哉？古人不云'養志'乎？吾之志決矣。"先君遂奉祖妣，就安東地，謀置莊於太白山中。

是時，外王母李夫人尙在安東，祖妣依李夫人以居。李夫人嚴烈潔則而有達識，與祖妣相得歡甚。日夜譚道理古今事，氣概交孚，超然於姻好之外。親黨聞二夫人之契也，曰："二夫人殆皆婦人而丈夫者歟。"蓋二夫人同寢處者三年而後別。歲庚申，李夫人南下，而祖妣遂東。明年辛酉十月二十五日，卒於太白山下羅溪村墅，享年七十一。

先考通政大夫、司諫院、大司諫府君家狀【戊子】

先君諱鎬，字叔京，姓洪氏，缶溪人。大唐初，洪氏自中國來，居于南陽，爲東韓大姓。其後散居諸處，而在缶溪者，諱鸞始顯于麗，至內侍文永，移于尙州。內侍之子曰淳，登第，司宰監司宰。生諱得禹，贈參判，移于咸昌卒。葬於尙之曲谷。參判生諱孝孫，贈判書，是生左參贊兼大提學，謚文匡公，諱貴達。

文匡公道德文章冠一世。喬桐朝，用直諫被害，皆葬咸之錢洞。公之第五子諱彦國，進士，有文章，世其家，爲先君曾祖。祖諱景參，考諱德祿，皆蔭補西班，葬栗谷。妣晉州柳氏，承旨承善之女，弘文博士貞之孫也。

以萬曆丙戌五月壬寅，生於栗村。先君甫踰十歲，悉通群經，奧辭鴻義，融貫曉析。登丙午明經第，選補承文院。己酉，丁外艱。壬子，除權知。先君負笈於愚谷先生之門，年二十，謁西厓先生於中臺。先生亟稱於愚谷，期以遠到。旣筮仕，漢陰李相公遇以國士。時爾瞻子大燁，規參槐錄，陰擠南士。先君黜大燁，言于漢陰，而登南士。大燁由國子入玉堂，而本院自是持益堅，迄于癸亥，北人不得入槐院。以此爾瞻銜之次骨，詆以醜語。

癸丑，陞典籍，尋轉監察。先君度時事不可爲，求除安東府提督。安爲室人母家，因住焉。庚申，買田于太白山中而居之。柳氏素勖以恬退，故先君益安焉。

辛酉，丁憂。癸亥更化，卽先君服闋之月，拜騎曹郎。

先君傷其祿不逮養，堅欲不起。愚谷先生在朝，累書勉起。將行，《答柳修巖書》曰“覺得宦念重而山情薄也”。甲子春，先生爲號召使，啓以先君爲從事官。

移儀曹，尋拜司諫院正言，坐言事，出補寧邊判官。先君嘗言：“爲國，宜以節義爲之根本田地，而關防機務，尤不可不加之意也。”講求其利病素矣，及是以爲：“自古改紀之際，恒患優於酬勳，而薄於奬死，使士大夫知有富貴，而不知有名節。寖以成俗，則大非君父之利也。”故遂論朴承宗籍沒事。

初在昏朝，三昌用事，贓穢流聞。至其敗也，爾瞻諸人竄伏係累，猶稱無罪，若羊豕之垂鼎俎而哀鳴。觀者唾鄙，獨承宗挈其子而奔墓，告其人曰：“身爲大臣，不能導君以正，至于今日，死吾職也。”其子云云。承宗曰：“吾本儒家，死於亂兵，則心跡難白矣。”先殺其子，而己隨之。朝議科罪，遂與爾瞻等同論籍沒。

先君啓曰：

朴承宗鄙其爲人，莫臣若也，而至於今日，臣獨憐之也。國君爲社稷死，則百官有從死之義。若光海之失德，所謂“非其私昵，誰敢任之”者也。然大臣侍從，平居職匡輔，及其顚沛，便曰“吾君失德，吾不當死”，豈理也哉？卽承宗亦可謂死於其職矣。

士之殺身，有高下：太上，取義也；其次，慷慨捐軀也；又其次，度其勢不免而引決者也。承宗之死，雖在最下之列，然士君子負當世重名，知勢必不免，不能自決，貽譏千古者何限？承宗以一鄙夫能之，不亦奇乎？宜還其籍沒，激勸後世之爲臣子者也。

啓上，一勳宰大怒，曾經光海之侍從者一二公亦怒。大司諫洪公瑞鳳曰："'百官有從死之義'云者，其心所在，非直爲一承宗地。" 先君又啓曰："臣之所論只是泛言義理之當然，不圖今者截去首尾，提出一句語以論人也。"

初，綾昌大君之見殺也，承宗與聞。至是上謂筵臣曰："承宗固死於其職，如殺無罪王孫何？"又曰："洪某與承宗有私乎？"對以無有，天威稍霽。會玉堂上箚伸之，乃得外補。

平安道爲國之西門，所以經紀之者頗疏，而寧舊號雄藩。然營、府對峙，百弊橫生。田三千六百九十二結，而依事目，館軍、復戶三百六十結，本府別爲官屬，而設權復者千七百四十結，合爲二千百結，而民結只有一千六百耳。該司差役依元數，而本府以千六百結爲定。營將、士糧餉，舊用防軍米八百石，爲張節度晩罷之，作四十州收米，後減作四百，莫能給，府別攤於民結，出二斗。

其饌物，舊用晴川以西八邑魚錯，爲朴燁奪支軍餉，府又攤於民結，皆他邑之所無，而宣、鐵雇稅緜貨，多至二千，至是寧民大困。先君至之數月，悉究其弊本末，欲大爲更張，有不得而便者。上疏陳之，略曰：

> 臣職備藩幕，不宜統論一道事。然一道者，列邑之綱也；列邑者，一道之目也。語目而不及綱，則理有所未周；語綱而不及目，則事有所未該。臣請先言一道，而及於本府也。古人以一身，喩天下形勢。關西爲道，其

在無事時，比之手足也，及其兵興之日，不啻腰脊肩背也。添防之擧，徒事紛擾，運糧之役，民皆破産。臣愚以爲中和以西至鴨綠四十餘邑，皆計其元戶、入作戶口之多少，而爲城之廣狹。有百戶爲，可容百戶之城；有千戶爲，可容千戶之城，至於萬戶亦然。今年築一隅，明年修一隅，要不煩民而爲，而入作多於元戶，遷徙無常，宜作戶牌而縻之。其精抄壯武隊、三手、三色軍，分隷于六營之將。若昌城被圍，左別營救之；義州被圍，右別營救之；至於定州、安州皆然，而使元戶、入作常爲守城不動之正兵，六營軍常爲往來繼援之奇兵，則奇、正相爲用，而戰守之道備，添防可罷，運糧亦除。彼則割據遼陽，睥睨中原而常佚；我則先爲恇怯，撓蕩根本而常勞。願殿下先定以佚待勞之算，則肩背可保，而一身安矣。

若本府之事，爲民患大者，權復是也。營府奴婢、晝夜使喚、衙前、土官，隷名三手，而又屬營府，三役一身，苦甚齊民，權復所由起。臣始至，首革權復，官屬皆憤怒，似有作慝之狀。

噫！權復已久，彼烏知其不當復也？因之民怨革，則吏怒，乞該司從便蠲役。否則當去判官，使營、府合爲一官屬，疊役之苦除，而安敢爲權復之謬規也？

疏上，備局言"寧爲節度留營，而安州爲行營"。節度在行營日多，判官不可去。先君貽書於巡察曰："安州兼防禦使。以節度添之爲二將，卽晉州之敗也。旣有留營，安用行爲?”時以在幕下，故不可言移閫，然久而朝廷覺之，移閫於安。權復旣革，其糧、饌皆移牒體府，得復舊規而雇稅屬從事官。李公敬輿歸，白于上，罷之。由是，寧民稍獲蘇，而巡、體兩衙門，交上其政績。乙丑七月，降旨諭曰：“爾來守板蕩之邑，百思穌殘之策，志存保民，誠切祛害。居官莅職，動遵古人，氷蘗勵操，惠澤勤民，一境晏然，極爲可嘉。玆賜半熟馬一匹。”十一月，又諭曰：“爾律己如僧，愛民如子。玆賜表裏一襲。”丙寅春，投紱，吏民日夜圍守。先君匹馬撥歸，將論以棄官。上命勿問。明年丁卯而亂作，往參金巡察時讓軍事。戊辰春，除禮曹正郎，俄坐闕直罷。夏，敍爲司藝，不赴。冬，特授安陰縣監。

己巳夏，疏陳南事，略曰：

統營建閫，諺所謂“修廏于失馬之後”，而所以修之之具未備也；兵營移晉，所謂“立楯於矢落之地”，而後矢之落于前落，未可知也。統營資糧豐饒，器械精利，甲于諸鎭，而無城柵。使賊爲犯湖左及嶺右之狀，則統帥必帥舟師，不出順天，必向釜山。然後潛兵外島，直襲統營，則鎭軍老弱被擒，而統帥營下不無內潰之患矣。昌原爲水陸要會，麗時名合浦雄鎭，元朝用兵日本，往來必由之。國朝因而建鎭。今八處於智異之下，壬辰之敗，晉獨全，故爲賊勢叢集，而今因以晉爲要衝，是居堂奧，而欲禦藩籬也。

臣謂宜急柵統營，還兵營於古昌原。戶牌之法，爲之有緖，則足爲維民之良法。始則條禁太嚴，唯恐一夫見漏，胡虜之變，曾不由此，而遽又停罷，譬如籠鳥見解、穽獸蒙脫，豈敢遲一息而飛走哉？因致各邑軍簿，皆作虛額，防戍之時，驅迫一族之一族，勒塡名而督行。無一族者，則侵責切隣之切隣，徵價布而委送。一縣如此，一道一國可知也。良由戶牌之令使之，非民之罪，宜減虛額，以收人心。

在官六閱月而賦歸。庚午，爲司藝。辛未，除宗簿正兼編修。壬申，充奏請使書狀官，拜掌令。時，權濤、尹粲論謚，得罪。先君啓曰："言文不稱武，言武不稱文，謚字之多非古也。《語》云'唯其言而莫予違'，《傳》曰：'有所忿懥，則不得其正'，聖上必以濤之言爲予違，而有所忿懥矣。何不於此等文字，咀嚼而詳味之乎？幺麽一權濤逭譏於千載之下，而聖上受拒諫之名，臣所甚恨也。遞授尙衣正，以行人虞天朝。"不卽允所奏。先君謂"應見訝爲晚也及至果然"。癸酉夏，還報。命陞通政。甲戌秋，拜承旨，不赴。尋授工部參議，亦不赴。

乙亥冬，上疏曰："聞而信之，不若見而信之深也。臣曾言西事，令關西邑自爲城守，又言南事，宜柵統營，及還兵營于古昌原事。皆下備局，終無歸宿，臣亦自疑徒耳剽故也。及奉使中國，諦審形勢。見自寧遠，抵燕京九百里間，如通、薊、永、平巨鎭及撫、玉、黎、河等縣，大小雖縣絕，其城堞高壯牢緻如一，亦不是小縣。資於巨鎭，各自爲守也明矣，卽關西合依此。爲沿路大商，號爲墩主。墩門、雉堞亦壯固，特爲藏鏹而自爲捍也。統營之爲要劇與力勢，方諸墩主何如也？捐自肥之資，何難爲之慮？通、薊雄鎭須傍大路，則兵營之不宜于晉亦可知。臣目擊此，然後益信曾所言西南事不爲欺負之歸矣。"

末段，反覆論務實德、去虛文之意，因乞進《西厓文集》曰："經略南事，此一書足矣。"命印進。冬，特授興海郡守。丙子春，淸人來，先君知有用兵之端，深憂之。每見朝廷指揮，輒拊膺曰："今玆敗矣。依事目，月三操練，顧炮手無硝不可習，名寓精炮，而不解操銃者有之。"上疏以爲"炮之成材也，捷於射，郡貯硝千八百斤，而炮手百名乞除百斤，與炮手習放，人得一斤。斤可五十放，足成精材，而所費無多，諸道郡邑宜如之。"不報。時有求言之敎。六月中，又有三度備忘記，有云"忿懥之病未祛，而好勝之患猶在"。

上疏曰："臣論承宗事時，聖上以無罪殺王孫爲承宗罪案，綾昌寃比劉縯，而承宗罪符朱鮪。然光武封鮪爲列侯，以朱鮪之心爲更始，不可深罪故也。帝王度量當如是。聖上知承宗之死於其職，而念其舊惡，臣以是亦知聖德受病之源，都自忿懥上來也。天下義理只是是非而已。是者從之，不是者不從，豈容'勝'字於其間哉？近十年來，上自大臣下至侍從，咸被摧折，無論是非，期於必勝而後已。人主操生殺之權，而逞之以勝，則何所不勝？唯不可勝者存，天也。去夏，雷震畿甸之日，適遭二陵頹圮之變。聖上正宜反躬惕念，慰宣祖在天之靈，而曾未一旬，遽行祔禮，齋郎受刑，言者被責，有似天變不足畏者焉。好勝，試之於人，猶不可，聖上則欲試之於天者乎？唯德可以動天。未聞以好勝，勝天者也。”餘五條皆寬民力、飭邊備等事。批曰：“所陳之事，無非嘉言善策。予當採用。”

先君嘗言“爲邑弊，鉅則須更張，不然，毋擾之而已”，故其在安陰、興海鈴齋，闃然無復事。自經變後，憂傷憤惋，廢寢食者累月。繡衣奏其廉操可尙，而事不理，特命勿罷，秩滿還鄕。己卯秋，應求言之旨，上疏。略曰：“無敵國外患者，國恒亡。今而後，見天啓聖衷大奮發而有爲也。《易·序卦》：‘物不可以終否，故與人同。同人則爲大有。有大而能謙，必豫。’昏朝之末，否極也。殿下得同人之時，而應大有之期。誠於是時守之以謙，則豈有頃日之變哉？殿下言稍逆耳，則有忿懥之意；理纔受屈，便生好勝之心。二者之病，膠固相因，與勞謙之義，大相戾矣。有大而盈，其何能豫？召禍之端，亶不外玆。如欲毖後，盍先懲前？向來蘇殘之敎、革弊之旨，靡月不降，而終歸於一張休紙，其愛民、練兵、選將、振紀皆尙虛名而無實事，今須反之而已。願令儒臣刕取劉向、陸贄、歐陽脩、蘇軾、朱熹、眞德秀封事要語與今日合者，編成數秩，夙夜省覽。如使數君子者從容啓沃乎燕閒之中，則聖敎所謂‘稍尋一分開寤路脈處’，無出於此矣。”

庚辰夏，以禮曹參議趨朝。八月，拜同副，陞右副。九月，遞授騎曹，尋爲參知，還參議。建言：“各邑炮手多，官銃數少，而有自持銃者，故得充數。受官銃者，人與銃生面，倉卒必不得力。及敗，皆捐之而來。其持來者，皆私銃，愛銃有若愛身故也。宜復其自持銃者，拔其尤，補羽林以奬之, 則自備者必多, 而打造之役省。” 上允之, 而備局不爲行會。十二月, 牌不進罷。癸未正月, 拜右副, 不赴。四月, 授禮部, 行到忠原, 聞遞入謝。授右副。啓曰: “古人有補拾裂紙而更進者, 臣曾言‘私備銃事’, 自上以不無所見許之。今見備局覆啓, 全不曉臣意。臣敢昧死上前啓。命推備局有司, 備局諉曾行會, 而某居鄕不及聞。其實未也。”

時玉候違豫, 久不御經筵。啓曰: “今夫人宿病委頓之中, 偶見親舊之所願見者, 討心事, 聞快論, 便覺沈痾去體、神爽氣淸。因爲無疾之人者有之。帝王之與凡庶, 上下縣絶矣。其怡養之方, 竊恐堯舜與人同也。晝日三接, 又有夜對, 祖宗家法也, 而筵席之曠, 七年于玆, 則臣子之情, 亦豈無仰瞻天顔之願乎? 玆者殘暑欲退, 微涼已動。聖體雖未康健, 而神慮必有澄淸底時節矣。如於是時不拘朝夜, 召接儒臣, 講論經史, 陳說古今治亂, 殿下倚榻而聽之, 不唯於聰明智慮有所開益, 而實合於調攝之要, 庶幾無疾之效矣。”

八月, 遞, 旋授左副。九月, 陞右承旨, 還爲左副。十月, 授騎曹。旬朔之間, 控免數四得遞, 闕辭下鄕。甲申夏, 除兵部, 旋拜大司諫。時且逆變甫定, 而病不得趨朝。上疏, 略曰: “國運否屯, 災孼疊現, 危亡之徵, 咸萃玆時, 至於腹心大臣, 構逆蕭墻, 宗社存亡, 係於呼吸。甲子之變, 出於外藩; 丙子之亂, 由於隣國, 方之於此, 特尋常耳。殿下所宜惕然警懼, 反身修德, 下敎罪己, 痛自悔責, 如唐德宗奉天詔故事, 明賞罰布公道。人臣之死於其職者, 亦宜雪其罪名，以勵百僚。凡係大體，總攬剛斷，日御別殿，屏去玩娛，親近莊士，講論經籍。以此頤養聖體，開廣聰明，則庶幾上格天心，下慰民望，轉危亡之機，爲太平之階矣。”

冬，再授銀臺，一拜騎曹，亦皆不赴。乙酉正月，授大司諫。會聞鶴駕東還，故遂行。客問“將何言”，曰：“吾當更論甲子事。”客愕然請其義，曰：“知人亦未易也。楮淵、王儉平日淸德重望，足以服人，其終何如也？敬翔、孫晟、桑維翰，麤豪饕侈，顧臨死，不易所守，誠難以槪人矣。如使承宗無一箇‘貪’字，何但曰‘還給籍沒已也？顧人主因而奬之，則所以警動吾臣子者尤深切，而足寢奸人、射天之謀矣。始吾以正言見擯，而今以我長於諫坡，固有自効之道也。”

入洛，援例得遞。上疏曰：“臣自論承宗後，雖臣之素昧，有以臣爲是者；雖臣之親舊，有以臣爲非者，臣亦未免疑信之相半也。及見近年來，不測之凶謀，時發於智慮之所不及，而後始信臣之妄言，亦不爲欺負之歸矣。”事下廟堂，諸公多是之，首台昇平君甚怒。先君聞之，屬吏部除寧越。益寧洪相公謂曰：“令公二十年持一論，吾儕悟昨非矣。”掌令金泰基、尹晟啓以纔遞諫長，旋補僻郡，請推吏部。由是大忤當路，被彈而罷。

先君號無住，又號東洛。室人，長澤高氏，縣令贈吏曹參判從厚之女，工曹參議贈左贊成、文烈公敬命之孫也，以朝京師之歲卒。長女金璧，次金燮，長男汝濂，在興海而喪之；次汝河，內外孫十餘人。繼室以坡平尹湯輔之女。側室子一，汝潛。嘗謂汝河曰：“爲子弟之職，勤學力田，持門戶事而已，餘非所急也。"

丙戌秋，設別科。先君甚慶國之夷凶也，令汝河行。乃於八月上辛，考終於龍宮寓舍。汝河自洛承訃而還，以明年正月乙巳，葬于文匡公塋左一百舉武子午麓。昊天罔極，嗚呼痛哉！先君以愛人存心，以濟物爲業。出之以謙遜，而行之以公正，同而合汚者惡之，而異而傷物者非之也；貪黷者鄙之，而淸而激者不取也；有過者容之，而有爲而爲善者，必察而不貴也。寧人裕而己約也，寧名損而實立也。於所慕而知其病，於所斥而取其長。其守之也確而不撓，其改之也遣而不滯。

夙嬰羸瘵，時喜頹廢，而其畏天敬人，兢兢之慮，未嘗弛乎幽獨之中也。雅懷嘉遯跡類長往，而其憂國戀君惓惓之誠，未嘗忘于一飯之頃也。於貧富、毁譽、得喪之間，庶不以攖吾胸襟而易所守，人或以此歸之，而自視欿然，每病乎其難能也；於規模、布置、施爲之際，度可以維持久遠而無所礙，然後斷然行之，而不如是，則莫如輟而不爲也。其前後章疏皆隨其職事所及而言之。餘皆應旨，嘗以爲："人臣之獻言於其君也，不幸而不見信，遽捨而他言，則不足以取信，猶夫前言也，而何益乎，故將取其前言而申之。幸而信焉，吾所欲言者，將有大於是者矣。"夫如是，故所言西南諸事，皆反覆重言而丁寧之，不獨於承宗事爲然也。

孤子匍匐墓次，死亡無日，大懼墮先君遺訓。旣練矣，敢悉次舊聞，撰三世阡表，又述先君世系履歷如右。將以謁諸當世之君子，得一言而掩諸幽。誠荒迷不次，然冀或哀而惠之也。昊天罔極，嗚呼痛哉!

先妣淑夫人高氏世系行蹟

先妣姓高氏，其先出於濟州。至麗季，賜貫長澤，故爲長興之高。今爲光山人。開基新蹟，載史乘；奕世名家，存譜牒。五代祖自儉，贈參議，妣南陽洪氏，都憲自阿之女。都憲爲嶺南亞使時，吾文匡公贈詩，以兩親安否爲託者也。高祖雲，刑部郎，己卯士流，贈禮曹參判，妣光州李氏，提學先齊之曾孫也。曾祖諱孟英，司諫院大司諫、贈左議政，妣南平徐氏，進士傑之女。祖考諱敬命，工曹參議、知製敎兼招討使、贈議政府左贊成、兼弘文館大提學，諡文烈公，妣蔚山金氏，副提學百勻之女。

考諱從厚，臨陂縣令，贈吏曹參判、弘文館提學，妣鐵城李氏，忠義復元之女，府院君原之後，副提學朴承任之外孫也。先妣以萬曆癸未十一月戊申生，與文烈同日，文烈奇愛之。歲壬辰，文烈公死於王事，參判擧義旅復讎。時李夫人在安東聞之，以先妣留諸朴氏。癸巳春，携二幼子，晝竄夜行，瀕於危者屢矣，而後達於光州。參判出在軍中僅數日，義不與家累相面。取見二子而去曰："二子娶於湖南，而嫁女於嶺南。"遂行。晉州陷，死之，李夫人遵遺命。

歲甲辰，以先妣歸諸先君，文匡之玄孫也。先妣事舅姑，致其悅，喪盡其哀，祭盡其誠。事夫子柔嘉敬順，違忤之色，不形於面；宴安之私，不措於懷。睦於宗族，慈於婢僕，家貧衣食不給，處之裕如，從於居官，靖肅自持而已。自安陰還也，邑人慕先君之淸德，贐遺欲厚，先妣悉辭之。嘗痛念父讎，無所致力，則倭貨、奇玩屛去不使近。崇禎壬申，先君克奏請使書狀官，辭家廟。逾月，先妣忽慨然曰："良人有萬里浮海之行，生還相見，其可必乎？" 便促裝赴京，辭決而歸。自是，憂戀成疾，以明年癸酉四月四日捐世。翌月而先君至。甲戌正月，葬于安東府南十里，贈淑夫人。甲申四月，移葬於尙州 蟻谷乙向之原。先妣早得二男一女，不育，有二女二男：女金璧、金燮，男汝濂，後先妣歿；次汝河。內外孫十餘人。先妣平日閨範淑行，宜不止此，而汝河幼未識焉，據所聞於先君者，略記如右。特詳著高氏之外家，俾雲仍知先妣之德，內外積累，其來有自。昊天罔極，嗚呼痛哉！

副護軍月峯 高公行狀

公諱仁繼，字善承，開城人。開之高氏，有曰良敬公 令臣，顯高麗 文宗朝，以淸儉著稱，高氏遂爲聞家。麗季有曰瑛，版圖判書。版圖之子曰士原，我朝初仕至藝文館直提學，於公爲六代祖也。高祖壽延，虎賁衛將。曾祖克儉，承義副尉。祖諱允宗，朝奉大夫主西部簿。有二男：長諱興雲，文科，仕至高城郡守、贈承政院都承旨；次諱慶雲，展力副尉。

公副尉出，承旨公實取而子之。

公質美好學，承旨公教督甚嚴，餘力學詩，不使有頃刻閑，至道路行役，計其遠近而有程課。由是公藝業夙就華聞遠播。年十九，承旨公卒。官高城，公奉喪還里，廬墓三年。尋値壬辰倭亂，奉大夫人朴氏，避亂四佛山中；所生母金氏，掌令永銖孫女也，各在安東地避賊，故未及將。公憂戀不堪，登功德峯望鶴駕山，題詩以寓慕思，聞者悲之。時事稍定，兩母繼歿，屬兵餘荒扎，鮮克遵喪禮。公哀遑奔走，至誠感動，官私多助贍者，故得以襄事。服闋，赴鄕試，屢居魁，輒不利會闈。乙巳，始中增廣進士。丙午，擢明經第。己酉，由成均學諭，陞學錄。兼太常奉事、學正、博士。辛亥六月，授典籍，旋除延曙察訪。

時李爾瞻聞公名而慕之。有客習於公者，使來試公意曰："李判書願一見君。"公答曰："草莽疏蹤，豈輕遽到權門？"他日又來曰："春官郎有窠，陞品初，好爲之。"公乃正色曰："儀曹是名宦階梯，豈某所當得耶？"客憮然起出。逾數日，遂擬延曙，又因事擠之得罷。壬子六月，參衛號，都監郎廳。十月，去職下鄕。自是絶意進取，築室穎水之濱，偃仰棲遲，賦詩以自娛者殆十餘年。癸亥改玉，授典籍，遷刑曹佐郞。甲子春，出爲忠淸都事。冬，以耳病辭歸，有《湖蓮錄》一卷。丙寅，正郎刑曹，旋除禮安縣監，尋辭歸。後除正郎工曹、成均司藝，皆不赴。乙酉，以公年登大耋，陞通政。丁亥六月，得疾卒，距其生甲子八月，享年八十四。葬穎上先塋東數百舉武壬坐之原，夫人蔡氏祔。夫人仁川

君 壽玄孫，贈判決事有孚女。事夫子祥順無違，宗黨稱之，先公歿。生二男二女。男長用楫，早歿，有二子：曰晉厚、晉久。晉厚有六男二女，晉久有五男一女。次用雨，有二子二女：子晉學，晉德，進士，女長文科李英甲，次朴世重。長女適文科全命龍，有二女：長朴景輝，次盧思憲。次女適士人洪嚅，有五男二女。

公號月峯，恬靖莊和，器度偉如也。平生無疾言遽色，持己、接物一以忠信、寬厚爲主，泊然自守，不以榮辱得喪，攖其懷。盛歲初進，爾瞻遣客鈎致公，公立謝絕。迨更化初政，凡爲權奸所擠者。皆授顯官以酬之，公未嘗以是自語於人，故世無聞知者，蓋公沈晦遜默，類如此，亦可謂高於人一等矣。公爲詩不事雕琢，而自有沖淡之趣。公旣歿，諸孫咸克遵先訓，敎勖其子，各能飭行力學，工詞藻多有聲，場屋間，亦見其家敎所漸有由來矣。高氏之福，殆未艾也歟！

休菴 蔡公行狀

公諱無逸，字居敬，姓蔡氏，仁川人，自號休菴。十三代祖曰寶文，事高麗 毅宗，官至禮部尙書、寶文閣大提學。尙書之七代孫曰貴河，戶曹典書，生軍資監泳，軍資生左弼善倫，弼善生邵城君 申保，於公爲曾祖。祖諱壽，嘉善大夫、禮曹參判、仁川君，諡襄靖公，號懶齋。考諱胤權，蔭補典牲參奉，有文名，年三十二而卒。娶富林君湜女爲配，世宗大王女孫也。以弘治丙辰生公。

公幼聰穎，長通經史，尤邃《易》學，詞藻贍逸，落筆輒驚人。辛巳，鄕闈首擢進士試，生員試則亞之。明年省試魁，生員、進士亦高第。文名大譟一時，性簡亢高邁，不肯隨世俯仰。姑夫金安老秉國用事，公從兄無擇，爲其腹心，凡安老所欲爲，皆慫慂成之。安老嘗器公，欲令公附己，使無擇怵誘百方。公不唯不從，內懷憤疾，每寓諷刺於色辭之際。嘗冬月詣安老第，旣坐搖扇不已。安老曰：寒甚扇何？"公笑曰："家正熱故爾。"安老覺其意，銜之。時有直士陳宇者在太學，上疏請烹安老。安老諷臺諫，論以誹訕而構殺之。公與陳善，安老益惡之。

甲午大比士，公得解。安老恐其占第，遣無擇抽卷以試。公不悟其旨，應口誦無礙。無擇歸報，稱其甚熟。安老驚曰："此子得志，吾輩赤矣。"嗾言官論公以宇黨，羈管南海。丁酉，安老誅，宥還。朝議惜其滯，許以前解。直赴庚子講，故遂以得第。初補承文正字，壬寅轉注書。癸卯，拜司諫院正言、禮曹佐郞。甲辰，爲養補扶安縣。靖陵之禮陟也，有薦公善寫眞，特被召。至京，追畫睟容。

乙巳，遞授正郞禮曹。丙午，遷獻納。時命修簡儀，又有薦公善占星術，遂被選，與其修，精於測候，人服其妙。俄授敬差御史，分遣慶尙道。檢田政，未竣事，陞奉常僉正，移漢城庶尹。路聞母夫人喪，所齎衣皆華鮮，無可服，服單裌以行，晨夜蒙霧露，爲寒中傷，至家病作，遂卒。用其年十一月壬午，葬咸昌治南艮坐之原。娶監察裵實女，生二男五女：男長有隣，次有光，女長適高允緒，次金希慶，次柳愃源，次宋連慶，次印自信。有隣一子：曰天經。有光三子：曰天民、天啓、天瑞。曾孫男十：曰以乾，以坤，天經出；曰以謙，天民出；曰以升，以復，生員；以泰，以漸，天啓出；曰以晉，以恒，判官；以節，天瑞出。以乾三子：曰啓周、尙周、宗周。以坤五子：曰翊周，禎周，鳴周，武科；文周，從周。以謙一子：曰起榮。以升一子：曰起祖。以復四子：曰起宗、起疇、起世、起仁。以泰子，曰起業。以漸以起世後之。以晉四子：曰之溟、之潭、之瀛、之洙。以節二子：之泂、之演。之演後以恒。玄孫之子，多至三十餘人，外孫庶派亦多，不能盡錄。

噫！襄靖公以文章氣節，大鳴一世，而公實承其傳。自少有磊落不凡之氣，以名節自勑勵，事親盡孝，與朋友信。文才出人遠甚，治博士家言，旁通九流之學，音律、書畫、星曆、卜筮、篆隷、八分，靡不涉其藩而詣其妙。世嘗說襄靖之壻安老，非其志也。然襄靖未嘗不才安老，而亦未嘗不疑安老也。安老旣顯用，則襄靖雖疑之，而無如之何矣。自襄靖以下言之，難以不染指於其門矣。及襄靖歿，而安老之姦益彰，氣焰益盛，則公乃奮然斥之。至於取禍以卒，遂襄靖之志，眞無忝爲襄靖之孫矣。噫！天旣賦公以如是之德、之才，而嗇其祿與名者何也？將以阨其身而昌其後也歟？其亦天道之不爽者歟？

修巖先生柳公行狀

維三年壬寅冬十二月，修巖 柳先生，祔饗于西厓先生文忠公祠。越翌年，安奇公以修巖先生家狀、附錄，授某曰："叔父旣陞祀矣。然其平生德學行事，迄無能爲之撰次，吾恐後之人無以考德而取法。唯吾子圖之。景陽亦唯子是屬。"某誠不敏，顧惟總角時，先公詔受禮于先生。將行，先生卒。故嘗自歎其不幸焉，則義有不當辭者。悲夫！退陶歿而緖言絶，自世之君子，以矜衒傲狠爲學術而道益晦。惟我文忠公之學，沈潛篤實，專用力於內，而先生得之。然性謙退，未嘗以之自居，故世之君子，鮮克知之。若先生者，可謂"君子之盛德謙謙，實而若虛者"矣。

先生諱袗，字季華，領議政文忠公 西厓先生諱成龍之第三子也。祖諱仲郢，觀察使、贈豐山府院君。曾祖諱公綽，杆城郡守、贈左贊成。高祖諱子溫，贈吏曹判書。文忠公娶宗室李氏，縣監坰之女，封貞敬夫人。以萬曆壬午七月二十七日，生先生。先生生有美質，謙厚端直，聰穎夙成，識趣高遠。甫八歲而失貞敬，哭泣悲哀，不離廬側，助二兄執饋奠，居喪如成人。十一歲，遭倭亂。文忠公扈駕而西，先生從姊兄李氏，避竄嶺東山谷間。往往遇賊瀕死，而能以計自全。時或相勢發慮，縣合機宜，一行賴之，卒以獲濟。亂甫定，文忠公謝事，南歸家居。先生朝夕于側講問經義，得聞古人爲學之要，心會默契，多自得於言意之表。文忠公嘗稱之曰："如爾美質難得，恨不及退陶門。"退處私室，斂襟端坐，服膺存養踐履之實，書“靜坐終日易，操存一刻難”十字於座右，以自勉勵。

丁未五月，丁外艱。服闋，中庚戌司馬，初試、覆試皆居魁。先生唯代大家，維難其保，易受人指，在愼德行學業。事無細大，無敢不敬畏，肫肫卑讓。士論多之。壬子二月，海西獄起，先生舊於賊有嗛，遂爲其誣被逮。金吾郎梁公克選來，趙公存世知安東，爲言“先生賢，不宜有此”，梁亦素慕先生。會先生疾，輒以聞先遣判官，加先生以縲絏。里中聚觀，驚號涕洟。先生行步言貌詳緩如平日，請於判官曰：“此行生死，未可知也。願暫至家廟拜辭而行。”判官不許。强而後肯。先生入廟門，伏地哀號，再拜乃出。金吾郎繼至，令入內與家人訣別，則先生亦不從焉。到龍宮，全公以性唁先生，問梁曰：“公認柳某何如人？”梁爲及所見，讚歎不已。全公因極言先生平日事。梁益悟，護先生甚謹。既就理，疾益甚。諸大臣如李漢陰、沈一松，皆言先生病。光海命拘諸禁府門外。五月，仲氏洗馬公隨難于京邸，以憂卒。六月，始得理出，追及喪車而歸。

丙辰，拜翊衛司、洗馬，不赴。時昏朝政亂，孼臣煽禍，幽母戮弟，屢興大獄，羅織士流，以誅不附己者。宣城有一要人方柄用，與先生有舊。一日來請見，先生拒而不納。其人怒，齟齬出悖語，以齕先生。聞者莫不危之，先生終不爲動。癸亥更化，賢路大開，群公競推轂先生起家。拜奉化縣監。辭不許，乃赴縣。經汚吏剝割，公私赤立，土瘠賦重，民不堪苦。先生撫循煦濡，稍有生意，則欲申地部改步其田，豪右多泥之，先生不爲撓。按行田畝，第其上下而無遺漏，由是田增而賦省。蓋先生始至，人戶不滿百，朞月之間，流逋四歸，戶口倍增。巡察使閔聖徽上先生治行，賜表裏以奬之。諭書有曰："爾居官，愛民如子，治邑如家。凡諸弊瘼，有若嗜慾之難制，治有茂績，誠不負拔擢之意云。"九月，喪令人，因乞葬辭歸。冬，拜刑曹正郎，不赴。

丙寅夏，復入刑曹爲正郎。公州人有爲鄕職者，與其地黃姓相惡，爲其誣訴。逮繫京獄累年，文書盈几閣，官吏不能遍覽。先生一日夜閱盡，卽其文案，參互句較，悉得其情，白于堂上。李完豐署判本曹，大驚服歎曰："微公，幾誤此獄。"因呼曰："先大監按某獄，伸其枉，今公又能如此。"感泣不已。告者乃逸，輿議快之。供務僅十日，辭歸。冬，拜榮川郡守，未赴而遞。丁卯正月，拜淸道郡守，爲治如奉化時。作文諭諸生，略曰：

> 昔舜命契曰："百姓不親，五品不遜。汝作司徒，敬敷五敎在寬。"此敎學之所由始也。蓋人倫者，日用當行之道。學者，學此而已；敎者，敎此而已。故孔子曰"弟子入則孝，出則弟"；孟子曰"堯 舜之道，孝弟而已矣"，則天下之理，豈有以加於此哉？《詩》曰"溫溫恭人，維德之基"，橫渠先生曰："今世學不講，男女便驕惰壞了，到長益凶狠，只爲未嘗爲子弟之事。病根不去，隨所居所接而長。"觀此數條，而爲學之得失可知矣。至於子朱子集古聖賢格言、善行，以爲小子培養德性之根本，而其所惓惓者，唯在於入孝、出弟、隆

師、親友、正容、謹節、愼言、篤行而已，何嘗教之以尙氣放言、凌蔑長老、言人過失、爭辨好勝，以爲高耶?

孔子大聖，猶曰"子於鄕黨，恂恂如也，似不能言者"，蓋以鄕黨，父兄宗族之所在，不可以賢知加之也。聖人尙爾，況其下者乎。惟其如是，故彝倫敍，風俗厚，他日立身行世，皆可自此而推之，所謂"本立而道生"也。本郡文獻之盛著，自前古英憲公以下聞人達士，史不絶書，以至節孝之誠孝格天、濯纓之文章節操、三足之德業範世。此三先生者，雖在百代之下、千里之遠，尙且聞風感發而興起。況諸君生於斯，長於斯，其耳濡目染，豈無私淑而自奮者乎? 但自兵燹之後，教道漸弛，耆德多老死，童蒙失其養，在家不聞唯諾，出門不知肩隨。及其稍長，對揖父兄之執，不拜師長之尊。甚者，分門割戶，各立私黨，互相詆斥。不合不公，致使遠近之人，莫不鄙誚之曰:"伊西之鄕風如此，豈不爲一鄕多士之羞哉?"

今擇定訓長，使選儒生之年少聰敏者而教誨之，每朔望謁聖。因與難疑答問，啓發其旨意，而其於升降揖讓之節、忠信篤敬之本，尤加戒焉。諸君誠能不憚勞勤，講習服行，優游涵泳，毋急毋怠，則爲聖爲賢之功，亶在是矣。若夫名雖爲學，而不以本原爲心，或但應日課，苟免責罰；或徒尙文辭，益長浮薄，非今日設講之意，而亦非所望於諸君也。

十二月，因事罷歸。戊辰九月，拜翊衛司翊衛。鄭愚伏先生爲副提學，將進講璣衡註。自衛曹直所，邀先生玉堂，講論疑義。旋拜司僕寺僉正。己巳正月，出爲醴泉郡守。郡在鄕隣，境內皆親故，事多牽掣，而先生處之有方，莫不厭伏，訖先生去，無一人干政犯禁者。及冬，棄官歸，邑民追思以頌之。辛未春，除全羅都事，不赴。三月，拜陜川縣監。癸酉夏，解歸。甲戌九月，以漢城庶尹，赴謝。移拜司憲府持平，陳疏乞遞，不許。時姜處士鶴年爲掌令，不至。上疏言事，其語犯，朝議大激，三司俱發，將論死。先生慨然銳爲救正。子弟恐及禍，諫止不聽。遂啓曰："臣不識鶴年爲何狀人。今以其疏語觀之，率意放言，殊欠委曲。雖山野樸愚不識事體，告君之辭，豈宜如是？至於伯夷、嚴延年事，尤有不當引者。恭惟聖上撥亂反正，彝倫復明。武王、霍光所遭各異，非可擬於今日，而妄發至此，物議之峻斥宜也。然而原其本心，豈有他哉？不過受恩感激，唯思盡言，不知裁擇以至此耳。謂之'沽名市直，猶恐非其本情'，而況無君不道，人臣之極罪，以此而爲其罪案，不以過乎？古之明王，不以言語罪人。臣伏覩殿下臨御以來，草野倨傲，悉加寬宥。今於鶴年，優示包容，旣下優批，又以必無他意爲敎。狂妄如彼，而聖德如此，瞻聆所及，莫不聳服。臣愚謂人臣之道，唯當將順至美，使四方後代咸仰大聖人含弘之量，出於尋常萬萬可也。若不推究其實情，論以一切之法，則幺麽一鶴年雖不足惜，而獨不爲聖世之累乎？"因乞解歸。其後大臣有上箚極論鶴年罪當殺，幷攻先生以爲阿黨，至有"黨與日成，主勢日孤”之語，上批曰：“予不欲以言語間妄發殺士，卿少弭忿嫉可也。”蓋上意於先生言，有所感悟而然云。後諫院就先生啓辭中，拈出“率意”二字，以爲非所宜言，請推治。會先生歿而止。

乙亥正月，先生自商山入河隈故居，省先壟壽洞，道宣城，謁陶山廟，還到榮川，忽得疾。十三日夕，奄至不淑。一郡人士皆來赴哭，合親舊賻襚以斂之。遠近聞者無不驚悼嗟惜，相與弔曰：“斯人至於斯，吾道何託焉?”是年月日，葬善山府治東朴谷，會者數百人。後十八年壬辰正月，移葬軍威縣西於義谷亥坐巳向。前夫人權氏祔。

先生爲人，謙沖渾涵，不見涯際；雅淳莊和，不露圭角，忿厲之氣，不形於色；機智之私，不萌於心。平居諄諄謹飭，仁厚之氣藹然達於面目。望之知其爲有道君子也。至性孝友，事文忠能致其悅，及喪，哀毁得疾，幾殆，葬祭，一惟遺訓是式。念二兄早歿，養其孤女，使有歸；敎其孤子，俾有立，愛之逾於己出。至於諸庶弟，恩愛靡間，均析田民，不以國典限之。自取其荒頓老癈者，故終身窮約而無怨色。處己、待人，一以誠實，絶無纖毫虛假意。遇宗姻際鄕隣，疏戚上下，慰慶周旋，咸盡其宜，自始及終，無所悔望有彼此言。與朋友交，久而能敬，雖接卑幼，禮虔辭恭，詬詈之言，不施下賤。至於稱人之善，色愉神暢，若己有之。雅懷恬澹，視世間榮利泊如也，遭時椓喪，潔身肥遯。

及際熙運，嘗一行應擧。嚴校理 惺爲京試官，慕先生大名，擢置魁試，課絶常等。先生慮入洛，而主司採名見錄，遂不赴省試，其惡進取而喜斂退如此。前後四典州邑，皆未滿秩賦歸。其爲政綜、理微密，自田賦、錢穀至軍簿、獄訟，各有條貫，靡有弛而不擧。決折嚴明，信在言前，或不待兩造，而覈其情僞。訟者愧悟請止。尤重於敦化源樹風敎，養育人才，未嘗不三致意焉。勵操淸苦，氷檗凜然，內外斬斬，人莫干以私。

自中歲，寓尙之柴里。每官罷還，環堵蕭然，饘粥不繼，而先生安貧推分，衎然自樂。事有纖毫涉矜衒者，羞不忍爲，唯恐人以淸名歸己。自以故家世臣，戀君憂國，忠忱炳然，不以位卑身退而少懈。凡有除命，輒行曰"世臣之義，不敢效山野偃蹇"，然亦未嘗久於其職。晚入憲臺，會權貴人欲艾國良，時議靡然，獨先生直之，辯遏堅懇。由是竟遭敲摵以歿。考其平生，語默出處悉合於古醇儒之矩度，幅尺甚嚴，一時淸名之士，莫得望焉。爲文章不爲空言，唯以典實應用爲主，紆餘委曲，造理精到。李觀海見之，聳歎以爲不可及。先生以《家禮》未成書，雖有後賢附註，變禮無所裁訂。因集古今喪禮說，以補其未備，分門立條，使便檢閱而應卒遽。書旣成，欲更定而未果。今有草本，藏於家。蓋先生之學，以謙恭篤實爲本，而守之以竫確，出之以退讓，持之以積久，行之以正平，名已盛矣，而居之益遜，德已崇矣，而歉若無有。迨其季年，孚尹旁達，自閎而人知之，自卑而人尊之。不論賢愚貴賤長幼遠近，翕然尊而慕之，擧一世而望之，若祥鸞鷟然。非君子之盛德，曷克臻是哉?

先生已自趨庭之際，得聞入道次第，雅不喜以學人之名高自標揭，益務韜晦。然其於操存體驗，毋自欺、謹其獨之功，實有日進而不已者。故其孚驗之盛，至於如此，夫豈偶爾者哉？文忠公上有以紹陶翁之嫡傳，下有以迪來裔於無窮，功施社稷，澤被生民，道崇位尊，愈自謙抑。而先生式纂厥緖，謙光彌彰，在《易·謙》之九三"勞謙君子，有終，吉"，"三，陽剛得正。上下所歸，勞而不伐，有功而不德，厚之至也"，語以其功下人者也。故係之《象》曰"勞謙君子，萬民服也"，文忠以之。《謙》之初曰"謙謙君子，用涉大川吉"，謂以"柔德處謙下，謙而又謙，能如是者，君子也"，故係之《象》曰"謙謙君子，卑以自牧"，先生以之。《傳》所謂"世濟其美，不隕其名"者，殆先生之謂歟！

前夫人權氏，忠定公 橃曾孫女，生一男八女。男千之，今爲景陽丞；女長適監役金時敏，次府使申嵩耈，次進士李尙逸，次琴處謙，次金宗準，次縣監鄭道應，次郭文溶，次李在寬。繼室以晉州 河氏，生一男百之。後洗馬公安奇公者，文忠公之嫡孫也。記先生卒之月，歷訪先公於安東府城東第。旣行數日，某夢至一官府，衆環立如堵墻，讙言鳳死。余遂直入見，有一巨鳥僵臥，高數丈，彩羽襹褷然矣。覺而諗諸先公，先公色不怡久。是夕先生訃至。先公哭之曰："仁人逝矣，異哉！徵諸小子矣！"至今思之，宛然猶昨日焉。悲夫！旣以語安奇公，附書狀尾而歸之。謹狀。

松巖先生權公行狀

公諱好文，字章仲。安東權氏，世居府西松坊里，蓋自公七代祖禮儀判書翺時卜居云。曾祖，修義副尉玠；祖，進士叔均；考，安州教授梽。教授公坦率有執守，苟知其非義，硜硜然不肯爲之。晨興冠櫛，出坐里街，里人作事，有善者，則喜而獎之；其有不善，輒峻呵之，以故人皆畏服。教授公娶李氏，退溪先生伯兄女也。教授公歿，先先誌其墓云。

公以嘉靖壬辰生，自幼高邁有奇氣。七八歲時，善屬對，有"窓明知日上，山白見雲生"之句。嘗與同學儕輩，各言其志尙，皆以早拾靑紫爲期，而公獨曰："吾之志則異於諸君，著新錦衣，登百尺樓，洞開八窓，凭几而臥，不使一點塵埃惹得者，乃吾之志也。"聞者益奇焉。弱冠，摳衣於退溪門下。公才豪氣銳，汎濫百家，爲詩文，浩漾贍麗。先生喜其爲人，以詩勖之。未幾，先生赴朝，公以未及卒業爲恨。及先生謝事歸溪上，公始得朝夕薰炙先生，所以提撕警發者，比前時尤親切，每稱公有儒者氣象。又曰"權某有瀟灑山林之風"云。

年十八，丁教授公憂，廬墓三年，不脫絰帶。服旣闋，以母夫人年高，嘗一爲赴擧，擢鄕解第二。因中司馬而歸，然非其好也。家之南，有峯斗起曰松巖，故以自號，而就其巓，構寒棲齋，作記以見志。及年三十三，丁內艱，歠粥毁甚。退溪先生貽書戒之。服旣闋，公嘆曰："始吾屈志場屋者，爲母在故也。今縱得一科，誰爲爲榮？則安用擧業爲也?”先生聞而喜之曰:“擧業旣不可强,則不如早與之判斷,從吾所好之爲樂也。但其所好亦多岐路,不可不審擇而加工焉爾。”

公自是結廬于青城山下、洛江之上,爲軒俯水,蒔梅竹,始有終老之志。嘗與鶴峯 金公肄業山寺,約曰:“兩人今年卽不第會,須作青城主人。”是年鶴峯登第而公不第,至是遂居之,蓋不負素約云。精舍旣成,日處其間,摹宋朝群賢像冊子上,附贊下方,晨興端坐展讀一過,至其“閑中今古,醉裏乾坤”,則未嘗不三復致意。

見《鄕校禮輯·童子禮》編曰“養以正,蒙亨”已也,爲正句讀,間附譯音,授學徒使習焉。乃曰:“禮之大意節文多變,而貴協於人情。近世好禮,則膠於古而不通於今。”乃因《禮經》、《家禮儀節》等書,酌古參今,抄成一帙,以授子姪。又遂謂“士大夫家冠昏喪祭,據禮行之者固多,至於讌飮,則不知有獻酢酬之節,觥籌亂雜而無序,豈飮酒孔嘉之意耶?”乃裒述酒禮,作圖著令,兼錄古之格言,終之以自警之辭。又著《家箴》,奉祭祀,接隣里,御奴婢,皆有節目,使訓習之。尤喜奬後學,雖閭里童稚,咸聚而敎之,多自遠負笈而至者。公上書府伯,請以城山廢刹爲書堂,又作鏡光書堂於金溪,自撰文以風勵之。

公家居,坐臥有定所,飣豆有定品,寢處只一破簞木牀而已。見室人市錦,止之曰:“寒士之妻衣夫錦安乎?”人饋之物,却之曰:“吾先君,雖山果野蔌,義然後受之。吾豈敢壞了家法?”家貧甑石屢空,而澹然不以爲意。至於接賓友,毋問貴賤疏戚，必具酒肴，務極歡洽。良辰佳節，輒邀山翁溪友，劇飲談謔，或陟松壇，或棹煙艇。詩朋適至，則與之唱酬不輟，暢敍幽悁。然非講睦公會，雖洞社，未嘗輒造，而地主亦不敢屈而致之，必造公之廬而訪焉。遇府吏嚴，未嘗以事屬之。

屬歲比鄉選，屢登薦剡，或稱學行卓異，或稱廉靜寡欲。始除集慶殿參奉，不就；又除內侍教官，又不就。府使權公文海以遺逸薦公于巡使，公貽書，引梅聖兪事以絶之。藥圃鄭相公寄書，請留心兼濟，少作閑雲出洞之象。柏潭 具公在銓，欲陞敍六品官，公嘗著《閑居錄》，極其優閑之趣，至是取以示之。柏潭歎曰："此友堅確如此，何必强屈也？"西厓 柳文忠公亦雅諳公意，尤無意薦引，公蓋數稱公江湖高士云。

性不喜臧否人、深惡人以矜氣相加。常誡子姪曰："凡論議處事，切勿有勝人之心。屈而後伸者，理之常也。況所執未必是，而徒有上人之心，則是妄人也已。"又曰："諱人之惡，無損於美己；譚人之枉，無益於正己。"一少生以醜行被誣，鄉議將糾之，公徐止之，誣尋白。人有誣公於退陶先生者，公辨之不甚力，亦無一言及於其人也。當先生喪，同門生自執己見。公斥之，其人慍。他日以事構公，公聞之一笑而已。故莊士慕其介，而狹中者懷其弘。逮其晚歲，學就行尊，沈靜端審，器宇和粹。鶴峯先生嘗語學者曰"老先生靜默溫雅氣象，唯此人似之"云。

歲丁亥秋，疾危劇。問者至，不冠不見。一日，以詩謝門生曰："我有斯疾命矣夫！啓手以視知免夫！來往天地是丈夫。" 乃以七月二十四日卒，享年五十六，是年十月日。葬于䴸甘山壬坐丙向之原，進士公墓在後，教授公墓在旁，遵遺命也。公娶廣州安氏，繼室文化柳氏，皆無嗣，鞠兄子行可子之。行可中進士，除參奉，生一女二男：男曰中正，曰守正，女適金是杠，生員。內外孫男女數十餘人。

始公之葬也，屬鶴峯先生誌其墓，文未就而亂作。今有遺稿存焉。西厓先生過公舊居，想慕公有詩曰"平論一生事，堪作百世師"云。萬曆壬子，鄉人權紀等立祠于青城山下。後五十餘年，參奉之孫命時、以時等屬不佞爲狀。竊惟公天資高曠，恬於名利。退陶先生誘以鞭約近裏，毋敢泛浮而騖於外。先生誨人，率用是，然得其深者，數三子爾，而公與焉。超然遠引，不就徵召，其視屑屑往來，不啻浼焉。退陶沒，其徒多顯，使公少貶以循之，援而躋之不難也。雖以知己如柏潭、藥圃欲推轂公而不得，其所養可知已。厓、鶴二先生論議少許可其於同門士，以遺逸稱者亦多，然二先生雅敬服公爲最深云。

明、宣以還，士多以隱遁，標致相高，世亦以此歸之。然跡其高風絶塵如楊契玄、林君復者，蓋鮮覯焉。卽無論种放敗闕，亦有紫色䵷聲，混施於其間者。噫！弊也久矣。若公之德、之學，不以矯激自處，務爲名高，故世所以期公者，反居其後。此公所以高於人一等，而其有得於陶翁門路者，焉可誣也哉？詩文如干卷藏於家。

通訓大夫、行司憲府持平、知製教黃公行狀

公諱紐，字會甫，系出長水。始祖瓊，新羅侍中。至十七代孫諱喜，官至領議政，謚翼成公。論者稱我朝賢相，必以翼成爲首，而勳業德量，比宋之王文正、韓忠獻云。翼成生少尹諱保身，少尹生副正諱從兄，副正生金海府使、贈吏曹判書長源君諱瓘，爲公高祖。曾祖諱孝獻，吏曹參判、兼藝文提學，號畜翁，以文章名節稱於世。祖諱憕，工曹佐郎、贈左承旨。考諱俊元，宜寧縣監、贈戶曹參議，娶副司直驪興閔師說之女，以萬曆戊寅七月庚申生公。

公生俊異，嶷然如成人。十歲從愚伏鄭先生受《綱目》，日誦千餘言，因在門下三年矣。先生於除夕，呼韻慰其望雲之思。卽應聲對曰："宿鳥投林日欲昏，雪晴山郭掩柴門。青陽又逐晨鐘至，旅夢那堪到故園。"先生稱賞之。弱冠屢魁發解，華聞遠播。戊申，丁外憂。壬子，中司馬。癸丑，登增廣第，選補槐院。乙卯，薦授承政院注書，爲鄭造所仇擠。後凡再入而旋遞，例陞之時送西置散。自是屛跡丘園探討墳典，視世間名利泊如也。

歲庚申，天將蘇受賁鎭椵島，光海特命以公爲接伴官。蓋以蘇有文名，故欲極其選，而朝議以公在鄕防啓，不果遣。辛酉，充製述官，與鄭先生同被召，而先生與公皆辭不赴。壬戌，丁內艱，甲子，服闋，卽今上更化之明年也。拜禮曹佐郎，不赴。冬，除典籍，始赴朝，尋陞正郎禮曹。乙丑春，授司憲府持平、知製教，尋遞爲司直。秋，再授持平。時新

進睦、柳聯署上章，斥勳宰得罪。諫院請焚其章，而公右睦、柳，故遂有補外之命。丙寅春，除鏡城判官，疾劇不赴。三月某甲，考終京第，享年四十九。歸葬于尙州 中牟 盤樹洞酉坐卯向之原。

公自號盤澗，有遺稿藏於家。公遠承翼成之遺緒，近紹畜翁之餘波，其詩禮之浸漬、英華之發越，非他人所可及者，而厚重之稟、學問之功，德器成就，望之知其爲鉅人長者。少不屑擧子業，博學攻古文，祖六藝之遺，而參之以《左》、《國》、《史》、《漢》，故其文章沈渾精奧，自成一家。

其雜錄所著，辨傳記之疑謬，證諸子之得失，義理取舍，剖析於幾微之際；工夫踐履，反驗於日用之間。立意端的，設喩明切，有非世間操觚之士所能摸象得到也。使天假之年，則贊謨帷幄，潤色鴻猷，亦可以無愧於前人矣。惜乎！以公之才、之德，際遇明時，而降年不永，曾莫究其所施。嗚呼悲夫！

配豐壤 趙氏，縣令諱希轍之女，有一子：德柔，正郎。繼室，郡守李希閔之女，士人許禮之女，皆無嗣。側室子一：德念。正郎娶行大司憲、贈左議政全湜之女，生三男：長男霦、次壖、霆，女長適洪汝河，次適成錫夏，次幼。

木齋集

卷九

讀書箚記

雜著

讀書箚記

《周易》

《乾·彖辭》。本義“《乾》之名、天之象，皆不易焉”。《乾》曰“皆不易焉”，《坤》曰“皆不易也”，“也”字，決辭，《坤》卦在下故。

九二。本義“但爲利見此人，蓋亦謂在下之大人”。“此人”，指君德之大人，“亦謂在下之大人”，指公卿之賢有德者，故云“亦”也。

《彖傳》。本義“彖卽文王所繫之辭；傳者，孔子所以釋經之辭”。

舊本，此上有“彖傳”二字，故其釋如此。永樂諸儒依程本，移屬本義於此，因去“彖傳”二字而存其釋。讀者詳之。

《象傳》。本義“象者，卦之上下兩象及兩象之六爻”。“上下兩象”，指文王所繫之辭，卽所謂“大象”也；“兩象六爻”，指周公所繫之辭，卽所謂“小象”也。“天行健”以下，孔子所以釋文王兩象之傳也；“潛龍勿用，陽在下”以下，孔子所以釋周公六爻之傳也。 本義舊本，此節上有"象傳"二字，永樂時，分屬本義，去"象傳"二字而只存"象"字之釋也。

《文言》。本義"此第五節，復申首章之意"。

首章，指《文言》第一節。

《坤·彖辭》。本義"遇此卦者"。

"遇"者，筮得此卦，而六爻皆不變也。

《象傳》。本義"見其高下相因之无窮"。

"高下相因之无窮"，卽《乾·象[18]》本義"若重複之象"。

六五。本義"《春秋傳》"云云。

六五變爲坎險，故曰"外强"；內卦不變，故曰"內溫"。和者，水和也；貞者，土安正也。

《屯·彖辭》。程傳"利在貞固"。

"利在"者，設戒之辭也。

《彖辭》。本義。

本義取孔子《彖傳》，以釋文王《彖辭》，通解經傳之義。

18 象 : 저본에 "彖".《周易·坤卦·象傳》에 의거 수정함.

“以《震》遇《坎》”止“其名爲《屯》”。

釋《彖傳》初段。

“震動在下”止“動乎險中”。

釋第二段。

“能動”止“未可遽進”。

釋第三段。

“筮得之者”止“立君者遇之則吉也”。

釋兩末段。他卦皆倣此。

《象傳》。“剛柔始交而難生”。

“而”者，承上接下之辭。

“宜建侯，而不寧”。

“而”者，承上反轉之辭。

本義“以二體之象”止“姑擧其一也”。

《彖傳》發明文王言外之意，故本義又推演釋之。餘卦亦多倣此。

《蒙·彖辭》。本義“以《坎》遇《艮》”止“其名爲《蒙》”。

釋《彖傳》初段。

“亨以下”止“蒙昧謂五也”。

釋第二段。

“筮者明”止“致其精一而扣之”。

應第三段。

“明者之養蒙”止“利於以正也”。

應第四段。

“筮者明”，“筮者暗”。

“筮者，得”，上卦“筮得之者”是也。主二而言，則五來求我，而二以剛明發五之蒙，故亨在五；主五而言，則我之蒙昧，因彼之發得復艮體光明，故其亨在我也。

《彖傳》。本義“志應者”止“其志自相應也”。

釋第二段。

“以剛中者”止“告者亦瀆矣”。

釋第三段。

“蒙以養正”止“利貞之義也”。

釋第四段。

本義於卦辭下，發明《彖傳》言外之意，又推演而重釋之如此。

《需·彖傳》。本義"此以卦德，釋卦名義"。
卦辭本義，不稱德，此云"卦德"，承上卦也。

《訟·彖傳》。"剛來而得中也"。
《乾》三陽，《坎》一陽，《彖傳》，每主一陽而言。《需》之五，以剛中正，進位乎天位，《訟》之二，以《需》觀之，則剛來而得中也。

《彖傳》。本義"以卦變、卦體、卦象，釋卦辭"
卦變謂"剛來得中"，卦體謂"《訟》不可成"及"尙中正"，卦象謂"入于淵"。

《師·彖辭》。本義"藏不測於至靜之中"。
"不測"爲坎水，"至靜"爲坤地。

《比·彖辭》。本義"若欲比人，則亦以是而反觀之耳"。
"比人"，求比於人也，自五陰爻而言。"人"，指九五。

九五。《象》"顯比之吉"，"失前禽也"，"上使中也"。
顯比之王，卽三錫命之王也。前禽，卽田有禽也。上使中之使，卽使不當之使也。

《小畜·彖辭》。本義"上《巽》下《乾》"止"所畜者小之象"。
釋《彖傳》初段。

“內健外巽”止“當得亨通”。
釋第二段。

“畜未極”止“自我西郊之象”。
釋第三段。

《象傳》。本義“畜之未極，其氣猶上進也”。
陽爲陰所畜，然猶有亨道而上進也。

上九。“旣雨旣處”，“月幾望”。
上九動而爲《坎》，故曰“旣雨”。又爲月，又巽辛，爲旣望之月。

本義“陰加於陽”。
《巽》陰加於《乾》上。

《履卦·彖辭》。“履虎尾”。
文王以《兌》爲虎，蓋文王後天卦，始位《兌》於酉，酉於天文，爲昴畢之野、白虎之宿，故以《兌》爲虎也。周公繫《革》五上之辭，亦以《兌》屬虎，獨《頤》以《艮》爲虎。荀《九家本》，此《艮》在先天，爲奎婁之方，亦爲白虎之宿也。或爲《艮》或爲《兌》，猶馬之或爲《震》或爲《坎》也。“六爻相雜，惟其時物”，此之謂也。

《象傳》。“履帝位而不疚光明”。

互體爲《离》，故曰“光明”。

小象。
韻法類《否》、《泰》。

九五。“夬履”。
卦類《夬》，故曰“夬履”，猶《益》之上“立心勿恒”，推《恒》之義而立言也。

《否》。六二。程傳曰：“正則否矣。”
“正則否”之“否”，當作“不”字之義。

《大有·彖傳》。“應乎天而時行”。
“時行”卽《同人》之“乾行”也，故本義不重釋。

六五。《象》“易而無備也”。
言賦稅、軍政，不曾畏憚而豫備也。

《謙·彖傳》。“卑而不可踰”。
卦象卑而德尊，所以不可踰也。

《隨·彖辭》。程傳“隨得其正，然後能大亨”。
“然後”，設戒之辭。

《彖傳》。"隨剛來而下柔"。

三陰三陽之卦，陰陽均適，有變動往來之義。故《彖傳》於三陰三陽，多以往來言之，此類是也。二陽二陰之卦，言往來者，亦有變動之義故也，《訟》、《无妄》、《睽》、《升》之類。

《臨·彖辭》。程傳"如卦之才，則大亨而正"。

"則"字，設戒之辭。

《彖傳》。"大亨以正，天之道也"。

《乾》、《坤》爲六十二卦之綱領，《乾》又爲《坤》之綱領。六十三卦皆以《乾》爲主，故孔子於每卦，多說天道。

六五。"知臨大君之宜"。

虛中通理，知臨在上，《坤》體六五，大君之象。

《觀》。六四。"觀國之光"。

內卦爲《坤》，互體亦爲《坤》，爲國邑之象，故曰"觀國"。又互體爲《艮》，故曰"光"也。

上九。《象》。本義"雖不得位"。

"不得位"，言不當任事也。

《噬嗑·彖傳》。"柔得中而上行"。

"柔得中而上行"，兼二言之，猶《訟》之"剛來而得中"，兼九五而言之也。“上行”謂離火炎上。《訟》之“剛來”，下也，坎水潤下。

本義“以卦名、卦體、卦德、二象、卦變，釋卦辭”。

卦名，“噬嗑而亨”；卦體，“剛柔分”；卦德，“動而明”；二象，“雷電合而章”；卦變，自《益卦》來。

《賁·彖傳》。“分剛”。

文王反對卦，卦辭相應，故孔子《彖傳》，其辭亦相應。“分剛”二字與《噬嗑·彖》“剛柔分”相應。

程傳“上下二體，剛柔相交，爲文飾”。

六十二卦皆以《乾》《坤》剛柔兩爻，相錯而成，則其三陰、三陽之卦，剛柔上下，取法於《乾》、《坤》交易之義，恐或爲易中一例也。

《剝·彖傳》。“柔變剛也”。

“變”者，柔極而變剛也。

《復·彖傳》。“復亨，剛反”。

“反”者，變極而剛反也。

《无妄·彖辭》。程傳“利在貞正”。

“利在”猶《屯》之“利在”，亦設戒之辭也。

《大畜》。六五。“豶豕之牙”。

見豕負塗，取《坎》象。《姤》初居《巽》體，故曰“羸豕”。此云“豕牙”，取牙之剛而居上，有《艮》象也。

《離·彖辭》。“畜牝牛”。

文王以《離》爲牛，周公以《巽》爲牛，孔子以《坎》爲馬，則《離》之爲牛可知也。又以《震》爲馬，則《巽》之爲牛可知也。後世納甲法，以丑納《巽》，亦自然之理也。《大有·彖傳》曰“柔得尊位，大中而上下應之”，《睽》曰“柔進而上行，得中而應乎剛”，《離》曰“柔麗乎中正，故亨”，《噬嗑》曰“柔得中而上行”，《鼎》曰“柔進而上行，得中而應乎剛”，《未濟》曰“未濟亨，柔得中也”，《旅》曰“旅小亨，柔得中乎外，而順乎剛”，《晉》曰“順而麗乎大明，柔進而上行”。《離》上八卦《彖辭》略同，皆指《离》中爻一陰而言，以明體得中，而火性炎上故也。本義以《睽》、《嗑》、《鼎》、《晉》，“柔上行”，爲從卦變而來。若他卦四爻變而上行，則何獨每於《离》上四卦言之乎？此說亦似有理，更詳之。《巽》一陰居四，則亦以柔得位許之。《小畜》、《渙》是也。

《咸》。九五。本義“脢背肉”。

與《艮》“其背”同，取下卦《艮》象。

九五。《象》。“咸其脢，志末也”。

五“咸其背”，不獲其身，曷云“志末”？庭中有人。

《恒·象傳》。本義“必靜爲主也”。

“靜爲主”，以“利貞”而言。

九四。“田无禽”。

震動而上，巽隱而伏，上下相違，射隼无獲。

《大壯》。九四。“藩决不羸”。

以剛居柔，藩决羊角，化爲善鳴，壯于輿輹。

《晉卦》下。程傳“有不同者，《革》、《漸》是也”。

《革》、《漸》與他卦不同者，元亨利貞，乃其固有而非所以設戒也。

《家人》。六四《象》。“順在位也”。

《巽》體六四，多說“位”字。

《睽》。初九。“喪馬勿逐”。

化爲習坎，是馬亦盜。王抵良璧，錯愕迎拜。

六三。“見輿曳，其牛掣”。

《坎》輿旣曳，《離》牛且掣，有人自西載鬼无首。

上九。“載鬼一車”。

互《坎》，爲豕爲鬼爲寇。弧威取《睽》，往而遇雨。

《蹇·彖辭》。“利西南”。

《蹇》、《解》二卦皆以二剛爻而成。卦一變而爲《坤》，俱變則爲純《坤》，故二卦，皆取“利西南”之義。於《解》不言東北者，卦無《艮》也。

《彖傳》。“往得中也”。

《離》爲日，《坎》爲月，故《彖傳》，於《坎》、《離》每以往來言之，取日月往來之意也；於《震》亦以來言之，“雷風相薄”亦有往來之義。

《蹇》之五，往而得中，則三之“來反”可知；《解》之二，來而得中，則《解》之四“往得中”可知也。

《解·彖傳》。“利西南，往得衆也”，“其來復吉”。

本義卦變，自是一例，故“往得衆”，此段之釋最好。“來復”不言卦變，便是卦變，有推不去處。

《蹇》之《坎》居五，往得中也；《解》之《坎》居內，則來而得中也。周公於《蹇》爻皆以“往”、“來”言之，取文王《解·彖》“往”、“來”之辭。孔子於《解·彖傳》言“往”、“來”，本文王之說；《蹇·彖》言“往”、“來”，本周公之說。

上六。“公用射隼于高墉之上”。

“公”，取震侯，射之亦《震》象也。《小過》“公弋取在穴”，亦倣此。"隼"者，禽也。互，《離》也。"墉"，取《坎》象。《坎》爲城池之象，此爲習坎，故曰"高墉之上"。

《損》。卦體。

《損》，《兌》澤益《艮》山，有剛柔交易、上下往來之義。《隨》、《蠱》、《咸》、《恒》、《賁》、《嗑》，交易往來之理，與此無異，恐不必別設卦變，而推之也。

六五。"或益之十朋之龜"。

文王繫繇"有孚元吉"、"二簋用享"，十朋受益。

上九。"得臣无家"。

无咎可貞，上九之謂，上曰"得臣"卽三之友。

《益》。六三。"告公用圭"。

凡民有喪，匍匐救之，《震》爲公象，用圭以告。

六四。"利用爲依遷國"。

得位中行，上公之宜。《巽》伏《震》動，坤邑相依。

《夬·彖辭》。"不利卽戎"。

《師》、《謙》、《豫》，一陽主五陰，故利行師，《夬》之"不利卽戎"可知也。

初九。“壯于前趾”。

卦類《大壯》，故爻辭亦多倣《大壯》。

九三。“壯于頄，有凶”，“獨行遇雨”。

臀居上，頄居下，《易》無此例，“頄”疑作“尻”，如後世以尻輿神馬爲遊行之象。蓋九三重剛處，多凶，而其志壯于行進，故曰“壯于頄，有凶也”。蓋欲決小人，剛壯見于面目，則豈復有遇雨若濡之象乎？上下文義似不相應，更詳之。

《姤・大象》。“施命告四方”。

《乾》施《巽》命，播告之象。

九二。“包有魚”。

“包魚”、“不利賓”，指九四，當遇之辰，故四爲賓。

九三。“厲无大咎”。

厲无大咎，《乾》三之象。於《姤》言之，《巽》遇《乾》也。

《萃・彖辭》。“王假有廟”，“用大牲吉”。

《兌》、《巽》有享祀之象，《艮》有廟門之象，互爲《巽》、《艮》，故爲“王假有廟”。九五爲大人之象，故爲利見大人，亨而利貞；聚必以正，假于有廟，故用大牲吉；利見大人，故利有攸往。“大牲”爲《坤》牛之象也。

《彖傳》。“致孝享也”，“順天命也”。

《兌》有交鬼神之義，倒《兌》爲《巽》，故《巽》義亦然。《萃》之互卦，則爲《巽》也，所以專說享祀之理。

《坤》以順天爲德，內卦爲《坤》，故曰順天命也。

初六。“若號”。

《萃》初“若號”猶《夬》之“孚號”，《兌》口之象也，於內卦言之。《易》多此例。

六三《象》。“上巽也”。

三互爲《巽》，上亦倒《兌》。

上六。“齎咨涕洟”。

取兌口之象。

《升》。卦體。

互爲《兌》，《兌》爲西，故六四有“亨岐山”之象。

《彖傳》。“柔以時升”。

時升，南征也。《萃》聚者，陰降也，《升》之陰，有翩翩昇進之象，《萃》，《坤》在下，而《升》，《坤》在上故也。

上六《象》。“消不富也”。

“消”，對“息”字說。

《困·彖辭》。本義“坎剛爲兌柔所掩”止“所以爲《困》”
釋《彖傳》初段。

“《坎》險《兌》說”止“道則亨也”。
釋第二段。

“二、五剛中”止“小人不能當也”。
釋第三段。

“有言不信”止“益取困窮”。
釋末段。

“二、五剛中，又有大人之象”。
二、五，在卦中爲人位，“大”者，陽也。

初六。“臀困于株木”。
臀象於初，取人坐義。株木，多心，幽谷，《坎》象。

九二。“困于酒食”。
酒取《坎》象，朱紱，互，《離》；上《兌》互，《巽》，享祀是宜。

六三。“困于石”。

《巽》高如石，蒺藜如火。陰柔不正，乃得斯禍。

九四。“來徐徐”。

曷其來徐？商兌居《巽》，澤金《坎》輪，有終亦吝。

九五。“困于赤紱”。

九五孚剝，困于長繩。剛中説體，故將與能。

上六。“困于葛藟”。

泝谷循頂，葛蒙于嵲。自引而動，君子征吉。

《井·彖辭》。本義“以《巽》木入于《坎》水之下，而上出其水，故爲《井》”。

下一“故”字，明《彖傳》“只擧改邑不改井”，而包下兩句釋之也。

《鼎·彖辭》。本義“以《巽》木入”。

釋《彖傳》“巽”字。

《漸》。六二。“鴻漸于磐”。

介石、漸磐皆取《艮》象，《艮》爲小石。

《歸妹》。九二。“幽人之貞”。

《巽》爲武人，《兌》爲幽人。

《兌》。九四。“介疾有喜”。

《兌》有交鬼神之義，疾病，行禱而得瘳也。《損》之九四曰“損疾有喜”，詩曰“以介景福”。

《渙》。六四。“渙有丘”。

互爲《艮》體，故六四有丘陵之象。“賁于丘園”、“升其九陵”皆以《艮》取象。

《小過》。六二。“過其祖，遇其妣，不及其君，遇其臣”。

祖爲四、妣爲五、君爲三、臣爲[19]二，自謂也。周人以祭姜嫄爲重，故周公以此取象。蓋不祭帝嚳，而祭姜嫄，是過其祖而遇其妣也。祭畢而燕，君不正南面而坐，宰爲主而獻於卿，是不及其君而遇其臣也。過其祖，不及其君故曰“不宜上而不可大事”；遇其妣遇其臣故曰“宜下而可小事也”。

六五。“公弋取彼在穴”。

五盪爲天象，擬《小畜》。穴中有禽，雷取公弋。

《原象》。“兩一旣分”。

“兩一”者兩儀之中，一儀各分而爲二也。

“交易爲體，往此來彼”。

19 爲：저본에는 없으나, 의미에 의거하여 보충함.

本義，卦變本爲《彖傳》"往來"二字而設。然孔子言往來，本諸文王《泰》、《否·彖辭》"陰陽往來"，乃是天地自然之理也。《否》、《泰》說卦變，則《損》、《益》亦須說卦變。

《明筮》。"六爻皆守"。

"皆守"者，皆靜也。

"變視其爻，兩兼首尾"。

"變"者，一爻變；"兩"者，兩爻變也。

"視彼所存"。

"所存"者，之卦不動之二爻也。

"新成舊毁"。

"新成舊毁"，舍本卦而專占之卦也。

《稽類》。

中得位爲正，陽得奇位、陰得耦位爲正。

答洪徵世【道禎】《易經》疑義問目

【問】 本義以《乾》之九二、九五皆爲剛健中正。九五之中正固也，九二亦以中正稱之者，伊川有謂"中常重於正，中則正矣，正不必中也”，九二旣得中，故亦可謂正耶？ 然六十四卦，他無九二中正之稱。抑《乾》卦，乃聖人之事，比他卦有間，故獨於此，以中正稱之耶？

【答】《乾》二有聖人之德，故獨以中正稱之。夫子之意亦然。

【問】《小畜》“輿脫輻”，《大有》“大車以載”，《大畜》“日閑輿衛”，《大壯》“大輿之輻”。考諸《說卦》，《坤》爲大輿，《坎》爲輪，此四卦內外互體，皆非《坎》、《坤》。《說卦》“《乾》爲圜”，輿輪亦有圜體，則四卦輿輪之象，皆本於《乾》耶？周公以《乾》爲龍，而夫子以爲馬；文王以《坤》爲牝馬，而夫子以爲牛。今以《乾》爲圜之義，取象於輿輪，恐非牽合。未知如何？

【答】《說卦》取象，與文王、周公多不同，不必泥。

【問】《明夷》之六二“用拯馬壯”，傳、義皆以本爻當之。竊謂“馬”者，剛健之物也，非六二柔順之才所可稱，其曰“拯馬”蓋指九三也。九三互《震》、互《坎》皆有馬象，如《渙》初六“用拯馬壯”，指九二而言。九二亦互《震》也。《渙》之初六得九二，爲拯馬之壯；《明夷》之六二得九三，爲拯馬之壯，兩爻取象之義，似爲停當，而傳、義於《渙》，則以九二當“拯馬”之象，於《明夷》則不取九三之象何也？

【答】《賁》、《屯》取象，皆由於《震》。

【問】《大壯》九三"羝羊觸藩"，六五"喪羊于易"，《說卦》"《兌》爲羊"。諸儒皆取互《兌》之象，而本義但謂卦體，似《兌》有羊象。且六十四卦，本義無一處互體之論，豈互卦之說，專於卜筮，而恐有穿鑿傅會之病，故不及之耶？

【答】取象分明處，本義多不說破。

【問】《節》初、二爻，取門戶之象，似謂互體《艮》。《艮》爲門闕也。胡雲峯謂："初前遇九二，九陽奇，有戶象；二前遇六三，六陰耦，有門象。"此以卦畫而言也。雲峯他卦取象，極其該博，而此不及互《艮》之象，抑意在不言而可以類推者耶？

【答】推得亦好。

《書傳》

《洪範》"六三德"

六三德一節位置，與五紀相對爲配。蓋王者修德御世，剛柔得宜，其驗至於上格皇天。日月光明，星辰循軌，然後爲王者盛德之禎眹，故五紀之協爲三德之應也。日，陽也，主人君恩養；月，陰也，主人君肅殺，故日食則修德，月蝕則修刑。星辰有變，皆修德以禳之，故大師序"三德之位，與五紀相應"。

言治人之德有三：曰正直、剛、柔。自治之德亦有三：曰正直、剛、柔而已矣。王者値世平康，其治正直爲用。如有强戾梗化，則行師誅勦，其用過剛而得宜；其有馴和服輯，則以柔調娛。君子之爲學也，先察己之質性厚薄剛柔不偏，其學要守正道。沈潛卑退，勉以强毅；高明亢厲，矯以柔遜。

《詩傳》

陰陽爲萬物之始，男女爲風化之本，故孔子刪詩，以《關雎》首正風，莊姜首變風，而以共姜、許穆夫人、宋襄公之母，附其下。又取宣姜、文姜、夏姬之事，而竝著之，以彰其善惡，而風於萬世，其勸懲之意，豈不深切而著明也哉？

今有其詩，而名不可考者八：曰《鵲巢》，曰《采蘋》，曰《采蘩》，曰《小星》，曰《江沱》，曰《泉水》，曰《竹竿》，曰《鷄鳴》，皆諸侯之賢婦人也。其淫亂之詩，《偕老》、《月出》之外，亦必有爲諸侯之婦人而作者，不可考也。其不見於詩，而見於他書者：曰鄢之仲任，曰鄶之叔妘，曰聃之鄭姬，曰息之陳嬀，曰鄧之楚曼，曰羅之季姬，曰盧之嬀，曰吳之西施，皆以淫亂亡其國家。孔子雖不盡取以列之詩，然其興亡成敗之跡，如出一轍，後世人主可不監哉？

衛四：曰《簡兮》，曰《北門》，曰《北風》，曰《考槃》；鄭一：曰《羔裘》；魏二：曰《十畝之間》，曰《伐檀》；唐一：

曰《杕杜》; 秦二: 曰《蒹葭》, 曰《權輿》; 陳一: 曰《衡門》; 曹一: 曰《鳲鳩》, 其一隱於伶官, 其四隱於山澤之間, 其三亂邦不居, 炳幾而去者也, 餘皆賢大夫也。想夫"日之方中, 在前上處", 則東方[20]朔其人也; "考槃在澗, 永矢不諼", "坎坎伐檀, 河水淸漣", "泌之洋洋, 可以樂飢", 則魯仲連、嚴子陵、徐仲孺其人也。"出自北門", 甯武之儔耳; "舍命不渝", 子産之匹也。《杕杜》之詠, 豈不賢於趙衰? 而《鳲鳩》之比, 曷嘗下於子臧乎? 其餘亦不出此。嗚呼! 此數君子, 高風大節, 凜烈如此, 而姓名不見於經傳, 行己本末, 無由而攷, 可爲千古一慨也。【衛四以上缺】

《春秋》

二十八年, 衛侯反衛

僖二十八年, 晉文公逐衛侯, 立其弟叔武。叔武之不辭也, 恐他人立而衛侯之不得反也。叔武旣立, 衛侯果反。衛侯入國, 而叔武見殺。衛侯賊恩, 固不容誅, 叔武自取, 抑惡得無罪! 何以知之? 踐土之會, 叔武不以侯書, 公子瑕[21]得書其死, 而叔武之死, 不見於經。是《春秋》哀子瑕[22]而罪叔武也。蓋叔武, 上不得爲侯, 下不得爲公子, 此其心跡之

20 方 : 저본에는 "文". 《詩經·邶風·簡兮》의 集傳에 의거 수정함.

21 瑕 : 저본에 "瑕". 《春秋左氏傳》僖公 28년 조에 의거 수정함.

22 瑕 : 저본에 "瑕". 《春秋左氏傳》僖公 28년 조에 의거 수정함.

間，猶有未明者也。英宗北狩，景泰卽位，回鑾之後，錮諸南宮。景泰旣殂，英皇復辟，景泰之罪，浮於叔武，可勝言哉？獨于《尙書》，冤於元咺甚矣。

文公九年，楚子使椒來聘

《春秋》不可曉，正在此處。胡氏從而爲之辭，朱子所以不取。意當是時，商臣之惡，不聞於天下，聘使之至，魯厚禮之。史據實書之，孔子因而不刪，以著商臣弑逆欺隱之罪。厥貉亦同。如楊廣弑逆之變，至于末年，始暴露於天下也。不然宅心忠恕，豈所施於商臣耶？

昭公四年，大雨雹

昭公王正月，大雨雹。雹爲陰脅陽，臣侵君之象。是時，季氏專國，毁中軍，執兵權，以自封植，公室漸弱，故雹應之。災象類至，其理昭然。彼申豐者，獨何人歟？不肯端言其應，而歸諸藏氷之失，亦猶谷永之於王鳳也。自古姦臣之柄國權者，將傾其君而自取耶，則必網羅天下才俊之士，置之門下，啖之以芻豢而誘之以權勢，以爲羽翼，布列中外。彼皆刻骨銜恩，期以死報，鼓動浮辭，撓惑衆聽。是非邪正，一切顚倒眩亂，使擧世之人，不知君父之爲可尊而權姦之爲可惡。歲久浸深，從之者多而附之者衆，膠固締結而不可解。於是人主孤立於上，而國隨之亡。自漢唐以後，如豐、永之屬，可勝數哉？嗚呼！可勝歎哉！

書法

《春秋》書法多有所本。“元年月日”，本諸虞史；“日有食之”，本諸周詩；“趙盾弑君”，本諸董狐；“殺其大夫”，本諸葵盟，餘可類推也。“述而不作”，不其信乎？

《孟子·梁惠王上》

孟子對曰：“王何必曰利？亦有仁義而已矣。”

“仁”釋與《論語》同，“義”釋比《論語》加詳者，以孟子說義與仁，對稱故也。

王亦曰“仁義而已矣”，何必曰利？

大指承王“利國”之問而發，故先言利；此段繳大指，承上文“仁義”，先提仁義。

仲尼曰：“始作俑者，其無後乎！”註“況實使人飢而死乎”。

引上文，釋下文，謂之收提；引下文，釋上文，謂之貼提，以別之，“使民飢而死”卽貼提法也。

“彼陷溺其民”。註“率吾尊君親上之民”。

“尊君親上”卽收提法也。

“孰能一之？”註“王問也”。

大文無“曰”字，設此例，以替“曰”字。後皆倣此。

"曰'有之', 曰'是心, 足以王矣'"。註: "王見牛之觳觫而不忍殺, 卽所謂'惻隱之心, 仁之端也'。擴而充之, 則可以保四海矣。"

引孟子語, 釋《孟子》, 尤親切。

"曰無傷也。是乃仁術也"。註"術謂法之巧者"。

"術", 本訓"路", 其曰"法之巧", 差異本訓, 故下"謂"字。

"是故, 明君制民之産"

此以下, 言保民之事, 所以提綴大指也。

《梁惠王下》

齊宣王問曰: "交隣國有道?" 註: "仁人之心, 寬洪惻怛, 而無較計大小强弱之私"云云, "智者, 明義理識時勢"云云。

以"者"替"人"字, 文法變例, 字數長短, 不爲對足。

滕文公問曰"滕, 小國也"章。"乃屬其耆老而告之"

"屬"猶《左傳》"私屬徒"之"屬"。

《公孫丑上》

公孫丑問曰"夫子加齊之卿相"。 註"四十彊仕, 君子道明德立之時"。

"道明"卽物格知至, "德立"卽意誠心正, 故章內先養氣, 而

《集註》先道明。

曰"敢問夫子之不動心"。註"此所以固守其心"云云，"此則孟子之心"云云。

"此所以固守其心"，說告子，沒却"則"字，"此則"，說孟子，方下"則"字。

"其爲氣也至大至剛，以直養而無害，則塞于天地之間"。註"惟其自反而縮，則得其所養，而又無所作爲以害之，則其本體不虧而充塞無間矣"。

大文一"則"字。註文二"則"字，亦要理會。

"其爲氣也，配義與道，無是餒也"。註"若無此氣"云云。

貼大文"是"字、下文"是集義所生"之"是"字，從上文"是"字下得來，故知其爲此氣也。

"何謂知言？"。註"四者亦相因則心之失也"。

上"相因"下無"則"字，此有"則"字，亦要理會。

"宰我、子貢，善爲說辭"。

此下別爲一節，而《集註》又繳"知言養氣"，以爲下文發端。

"如惡之，莫如貴德而尊士"。註"此因其惡辱之情，而進之以彊仁之事也"。

"因"之一字，所以解"如惡之莫如"五字之意也。故篇內矢人章"如恥之，莫如爲仁"，註曰"此亦因人愧恥之心而引之，使志於仁也"；《離婁》篇"如恥之，莫如師文王"，註亦曰"此因其愧恥之心，而勉以修德也"。

孟子曰"人皆有不忍人之心"章下，註"其理亦猶是也"。"其理"指寄王而言。知者[23]上言"四端之信，猶五行之土"，故此言"五行之土，猶四端之信"也。下兩箇"猶"字，故曰"亦猶"。

《公孫丑下》

此篇猶《論語》之《鄕黨》，《萬章》猶《論語》之《公冶長》。

《滕文公上》

許行章"然則治天下，獨可耕且爲與"。
大旨變例。

"吾聞用夏變夷者，未聞變於夷者也。"
照應"盡棄其學"一節。

《滕文公下》

好辯章"世衰道微，邪說暴行，有作"。
照應禽獸。

23 知者：《孟子》大文과 朱子의 《集註》에도 보이지 않으니，아마 衍文인 듯함.

"聖王不作，諸侯放恣，處士橫議，楊朱、墨翟之言，盈天下。"

照應蛇、龍、虎、豹、犀、象。

"吾爲此懼，閑先聖之道"。註"是亦一治也"。

於"治"下"亦"字，於"亂"下"又"字，"又"字從大文拈出來。

《離婁上》

此篇論修、齊、治、平之道。

故曰"責難於君謂之恭，陳善閉邪謂之敬，吾君不能謂之賊"。

章下總結法，與《盡心》篇登東山章參看。

"父子之間，不責善"。註"責善，朋友之道也"。

全用下篇文，引孟子語，解《孟子》。註法之最親切有味者也。

《離婁下》

孟子曰"天下之言性也，則故而已矣，故者以利爲本"。註"善言天者，必有驗於人也"。

"言"字脈理止此。此一節比他差別添入，多小轉折。

"是故君子有終身之憂"。註"君子存心不苟"。

"存心不苟"照應仁禮，繳大旨。

"禹、稷、顏子易地則皆然"。註"使禹、稷居顏子之地，則亦能樂顏子之樂；使顏子居禹、稷之任，亦能憂禹、稷之憂也"。

《集註》"則"字法，上下段皆用"則"字者，十之四；下段用"則"字者，居十之六，而上段用"則"字獨此爾。

《大學》

知止解

所謂"知止而后有定"者，明其所當止，則定于一，定于一則敬矣。敬而虛則能靜，靜而篤則能安。【程子曰："心兮本虛，應物無迹。" 邵子曰："胸中豁豁無事，可進於學，虛靜之謂也，敬而無事故靜，靜而不動故安。"】安而能慮者，睿也；慮而能得者，聖也。故明生定，定生虛【朱子曰："有得後，須要放開。"】，虛生靜，靜生安，安生慮，慮生得。得者，得其所止也；止也者，至善也。欲由之，必先知之，然後行之果而不輟其由也。

心本虛，慾汩而實之。然理實而心虛，致其實以祛其實則虛矣。孟子"深造之以道，欲其自得之也"，知止而定靜者，其造之深而居之安乎！靜而能安者，山嶽不動，故能安也；安而能慮者，止水不搖，故能照也。【安而無慮者，死敬也，安而能慮者，活敬也。】《易》曰"寂然不動，感而遂通天下之故"，此謂慮而后能得也。【寂然者，虛也，不動者，靜安也，感之者，慮也，遂通者，能得也。】

因取朱子平日之言，以訂其義云：知止者，見得分明，自住不得，所謂“氷解凍釋，疑情剝落”者也；定則心中一定，更不他求，所謂“鐵輪旋頂，動他不得”者也；靜則粗厲消盡，氣象從容，所謂“止水澄明，一波不動”者也；安則優游涵泳，不費安排，所謂“水到船浮，自在流行”者也；慮則常存常覺，易簡爲用，所謂“全體戒懼，略更開眼”者也；得則存養純熟，從容中道，所謂“正己而發，已得中的”者也。學者詳味朱子之言，尋繹經文，庶有以得其旨矣。

格物解

所謂“致知在格物”者，格其類也。格也者，度也；物也者，類也。物之生，不類而象類也，象不類也而性類也，性不類也而道一也。故君子測天地度萬物，必以類格之，然後知極其至也。夫目【一作人目】何爲而視？耳何爲而聆？手足何爲而運也？有然之者也。首隆而四肢賤，隆者，君道也；賤者，民道也。宅夫中而神，明其最隆矣乎！

夫物靡不類也，雖天地亦類也。日月，吾瞻視也；風霆，吾吸呼也；流峙，吾榮腠也，厥數符，厥象肖焉。惟國亦然，有貴賤之位，有綱條之布，有仁恩之紀焉。其於家也亦然，家必有主焉。至於身，獨能無其主乎？心爲主焉，故心之主乎身也，與家之有主類也，國之有君類也。尊令卑聽，而理得其正，尊而役於卑，則悖亂至，其道一也。故君子莫不知形類也，知性類者鮮矣；莫不知性類也，知道一者鮮矣。故類則一，一則神，神則天。此謂物格，此謂知之至也。

誠意解

所謂"誠其意"者何也？實有之也。其爲實也何？君子爲善於內，有一善，恥人知之，不幸有過，則唯恐人不聞也，故善日積而人自知之，欲掩其善而不可得也；小人爲不善於內，竊竊然恐人知之，有小善，暴諸外，必使人知之，故惡日積而人自知之，欲諱其惡，而何可得也？故君子不自道其善而人善之，小人未嘗自言其惡，而人惡之何也？實有之也。有其實，則驗於外，猶立日而影卽至也。故君子必誠其意，人可畏也，鬼神尤可畏也。神知之，人亦知之，人之與神一也，故君子必誠其意。

人之於私意惡念，務磨挫掩藏，不令人知，自謂得計。然殊不知各因氣質善惡厚薄高下，克治工程緊緩淺深，隨其分數多少，而心術影子自然呈露於日用行事者，不一而足，顧何益之有哉？此所以知道之士，便將自已病根罪咎，不難向人說道也。知乎此則意可得以誠矣。

八條目

物格矣而知或有未至者矣，物不格而知已至者未之有也，有之乎則臧文仲、東方朔之智也；知至矣而意或有不誠者矣，知不至而意已誠者未之有也，有之乎則楊朱、墨翟之行仁義也；意旣誠而心不正者有之矣，未有意不誠而心先正者也，有之乎則告子之不動心也；心旣正而身不修者有之矣，未有心不正而身能修者也，有之乎則於陵仲子之潔身修行也；身修而家不齊者有之矣，未有身不修而家能齊者也；家齊而國不治者有之矣，未有家不齊而國先治者也，有之乎則管仲、齊桓之所以行乎家國也。之數子者，可謂能矣，非其至者也。故曰："物有本末，事有終始，知所先後，則近道矣。"噫！之數子者，其於道遠矣。

明明德贊

"格物"者，明德之通；"致知"者，明德之充。"誠意"爲明德之實，"正心"爲明德之貞，"修身"乃明德之成，"齊家"乃明德之行，"治國"則明德之發，"平天下"則明德之達也。明德之通，以敬徹之；明德之充，以敬盡之；明德之實，敬以實之；明德之貞，敬以一之；明德之成，敬以明之；明德之行，敬以形之；明德之發，敬以翼之；明德之達，敬以篤之。故曰："明明德，爲綱領之一大綱領，而敬者，所以徹始徹終而成聖功也。"

四書發凡口訣

朱門後學有《綱目》凡例，蓋依元凱《左氏》例爲之。然朱先生用力於《綱目》固大矣，竊恐未若於四書之精深也。豈容獨無凡例之書乎？弟姪輩暇日，問難隨答箚記，名曰《發凡口訣》，蓋爲渠輩云爾。使隣兒見之，則爲家鶩矣。《集註》儘有來歷，而中朝學士先生教童子時，皆口授旨訣。此政讀書第二義，故未嘗筆之於書。以此東方學者，罕得見之，因循苟簡，日益鹵莽，甚可惜也。

老先生煞有苦心鑱洗處，要隻眼看得。

古人爲文，主於明理而自然成章，未嘗言及文章蹊徑上也。朱先生亦嘗口說利病，而無一字於註文中及之，使善觀者自然曉得。林希逸註《莊子》，都說文章好揚揚地，《莊子》本意不如此，安得爲後世之子雲乎？明人亦坐此。杜元凱註《左傳》，歷數幾“凡”字以明例，古人讀書，一字不肯苟如此。況老先生《集註》，殫竭一生精力，其功豈下於素臣乎？一句一字皆有來歷有下落，讀者宜盡心焉。【妄依元凱例發此。】

除是精微奧義，且如老先生文章用意妙處，非韓、歐諸公見得到。直將四書幾許篇，打作一片說得，混然無跡，其中自有條理脈絡，井井分明，一字不可換得。曾見子由《老子》註，却似滅裂，不復成篇體矣。

“此爲書之首篇”。今人讀以“此”字爲句。余見明朝學士文章，多用“此爲”二字，然後知“此”字不可離讀也。明學士論朱子《集註》，以爲“精深莫如《論語》，奇博無如《楚辭》”，蓋於四子中，崇信《魯論》註云。

余見澤堂自言“少時讀《魯論》，至‘哭謂弔哭’四字，覺得朱先生文字路脈”。余以語童子。

童子曰：“何謂也？”曰：“‘哭’字於例不當釋，而以此‘哭’字乃弔哭，非有服之哭也。如曰‘哭弔哭也’，則便不是，當知謂字也字之別。童子！言下會得朱註主用先秦以上語，無一字兩漢後文字。且如《大學》序中‘三千之徒’用孔安國語，《補亡章》‘大學始教’用《學記》語，《論語》子貢方人章‘辭不迫切，而意已獨至’用趙岐語，他類此。”

童子曰：“豈必盡然？”

時童子讀《赤壁賦》。

余曰：“‘歸而謀諸婦’用優孟語，曾謂‘老先生文字無來歷’乎？”

童子曰：“然。”歷選劉向語，極知燕昭語。

《論語》註多用孔子語，釋孔子語最妙。其次，如“友所以輔仁”之類，用曾子語；如“後覺者必效先覺”，用孟子語；如“雖若勝於愚不肖之不及”之類，用子思語亦妙。其次，如“聶而切之爲膾”，“不王不禘”之類，用《禮記》語；“降殺以兩”之類，用子產語。其次，如“耳目鼻口，皆有所明，而不能相通”之類，用莊子語，又用荀子，皆以其爲先秦以上故也。

《論語》篇題，以“多”字、“皆”字爲眼目。

“本心之德亡矣”，“德行，本也”，“非復禮之本”，“然可謂達禮樂之本"，數箇"本"字，皆照應篇題"務本"字，他篇倣此。

《爲政》初章至第三章，"務本"之餘意也。"志于學"以下，皆入道之門、積德之基，學者之先務也。《爲政》末二意，說禮樂，故《八佾》遂言禮樂之事。此《論語》血脈貫通處。

無篇題處，其中皆有小題辭。《里仁》中"自'吾道一貫'至此十章，爲曾子門人所記"、《子罕》中"自此以下勉人進學不已之辭"，此卽小題辭也。

童子曰："《泰伯》篇，何其皆無有也？"曰："《里仁》篇'吾道一貫'以下更無'曾子'字，胡氏以爲曾子門人所記，所謂'闡幽'也；《泰伯》篇最多曾子語，乃不言曾子門人所記者，所謂'微顯'也。"

釋句，畢合釋處，或以"言"字起頭，或以"蓋"字起頭，或直說。其下"言"字處，抑揚韻折，與大文恰似；其下"蓋"字處，略涉已見，故不敢質其爲必然也。其直說處，却正正堂堂，故無"言"字，亦無"蓋"字。

《中庸》釋"道"字，比《論語》加詳，以孔子說"道"字平淡，子思所說，却精深故也。

《孟子》"仁"字釋與《論語》無異；"義"字比《論語》加詳。以

《論語》以“仁”字爲表準，《孟子》則義得與仁竝立故也。

訓句與章下註相應，方得關鎖有味。“爲仁，猶曰行仁”，用程子語；“怨猶悔也”，“悔”字本於程子，“愛猶惜也”；“惜”字出於楊氏，章章類此。

“疑爲某事”之類，皆胡說也。老先生述而不作，多引闕疑，未嘗如胡之臆決也。

謝說明爽，楊說平正，尹主於簡，胡務於核。

字訓凡例，一字元一義者無釋，如忠信、孝悌之類。一義而有釋者，本諸善言德行也。其餘一字通二義者，皆有釋，如“鮮”字兼“少”字、“明”字之義，故有釋；“懷”字有“念”字、“抱”字之義，故亦有釋。二義俱有，則逐字每釋，如《大學》“道，言也”之類，《論語》“君子，以位言之”之類。但有一義，則更無釋，如《論語》二十篇，更不釋“鮮”字之類。

聖學淵源，十六言而已，故老先生釋《論語》“仁”字，章章必使用“天理”、“人欲”字。天理卽道心，人欲卽人心也。釋《大學》首章曰“蓋必有以盡夫天理之極，而無一毫人欲之私也”，《中庸》首章曰“存天理之本然，遏人欲於將萌”，皆所以發明經文言外之意也。至《孟子》尤詳焉，此四書中開卷第一義。《中庸》首章，便提起“存天理、遏人欲”字，照應序文“危微精一"語，方是緊關有力。不然，序文無一著落處。

第二章，便提起"天命所當然"，應首章初節。"君子戒謹恐懼"，應存養工夫；"小人肆欲妄行"，應省察工夫，皆言外之傳心要旨也。人言末章，恰似首章，不知此章亦然，但無說效耳。凡第二章亦似，與他章自别。

聞一蠹先生以"理亦賦焉"四字爲未穩。反覆思之，老先生釋"性"字"道"字"命"字"德"字之類，自有成例。如四書中"德"字，無一無"得"字處。此箇"賦"字，從"命"字下得來，恐似無疑。幼讀《中庸》，每看"過不及"、"不見不聞"、"道不遠人"等字，層層疊疊，目眩心訝，如今覺得條例分明在，釋得《中庸》分明與他書别。蓋以章首初大文爲大旨，第二大文以下，皆以釋初大文之義，如以未發爲天命之性，中節爲率性之道，致中和爲修道之教，章章類此。費隱、道不遠人、素位不願外等章，皆用此例。他書固多如此，然未必每章然也。

《孟子》却如此，孟子開口第一頭話，便是下章大旨。每章倣此。《集註》言之，而學者都不曉得。

"父母之不我愛，於我何哉?" 恐是解"恝"字之意，"日至之時"，恐作日南至之義，疑不敢强故姑著之。

《孟子》七篇中，獨第二下篇，有題辭，他篇意，例可推而知也。

《論語》於“予欲無言”, “莫我知也”, “夫賜也, 汝以予爲多學”及子在川上章註, 皆特下發字最重, 發萬世心學之關鍵也。“爲衛 靈公不能用發”, “爲慍見發”此二箇差輕, 故語勢不類也。

註例用上文語, 釋下文, 如“其無異聞可知”, “人之不善不能浼己”之類; 用下文語, 釋上文, 如“冉有之飾辭”, 却用下文“辭”字。章章倣此, 骨肉親切, 尤有味也。

余讀至“欲之謂貪其利”, 久而未曉, 因思“謂”字有例, 始覺以見此“欲之”別於上文“欲之”耳。註未詳者, 要看音義上去, 煞分明。

“晳, 曾參父”與“憲, 原思名”同例, 亦用事例也。曾晳先參, 而見於經, 則不如此, 淵之父亦然。

《求放心齋銘》解

“天地變化, 其心孔仁, 成之在我, 則主于身。”
“仁”者, 顯諸仁之謂; “成”者, 成之者性也。

“其主伊何? 神明不測。發揮萬變, 立此人極。”
以上章“主”字, 爲下章起頭, 《商頌》法例也。唐 宋詩祖之銘亦詩也，故朱子每用此法。《易》曰"陰陽不測之謂神"，"六爻發揮，旁通情也"，"立人之道曰仁與義"。周子曰："定之以中正仁義而主靜，立人極焉。"

"晷刻放之，千里其奔，匪誠曷有？匪敬曷存？"
於"誠"曰"有"，於"敬"曰"存"，各有攸屬。"有"，對無而言；存，對亡而言。

"孰放孰求？孰亡孰有？屈伸在臂，反覆惟手。"
誰爲放之？ 而誰爲求之？ 誰爲亡之？ 而誰爲有之？ 言放之、求之皆在我，而亡之、有之，亦皆在我也。屈向裏，伸向外也，反向上，覆向下也。屈之伸之，皆在於臂，反之覆之，亦惟在於手，言甚易。以比心之存亡操舍，其機在我。放之不難，而求之亦甚易，曰"孰"以問之，曰"在"而答之也。

"防微謹獨，玆守之常，切問近思，曰惟以相。"
守者，固守也；相者，夾輔也，此借引《樂記》之語，以明存心、用工之始終節度也。《記》曰："絃、匏、笙、簧，會守拊鼓，奏以文武，治亂以相。"衆樂旣會，靜以守之，以待拊鼓，然後奏之，言樂之始作也。亂，樂之卒章也；相，樂器也。文武旣畢之後，以相而治其亂，言樂之終也。防微謹獨，非始條理之事，切問近思，非終條理之事，而此特借守字相字句法而言。先謹其獨，以立大本，然後思問之功，方有所施，亦有始終之意，故以爲喩也。"曰惟"者，以明其語之本《樂記》也。

右五章。下二章，賦而比也。

雜著

田結

夫數田，中國曰井曰頃，東國曰結。“井”之號，始於黃帝，夏、商因之，以至于周；“頃”之號，始於禹，而漢始用之，至于今不廢。古以九百畝爲井，今以百畝爲頃，則一頃之地，是古一家之所耕耶？不然，丘文莊謂“古者畝廣六尺，長六百尺”，以今步數計之，古百畝，當今四十一畝，則一井之地，今三頃半贏而已。若東國之所謂“結”者，長六百尺，廣如之，以井計之，是一家之所耕也；以頃計之，五結當二頃。第不知今之尺與周等乎，又不知與中國之尺等否亦何如也。

禹之時，九州之田，九百十萬八千二十頃，周田，今不可考，萬井爲百里。孟子曰“公侯皆方百里，伯七十里，子男五十里”，夫所謂“里”者，是井田之里乎？是道除之里乎？謂井田之里邪，公侯有萬井，伯七千井，子男五千井。周蓋千八百國，則大約不下九百萬井，不應若是之多也。況未知當時公侯幾國，伯幾國，子男幾國？則周之實數，終不可考也。

漢唐之田，余久書籍，亦不可考。宋皇祐時，田二百二十五萬頃，治平四百三十萬頃，皇明初，田八百四十九萬六千餘頃。古之頃小，今之頃大。禹之時，天下之地，不能今三之二，其墾田之數，何遽出於皇明之上耶？以此知古之頃小而今之頃大也。東國之田，僅七十萬結，見耕之田，未滿厥數，僅足以當中國二十六萬頃，柄國計者尙鑑玆哉！

賦稅

中國賦稅之法，蓋四變：授民以田而稅其十一，曰井田者，三代之制也；隨田之在民者稅之，而不復問其多寡者，秦漢之制也；授民田而收其租，計戶而收調，計丁而收庸，曰租庸調者，唐制也；隨民之有田者稅之，而不復計其丁戶，斂以夏秋曰兩稅者，自唐季至今之制也。

夫四制之中，孰得孰失，亦有可得以論者矣，聖王之法，無容議爲。然古制之不可行于今，猶今制之不可行于古也。蓋三代與唐之制，主於密；秦漢及今之制，主於簡。法密則唯聖人可以行之，而衆人不能也，故井田之制，行於三代。蓋數千年，而租庸調行于天下者，僅二百餘年耳。法簡則聖人行之，而衆人亦能以行之，以至於久，故兩稅之行，今千歲矣，而不能變。由是觀之，兩稅比租庸調爲差勝云。

租庸調

賦稅之法，其密莫若租庸調。古今之制，雖四變，而亦不出租庸調之意。周制，八家同養公田，所謂“租”也。上地，家七人可任也，古一家三人；中地，家六人可任也，古二家五人；下地，家五人可任也，古一家二人，所謂“庸”也。賈侍中云“周制，十六井，賦戎馬一疋、牛二頭”，所謂“調”也。兩稅之法，稅出於田，而力役出於丁戶，是庸與調，未嘗無也。

以東國論之，租最重，庸次重，調稍輕。雜色賦稅，皆出於田，而薪、芻、氷、炭又出於田。是以租稅而兼力役也，故曰最重；國中公私賤，居十之五，公賤納布於公家，私賤納布於私室，所謂“庸”也，其弊巨而難革，故曰次重；煙戶所出只供官家尋常之役耳，故曰稍輕。或曰：“私賤之貢，不入于國，謂之庸可乎？”余曰：“公家雖未獲利，私賤已不可革。所納之公私雖異，其出於民則一也，惡得不謂之庸？”唐制，人一歲役二十日，不役者有其庸，是男有而女無也。且中國自古及今，未聞有女子之庸；而東國女子，無其庸者，士大夫及良民之家耳。由是觀之，我國之庸，比租雖輕，而比唐之庸，則不啻十倍矣，可勝歎哉？

租庸調以人丁爲本，兩稅以田產爲本。土地一定而不易，丁口有時而盛衰。定稅以丁，稽考爲難；定稅以田，按覈爲易。

古者井授民田，丁多則田多，丁少則田少。其產之豐約，丁之多寡，視田爲比，故據田定賦，而其役自均。井法旣壞，民各營生，丁多者不必田多，丁少者不必田少；田少者未必貧，田多者未必富。其產之豐約、丁之多寡，不繫於田，故唐爲租庸調之法，據田而收其租，據丁而收其庸，亦足稱一時之美制也。然唐始略行授田之制，故得驗丁口之多寡，及其弊也。授田之際，難得其實，丁口多寡，無由而稽，則賦役惡自而均，民生惡得而遂乎？杜祐云：“天寶中，戶僅九百萬，昇平百年，而不得比崇漢室者，有司不善奉行之過也。”以愚度之，豈非唐家田畝之稅頗輕，而戶口之役甚重，胥民巧於藏匿，有司難於悉核歟？爲法之弊，一至此哉！

戶口之賦

自三代以來，只據田定稅，未嘗別有戶口之賦。漢制，今不可考，然馬端臨謂“兩漢不授民田，而輕其戶賦”，則是漢亦有戶口之賦，而不至如後世之重耶！意者始於商鞅，而漢襲之歟。唐因授田之名，而重其戶賦，田之授否，無常。而賦之重者，已不可復輕，遂重而民病，兩稅出而此弊革矣。至宋王安石，爲雇役法，實於兩稅之外，別設戶口之賦。此所以法雖美，而終不能行也。

至我皇明之制 戶口[24]之稅，百無一取，唯逐戶編爲里甲，十年一度輪差，□□年分官司，有所營爲。隨時起集傭倩，事已卽休。至於絹布之調，不役之絹，皆無有也。

罷租庸調

唐至楊炎，罷租庸調，行兩稅法。當時陸宣公力爭以爲不可，後世尙論之士，如呂祖謙以兩稅爲非，馬端臨以兩稅爲是，丘文莊亦以馬說爲然。愚未知其孰爲得、孰爲失也，世道如江河之運，而法制隨之以變。聖人作法，亦未有久而不弊者。蓋天下之勢，理無全利，有其利則必有其害。利多害少，斯爲良法；害多利少，終不可行。嗟夫！利害之形，輾轉相仍，苟非至明，有難盡察。世之好利之士，以一人之智，妄有創建，貽禍生民者，可勝道哉？嗚呼！可勝歎哉！

授田

三代：井授民田，卿大夫皆田授而不祿授也。秦 漢之後，其法蕩然，唐初，行之而不能久。高麗略倣三代之制，上自公卿下及軍民，皆授以田。及其弊也，中外良田悉歸私門。權要之家，據占制外；無勢之家，有位無田。以致公田日

24 戶口 : 저본에는 "□□." 문맥에 의거 보충.

蹙，國用日耗，須資厚斂，民不聊生。又有權勢子弟，爭占膏腴，互相攘奪，詞訟日繁，冒制行私，曾不憚畏。勢均力敵，訟久不決，故其田有二主者，或三四主者。佃客之戶，朝輸租於某家，夕被徵於某家，百弊橫生，罔有紀極。我太祖潛邸時，建議革私田之制，百年流弊一朝滌盡，民心翕然，治化丕作。因之至今，久而不廢，後世經國之士，尙知所取舍哉!

田稅

按:《補》"蘇州墾田，九萬八千五百六頃，出稅二百八十萬，九千石"，以此推之，中國田稅大約一頃出三十石，欠升斗。頃視我國，則當二結半；石視我國，則不滿五斗。是五十卜出四石租也，較之我國田稅則倍之，不應若是之多也。殆余考之不審也。

丘氏曰:"洪武中，天下夏稅、秋糧，以石計者，總二千九百四十三萬餘，而浙江布政司二百七十五萬二千餘，蘇州府二百八十萬九千餘，松江府一百二十萬九千餘，常州府五十五萬二千餘。韓愈謂'賦出於天下，江南居十九'。以今觀之，浙東西又居江南十九，而蘇、松、常、嘉、湖五郡，又居兩浙十九也。諺有之曰'蘇、松熟，天下足'，伏願明主一視同仁，念此五郡財賦所出，國計所賴。凡百科率悉從寬省，又必擇任巡撫大臣，假以便宜之權，任其從宜經制，而不拘以文法，必使上無虧於國計，下不殫於民力，一方得安，則四方賴之矣。”我國八道墾田，不滿七十萬結，而全羅道十八萬餘結，慶尙道十九萬餘結。二道田結，居一國八道七之四，則抑亦我國之蘇、松也。盍亦依丘氏之言，寬省科率，擇任大臣，謀所以安此二方之民哉？

唐制：男丁一人，授田百畝，歲納租二石曰“租”。百畝卽一頃也，與皇明一頃所納大不相似。抑明之所謂“頃”，與唐有不同者乎？未可詳也。明制：有衛、所之處，則有屯營之田，每軍受田二十畝，納租六石，正與蘇州之稅相類。却說民田，則例最輕者，頃收三石必定，則蘇州之稅，合出二十八萬餘石，而何至二百八十萬之多耶？可怪。

唐制：州府，歲市土所出，以爲貢。其價視絹之上下，無過五十疋，有加配則以代租賦。此必太宗之定制也。

築城

《左傳》宣公十一年：“楚令尹蔿艾獵城沂，使封人慮事，以授司徒。量功命日，分財用，平板幹，稱畚築，程土物，議遠邇，略基址，具餱糧，度有司，事三旬而成，不愆于素。”蓋見叔敖之能使民也。古人築城以土，而今以石，事雖不同，宜法其意。今築一城，當先擇有幹局精計料之人，度築幾里、高幾丈、廣幾丈，則調夫幾丁，用糧幾石，用鐵物若干，凡費若干，幾日而畢，然後命之以事。使成之後，視前所料不差毫釐，則有重賞，因爲著令。凡後築城，視此爲準，一夫一物不得妄有調用。唯量其伐石、取材之遠近，以爲命日之增減。苟城之廣狹與前築等，而加調五十丁，增日二十日以上者，有重罰。

今若難於豫料，則南漢、架山等役所調丁夫，必有文籍，宜取爲稽驗。第不知果有文籍否，未可必也。始役之際，宜發遣敬差官眼同董責，役罷而返，使官司日于丁夫，不得欺諱。

夫成之遲，則毁之久；成之速，則毁之易。物莫不然，至於爲城，而何獨不然？築以日計，則可支十歲；以月計，則可支百歲；以年計，則可支千歲。

又曰"築以十歲，則可支五百歲；築以三十年，則可支千歲"，更思之。

又曰："我國築城，民自齎糧。又築城小，則徵十邑之民；大則發一道之民，有董集之勞，有齎送之苦。所以每一築城，怨聲嗷嗷，城成之後，民心離畔，不可與守也。"今築一城，則宜蠲免其地之租稅十歲。歲役民二十日，田一結一年之租，足以供一人二十日糧有餘也。以萬結之邑論之，一結出一丁, 則是日役萬丁, 一年役二十萬丁, 十年役二百萬丁, 夫何城之不築乎? 日役千丁, 月役三萬丁, 六月二十日役二十萬丁, 自九月初一日至三月二十日放役。日役五十刻, 冬則燃炬。

木齋集

卷十

雜著

雜著

《東史提綱》凡例

一:《春秋》, 魯史而記周事, 至於列國之事, 亦皆備述。如《通鑑》、《綱目》等書, 多載海外國事, 此史家之法也。東國舊史, 不記中國之事, 史家大綱領, 疏謬特甚。故今依《左傳》例, 書中國歷代帝王崩殂, 因略書其興亡大致, 以存史家之體。

一:《春秋》崩卒, 告則書, 不告則不書; 傳則楚、越之喪, 皆書之。今依經例, 正統帝王之崩, 特書於綱, 南北朝、五代崩殂, 略述於目, 以倣傳例。

一: 舊史, 皆起自檀君, 今斷自箕子以下。【依《遷史》斷自黃帝以下例。】

一: 殷太師箕子《洪範》、《遷史》附載《微子世家》。今作《殷太師紀》, 則《洪範》不容不載, 而剟取書傳, 似涉僭猥。故取《遷史》所錄而書之, 其文少有異同云。

一: 舊史, 箕準南奔之後, 稱"衛滿朝鮮", 殊失史家正統之體。今以《朝鮮紀》係之箕準。

一, 馬韓未亡, 三國始祖, 皆用臣例, 不得稱王。

一, 三國論其大小, 則新羅之初, 不如高句麗之大。然新羅開國，先於麗、濟，而其終也，又爲新羅統一。故東史諸家，皆以新羅冠於麗、濟之上。今按高句麗，立國遼界，過二百餘年，然後東徙平壤，其史不足爲據。【出李文眞所撰】溫祚滅馬韓，絶箕氏之祀，不仁甚矣，而赫居世之盛德，可以承箕子之統，其言知尊馬韓，有足取焉。史文則出於崔文昌致遠《歷代記》，差可考信，故以新羅主之，而兩國附焉。

一：三國始祖誕生之說，出於愚俗傳訛。矯誣妄誕，史法不載，略加刪節而書之，其荒怪尤甚者，削之。

一：新羅照智王后一條，本史無之，亦出於俚俗浪傳。其爲誣枉，事證甚明，故今削之。

一：國君嗣世，踰年改元，乃禮之正。金富軾《三國史》，皆以先君薨年改元，大失《春秋》之義，故權近《史略》，踰年稱元，以正其失。徐氏《通鑑》，旣論斥富軾，而强從之，其謬甚矣。今悉改正。

一：漢光武、唐太宗以後，特書皇正月，依"春王正月"例。

一：中國史，但稱帝，今自唐以下，特書皇帝，依《春秋》加天於王例。

一：日食，《春秋》必書，謹天戒也，徐氏闕而不書。今悉據《三國史》所記日食，訂諸《綱目》而合者，書之。

《彙纂麗史》凡例

一: 修史之法, 當先正其統體。《春秋》, 魯史而記宗周列國之事。且中朝歷代史法, 於外國興亡戰伐邊境分割, 皆在必書, 而東國史, 未嘗記中國之事。此史家大綱領錯謬處, 故今稍變舊例, 宋、金、元興亡之際, 戰爭分裂, 頗爲備著, 以正史家之體。

一:《春秋》書法, 天王崩、列國君卒, 告則書, 不告則不書。宋自太祖至哲宗崩, 皆自密州牒報, 今依經例書之。南渡以後, 訃告不至, 故不書。或依《左氏》例書之。臣事時, 書帝崩, 事金、元時, 書宋帝崩, 此書法之標準也。

一: 既依歷代史法, 作世家、列傳, 則須有本紀, 史家體制始備。如宋太祖·神宗·徽宗、元世祖及大明太祖高皇帝事, 有與東國相涉者, 當立本紀。其餘諸帝事, 略載於世家中, 以存本紀之體。

一: 《高麗史》凡例, 準《元史》而作諸志, 逐條列錄, 有同掌故議注, 非作史之體。今輒依歷代史法, 改撰諸志, 錯綜成編, 五百年間天文、地理、禮樂、兵刑、沿革之制, 咸萃一篇, 提要備論, 其得失, 瞭然覩矣。所以傳、志之體, 與編年竝立, 互相爲用, 不可偏廢。

一: 諸名臣, 取其事同或功業名資相上下者, 裒類爲傳, 係以論贊, 悉依漢、晉、唐、宋史法。

一: 邊境得失, 係國大事。如抱州【今義州】還屬高麗,《宋鑑》錄之, 卽《東國通鑑》等書, 皆闕而不錄。且如徽宗朝二醫往來事，尤著明，不可略而不書。今悉依《宋史》書之。

一：東國被兵，悉驗中朝史記，根極其禍源而書之。

一：忠肅、忠惠前後稱元，《麗史》舊例尤錯，今悉正之。

一：史家句法，下字自有法例。東人不曉，敍事法門，往往以俚語足之。今輒竄易，代下他字。至於事係傳疑處，不敢輒下一字杜撰，其自他書添入者，皆標其來處。

一：歷代史，皆有外夷附錄，今輒依之，作契丹、日本等傳。

一：中朝兩漢、晉、南北朝、唐、宋修史，皆以紀傳爲重。如《通鑑綱目》，非史官所作，卽諸史紀傳，檃栝而就，故其文燁然可觀。東國雖有列傳，其文俗而不典，《東國通鑑》等書文，第因之，所以不逮中國史之爾雅也。玆取列傳，略加刪潤，事增於舊十之一，文省於前十之六，以俟秉筆者，掇入於編年策書，勒成東國之大典焉。

《司天考》論【出《彙纂麗史·天文志》】

嗚呼！《堯典》定四時，《禹貢》敍九州，而天地位矣。東國雖陋，豈曰無徵？今有必欲知之者，不可以遺也。作《司天職方考》。

司天，掌日月星辰之象，推步以候之；察其吉凶災祥以爲占，而圭臬測景，驗氣朔盈虛以爲曆.曆者，有常之數也；占者，非常之兆也。

夫爲國家者，履端立極，必體其元，布政考績，必因其歲；三農百工，必順其時，庶務有爲，必從其日月。是以聖人受命，必治曆數，見於經者，可考也。至於後世，其學一出於陰陽之家。然天運有差，其差甚微，而極於遼絶。故中國之精於曆者， 每苦於差， 況乎東方曆家精識算法不及中國遠甚？故其法尤差，此不可不審也。

麗朝不別治曆，承用唐《宣明曆》。《宣明曆》者，長慶中所作也。迄麗初已逾百年，前此唐已改曆，自是凡二十二改，而麗朝仍用之。【嘉祐四年正月丙申朔日食，而麗朝以丙申爲去年十二月晦，則未覺其差至此也。】至忠宣王，改用元《授時曆》，而開方之術不傳。故交食一節，尙循《宣明》舊術。虧食加時，不合於天，日御失日，舊矣，而終麗之世，莫能改焉。

其考黃道、審朓朒、校遲疾， 雖載於《曆經》， 而不足爲後世法， 故今姑略焉。 若夫日月五星之凌犯、盈縮及氣候之兆眹，要之玄遠幽恍，莫可推測。然其吉凶災祥，有關於中州者，有專於我國者。精於其學，則中國之安危盛衰，可坐而知。以寓夫先天下之憂，而自我之所以應，不可不預講。至其天意仁愛小邦，所以譴告懇切者，則又惡得以忽焉莫之省乎?

高麗日食， 一百三十二及彗孛飛流， 多與宋、元史符者，如顯宗十五年五月丁亥朔，日當食，不應，天聖二年甲子，宋朝群臣表賀者卽此。靖宗六年正月丙辰，日食，契丹

罷宴，宋帝深悔，則三國之推步同也。恭愍王二年九月乙丑朔，元告日食，不果食。【是日，大都日食。】

文宗三十年十一月，彗見于軫，卽熙寧九年，王安石上疏，引晉 武事，以爲天變不足畏。肅宗二年七月，火入輿鬼，卽紹聖四年，章惇擅權，群姦滿朝，太史奏賊在君側。六年正月壬戌朔，有赤氣起東北，亘西方，占曰“遼、宋有兵喪之兆”，而任伯雨上疏，以爲夷狄竊發之證。

睿宗元年正月，彗見于西南，長十尺許。《宋史》云“在西方長竟天”，汴京之西爲松都之西南故也。五年六月，彗星入紫微，時張商英拜相，彗滅而雨。至忠烈王十九年十月，彗見于太微左掖門，長尺五寸許，而《元史》記“彗入紫微，抵斗魁，光芒尺餘”，則自東國而斜望之。雖有斗魁、掖門之誤別，而松都距燕京近分野同。故所見尺數絶似，汴、都稍遠，故長短差異。

南渡以後，則日食星變，多不相應，其以隔海萬里、星土逈別而然乎？天勢有昇降而眼力不及者耶？抑以曆法頓差、推步未精者耶？【後考理宗末彗孛、度宗朝日食，與東史合。】由是觀之，日星凌犯之可推步者、彗孛之四海共覩者，其言凶休咎，不專在於東國審矣。至如日暈氛祲凡氣候之兆眹、太白經天及流星之各在其國者，如日赤暈而肅宗謀變，狼星見而仲夫搆亂，此類又不可勝記。

所謂“天意之譴告小邦”，而王者尤宜警懼而修德也。東國素無星翁術士妙解緯文，考驗分野界屬彼此，故凡有災咎，逢君諱言者，一切諉諸他國，而包藏禍心者，譸張不經之論，以動衆聽，此不可不辨也。

高宗朝，撰《明宗實錄》，權尚書敬中博通緯術，其論最爲折衷，故附著云。其說曰：

臣謹按：《春秋》，日食書，月食不書，豈以日實也，無待而明，君象也；月闕也，有待而明，臣象也，陽虧爲變，而月闕不足忌歟？丁未七月之日食，卽日而驗，曹、石之黨，宵犯宮闈。此乃陰侵陽、臣犯君之效也。魯昭公二十四年五月日食，梓愼曰"水也"，昭子曰："旱也。日過分而陽猶不克。克必甚，能無旱乎？陽不克，莫若積聚也。"是歲果爲旱。說者曰："二至二分，日有食之，不爲災。日月之行也，春秋分、日夜等，故同道而食，輕而不爲災，水旱而已。"己酉二月之日食，在於春分，是以至閏五月而旱，此其應也。日赤薄無光，日旁有背氣，外赤內黃，日有東西珥者，按《前漢書》："日旁氣，在傍直對曰珥，向日爲抱[25]，向外爲背。背者，背象也。氣往迫之爲薄。"《晉志》：曰"其君無德，其臣亂國，則日赤無光。"天之譴告，豈不丁寧乎？雖去曹、石，復有東南煽亂，故譴告如此。當此時而覺悟，豈非令終之兆乎？

月食昴、月食心、犯前星、食後星、月貫心而行者，按《星傳》，上國當有因刑罰失中之事，胡兵踐蹂天

25 抱：저본에 "枹".《漢書》에서는 이 내용을 확인할 수 없었으며，王士禛의《居易錄》권7에 이 내용이《前漢書》주의 내용으로 인용되어 있음.《彙纂麗史》의 주와《高麗史·權敬中傳》에 의거 수정함.

街，波及於外。又天王失位，而嫡庶子孫蕩析不振者。故罰之所示者如此其多也。

歲犯執法、太白經天、熒惑犯鎭、辰現房之東者，按志曰："仁虧貌失，則罰見歲星；義虧言失，則罰見太白；禮虧視失，則罰見熒惑；智虧聽失，則罰見辰星。"仁義禮智，以信爲主；貌、言、視、聽，以心爲主，故四星皆失。鎭[26]，乃爲之動。五星之應，大抵如此。但仁義禮智之虧與貌、言、視、聽之失，果誰之爲歟？將爲君天下者之應乎？擅一國者之應乎？不可知也。《星傳》"月食五星，其國皆亡"，其國者，分野之國也。今不書分野，則不可以論其應也。又曰"太白經天，天下革民更主"，則凡五星之變，多屬上國，非專爲本國之變也。

氣之變者，按《周禮》"赤祲"，乃憂氣之所應，則當時必有憂患[27]而謀亂者乎。按《晉志》"白虹，百殃之本。白虹霧，姦臣謀君。夜霧虹，臣有憂；晝霧虹，君有憂"，以此鑑誡可也。

木之變則傳曰："妄興傜役，以奪其時，則木失其性，而爲變怪。"魯成公十六年正月雨，木氷，劉向以爲："氷者，陰之盛而水滯者也；木者，少陽，貴臣卿大夫之象也。此人將爲害，則陰氣脅木，木先寒，故得雨而氷也。"或以木氷爲介。介者，甲也，甲，兵之象也。

26 鎭：《彙纂麗史》와《高麗史·權敬中傳》에는"塡".

27 患：《彙纂麗史》에는"恚".

栗, 北方之果, 蟲食其葉, 則北方之臣, 當憂讒賊, 而震杜者, 棟撓之凶也。

火之變, 傳曰: "棄法律, 以妾爲[28]妻, 則火不炎上。" 說曰: "火南方, 揚光耀爲明, 其於王者, 南面嚮明而理之象也。或耀虛僞, 讒夫昌, 邪勝正, 則火失其性而爲災。" 明宗早喪中壼, 七嬖爭寵, 牝鷄女謁, 樞機不密, 是以火樞密而示譴也。

水之變, 傳曰: "簡宗廟, 不禱祠, 廢祭祀, 逆天時, 則水不潤下, 而失其性。" 說曰: "水北方, 終藏萬物者也。王者卽位, 必郊祀天地, 望秩山川, 懷柔百神, 此所以順陰陽, 和神人也。" 明宗四時之享, 不躬行者有年矣, 宜水之爲沴也。

其他金石鳥獸之怪, 可以類推也, 大抵世治則天變略, 世亂則天變繁。道勝之君, 以人理天, 德衰然後天且譴告之矣。而或有爲天下而垂象者, 有爲一國而示警者, 有天下國家者, 可不鑑哉?

歐陽子曰:

《春秋》雖書日食、星變之類, 孔子未嘗道其所以然者, 故其弟子之徒, 莫得有述於後世也。聖人旣沒而異端起, 自秦、漢以來, 學者惑於災異、天文、五行之說, 不勝其繁也。《書》曰: "天視自我民視, 天聽自我民聽。" 未

28 爲 : 《漢書·五行志》에는 "以".

有人心悅於下而天意怒於上者，未有人理逆於下而天道順於上者。然則王者君天下、子生民，布德行政，以順人心，是之謂奉天。至於三辰五星常動而不息，不能無盈縮差忒之變，而占之有中、有不中，不可以爲常者，有司之事也。

謹按：斯說固有得於儒者之論。然朱子述《綱目》，於天變輒謹書之，亦《春秋》之意。夫史所以奉天道而作也，豈可以此專爲有司之事也哉？蓋東國俗以星緯爲賤技，士大夫絶無學習者，簡冊所載特爲滅裂，亦可恨也。

權尙書少時，辟穀學仙，李奎報作詩責之。然權自淸修寡慾，類有道者，故其所論頗亦卓絶，有見解處非諸人之所及。至其占太陰之貫心，而料中國之變者，亦自有理。明宗十九年卽壽皇傳授之際，父子之變，可謂極矣。所謂"天王失位，嫡庶[29]蕩析"，可謂暗符矣。是時與宋絶不通久，故權公特未聞其詳焉爾。丘文莊曰："紫微、北極，不干外國事"，以此驗權說益信。然心者，東方中宿也，歲星，尤主東方，而權謂之皆屬中國，此亦非通論也。嗚呼！天道遠矣。學之未精，則流而爲災異，當以歐陽說爲正。

29 庶：《彙纂麗史》에는 "妾".

地理志

論曰：自箕氏亡，東方有大國曰三韓。小者無慮百餘國，後合而爲三：大國曰高句麗、新羅、百濟。麗祖興於句麗舊地，故定有國之號曰高麗。竝羅、濟而一之，都于開京，以羅、濟地爲東南道。置都部署使以領之，更諸州、府號而已。鴻業甫定，其於經略，蓋未遑焉。

成宗二年，置十二牧：曰廣州，曰忠州，曰清州，曰公州，曰晉州，曰尙州，曰楊州，曰全州，曰海州，曰黃州。【其二未詳某地】十四年，分境內爲十道：曰關內【楊、廣、黃、海等地】，曰中原【忠、清等地】，曰河南【公、洪等地】，曰江南【全州、瀛州、淳州、馬州】，曰嶺南【尙州所管】，曰嶺東【慶州、金州所管】，曰山南【晉州所管】，曰海陽【光、羅、潭、朗、靜、昇、貝等州】，曰朔方【春州等郡】，曰浿西【西京所管】，皆置轉運使，建十二軍。以楊州爲左神策軍，以海州爲右神策軍，稱二輔，以黃州爲天德軍，廣州爲奉國軍，忠州爲昌化軍，清州爲全節軍，公州爲安節軍，全州爲順義軍，尙州爲歸德軍，晉州爲定海軍，羅州爲鎭海軍，昇州爲兗海軍，皆置節度使。於東西北面，置兵馬使。

顯宗三年，廢節度使，置五都護、七十五道按撫使。尋罷之，置四都護【寧州安北大都護、全州安南大都護、海州安西大都護、慶州安東大都護】、八牧【廣、忠、清、晉、尙、羅、黃、□】。二十年，罷轉運使。自是以後，定爲五道兩界。合關內、中原、河南而爲楊廣道，合嶺東、嶺南、山南而爲慶尙道，合[30]

江南、海陽而爲全羅道，以朔方爲交州道，割關內所管黃、海等地爲西海道。自大嶺以東，南至平海，北至登州，曰東界，浿西爲北界。赤縣六、畿縣七，直隸尙書都省。諸道置按察使以統之。

忠烈二年，改按撫爲巡撫，而以按察使爲按廉使。忠宣卽位，以慶尙、全羅、忠淸三道地大，加置按廉副使。辛昌八月，罷按廉，以兩府大臣，爲都觀察黜陟使；恭讓元年，始用除授，以專其任。二年，置觀察使，四年，罷之，復按廉使。總京四、牧八、府十五、郡百二十九、縣三百三十五。

東西南距海，北連陸，周可七千里。初句麗之地，西極於遼，北極於肅愼之地。句麗亡，唐亦衰，唐之幽、薊爲契丹所侵蝕，而句麗西北界爲女眞所據，女眞亦句麗之部落也。尹瓘破女眞，以先春嶺爲界，句麗時碑跡，尙有存者。史氏謂"西北，自唐以來，以鴨綠爲限，東北則過於句麗"，史誤也。蓋東北所至，亦不及句麗也。麗祖不能復蓋馬【地名】，猶藝祖不能取幽、薊也。本朝龍興，始置六鎭，悉復句麗氏舊疆，而皇明定鼎燕京，適與時會。

噫！邊境得失，與中國相爲終始。觀於此，其盛衰治亂，可以見矣。蓋有天下國家者，其治亂存亡在德，不在於地之廣狹。然務廣其非所固有，以爲功者亡；其視所固有之土，不甚愛惜，棄之爲人資者亦亡。嗚呼！可不於此審其機也哉！

30 合：저본에는 없으나, 의미에 의거 보충함.

禮志論

昔者君子之爲是禮也，存是心而爲本焉。夫禮也者，謹其心之所由施也。夫禮，非從天降，非從地出，緣人情而設爲之節文者也。夫理具於心，而觸事而動，而有喜怒哀樂之變焉。於是聖人爲之慶賞爵祿以飾喜，爲之干戈鈇鉞以飾怒，爲之衰麻哭泣以飾哀，爲之鐘鼓燕飮以飾樂。凡所以達其情而節其淫者，皆自夫是心而推之也。故曰"爲禮以存心爲本"。

雖然心發而爲情，情動而勝，則理漸差而中節難矣。於是聖人爲之禮，以制其所發而反於理。故是心也施之於郊廟，非禮不敬；施之於朝廷，非禮不肅；施之於家庭，非禮不睦；施之於身，非禮不恭；施之於人，非禮不謙；施之於政，非禮不治。故曰"禮也者，謹其心之所由施也"。是故有是心然後有是事，有是事然後有是禮，有是禮然後有是器。於是乎有動作揖讓之節焉，有尊卑等威之辨焉。微而視聽言動，大而制度號令，何莫非自夫是心而推之也？

古之君子明諸心而達於理，見其禮而知其政，覩其物而曉其義，習於其事，安於其器，躬行於上，觀感於下；使民日遷善遠罪而不自知者，豈無其本而然哉？後之君子闇於理而不得於心，昧其本而徒事乎末。平居，貿貿不知所以爲禮，及其臨事，令有司陳其器物，執簿而唱之，依而從事，曰"是禮也"，退而茫然不知爲何物。由是而行之身，由是而治乎人，其教化不立，而民俗日偸，固也無怪也。

高麗 太祖立國經始，未遑議禮。至于成宗，聿稽典禮，立郊廟社稷，制作日新，有可觀者。睿宗立局，定禮儀。毅宗命崔允儀撰《詳定禮》五十卷，蓋以唐《開元禮》諸書爲法。然高麗一代之制，閨門不正而夫婦之倫乖，君弱臣强而君臣之道缺，三綱淪、九法斁，而禮之大本亡焉。特取漢、唐儀注，藏於有司，時出而施之，欲望敎化行而民俗厚難矣，豈非所謂"昧其本而徒事乎末，闇於理而不得於心"之故歟？舊史據《詳定禮》及本史遺編，旁采《周官六翼》、《式目編錄》、《蕃國禮儀》等書，分纂吉、凶、軍、賓、嘉五禮。今不能悉載，特取其槪，著于篇。

樂志

古之聖王，功成治定，禮明法修。乃作樂以宣八風之氣，以平天下之情，故聖王貴之也。樂有五聲、十二律、八音：一[31]曰黃鐘，所以宣養六氣、九德，天地之中聲也；二曰大簇，所以金奏，贊陽出滯也；三曰姑洗，所以修潔百物，考神納賓也；四曰蕤賓，所以安靖神人，獻酬交酢也；五曰夷則，所以詠歌九則，平民無貳也；六曰無射，所以宣布哲人之令德，示人軌儀也。爲之六間，以揚沈伏而黜散越也：元間，大呂助宣物；二間夾鐘，出四隙之細也；三間中呂，宣中氣也；四間林鐘，和展百事，俾莫不任肅純恪也；五間南

31 一 : 저본에는 없으나, 의미의 의거 보충함.

呂，贊陽秀也；六間應鐘，均利器，用俾應復也。謂之間者，以其在陽律之間也；又謂之同，以其同於陽也。總爲十二律，三分損益，隔八相生，旋相爲宮。

五聲之序，宮最大而沈濁，羽最細而輕淸，商次宮，徵之細次羽，而角居四者之中。然考中聲，不以角而以宮，宮者，君道也。是以黃鐘不爲他律役，制度量衡，皆由是本焉。於是吹管候氣，參驗被諸八音。有八十四聲、六十調正變之妙，其制作之意微矣。自三代聖王，各有增損，而其法大抵皆同，秦、漢以後，器與聲俱亡。武帝時，有制氏者世爲樂官，習其音，不知其義，論者惜之。魏用杜夔，隋用鄭繹，何妥，唐因隋之舊，宋用和峴、胡瑗、阮逸、范鎭。考正鐘律，然卒亦無所得焉。夫以中朝之盛，當聲器墜缺之後，不復覩先王雅樂者，今數千年。況於海外偏邦，雖規規於器數之末，何足道也哉？

高麗 太祖甫創大業，其於禮樂，蓋未遑焉。至于成宗立郊社宗廟，文物始備，大祭祀皆用雅樂。其樂律之制，典籍無稽，然郊廟登歌、軒架，蓋以唐朝雅樂爲法。睿宗十一年六月乙丑，王字之還自宋。徽宗賜大晟樂，詔曰："三代以還，禮廢樂毁。朕若稽古，述而明之，百年而興，乃作大晟。千載之下，聿追先王，比律諧音，遂致羽物，雅正之聲，誕彌率土。逖惟爾邦，表茲東海，請命下吏，有使在庭。古之諸侯，敎尊德盛，賞之以樂，肆頒軒簴，以作爾祉。夫移風易俗，莫若於此，往祗厥命，御于邦家。雖疆殊壤絶，同底大和，不其韙歟？"

庚寅，王御會慶殿，召宰樞侍臣，觀大晟新樂。十月癸酉，王祼于太廟，薦以新樂。新製九室登歌樂章：太祖室曰大定之曲，惠宗曰紹聖，顯宗曰興慶，德宗曰嚴安，靖宗曰元和，文宗曰大明，順宗曰翼善，宣宗曰淸寧，肅宗曰重光。正聲、中聲，各有一章。自是郊廟朝廷，皆以大晟奏之，然字之之來也，宋朝惟寄衣冠樂器，東人不知肄習。承旨徐遹入宋，私習舞儀而教之，其進退疏數之節，無所憑依。

毅宗辛巳，一儒臣擅改節拍，律呂錯亂，其上下干戚、籥舞，進退疾徐，皆不應節。其後樂工願從初到時節奏習之，主司取旨，而莫能改。八音之中，缺絲、土二聲，歌師但誦譜之高低，略不解其詞語。至明宗時，樂工逃竄，冒占他業，樂之缺亂甚矣。於是論者謂："是樂，宋朝以新樂賜睿廟。本非宋太祖所制之樂，樂之行未久，而宋朝亂。"且爲本國樂官，妄施更改，請用前代所用之樂。是時國家多事，武臣濁亂，未遑稽古之事，識者恨之。

恭愍八年，御史臺請新制樂器。其後遣使請樂器于大明。是時太祖皇帝令冷謙等，考正樂律。十九年五月，成準[32]得還自京師，賜樂器：編鐘十六架、全編磬十六架、全鐘架、全磬架、全笙簫、琴瑟、排簫一。七月，遣姜師贊請樂工精曉音律者。帝不許，令太常樂工，赴京習業。皇朝樂器，用於宗廟，而社稷、籍田、文廟雅樂鐘、磬闕焉。二十一年，移咨中書省，買鐘、磬。恭讓三年，請於會朝用樂。

32 準：《彙纂麗史》와《高麗史》에는 "准".

從之。

蓋自高麗雜用唐樂，有《獻仙桃》、《淸平樂》、《五羊仙》、《黃河淸》、《抛毬樂》、《臨江仙》、《西江月》等曲；其鄕樂有《動動》、《西京》以下二十四篇及三國時鄕樂，皆非先王正聲，故今不備錄也。

刑法志

嗚呼！古者無刑書，不識焉可也。識之何義也？刑也者，侀也，侀也者，成也。一成而不可變，故君子謹之，雖識焉可也。夫惟聖人以德化民，故曰"'象以典刑'，如天之垂象示人而已"。又曰"監于茲祥刑"。夫刑者，非祥也，何以謂之祥刑也？刑期于無刑。祥刑者，無刑也。

旣無刑矣，夫焉有書？建德下衰，書乃作，君子非之，而不敢廢也。夫奚以不廢也？俾民知避也。春秋之季，晉、鄭二國鑄刑書於鼎，仲尼與叔向譏之。奚譏焉？悼刑書之權輿也。李悝著《法經》，蕭何次律令，其原於是歟。唐興，房玄齡等因隋舊書，損益條格，爲一代之制。高麗刑法，大抵皆本於唐焉。

唐之刑書有四：曰律、令、格、式。令者，尊卑貴賤之等數，國家之制度也；格者，百官有司所常行之事也；式者，其所常守之法也。凡邦國之政，必從事於此三者。其有所違，及入于罪戾者，一斷以律。律之爲書十有二：曰名例，曰衛禁，曰職制，曰戶婚，曰廏[33]庫，曰擅興，曰盜賊，曰鬪訟，曰詐僞，曰雜律，曰捕亡，曰斷獄。高麗悉倣之，增獄官令二條，總七十一條。其用刑有五：一曰笞。笞之爲言，恥也。漢用竹。二曰杖。杖者，持也。三曰徒。徒者，奴也。《周禮》曰"其奴，男子入于罪隸"，寘之圜土而教[34]之，量其罪輕重，有年數而捨是也。四曰流。《書》曰"流宥五刑"是也。五曰死。乃古大辟之刑也。

自隋以前，死刑有五，而流、徒[35]之刑，鞭、笞兼用。至唐定爲笞刑五，自十至于五十；杖刑五，自六十至于百；徒刑五，自一年至于三年；流刑三，自一千里至于三千里；死刑二，絞、斬，而五刑皆各有減、贖、當、免之法。高麗皆因之。杖式用金尺，與唐律無異。凡杖皆長五尺，脊杖，大頭圍九分，小頭七分；臀杖，大頭圍七分，小頭五分；笞杖，大頭圍五分，小頭三分，較唐式長二尺。

辜限：毆傷人以手足者，限十日；以他物者，限二十日；折趺支體及碎骨，限五十日；被傷日晩，則至限日晩爲決。禁刑以十直【初一、八、十四、五、八、二十三、四、八、九、三十日】，俗節、愼日【年首日二月子午初一日】，諸察獄官，先備五聽，又驗證諸事狀，疑似不首實，然後拷掠，每訊，相去二十日。犯殺人罪，初段堅問九端，隔三七日，二段堅問十二端，隔四七日，三段堅問十五端。外獄囚，界首都護

33 廏：저본에 "廐".《彙纂麗史》에 의거 수정함.
34 教：저본에 "殺".《新唐書·刑法志》에 의거 수정함.
35 徒：저본에 "徙".《新唐書·刑法志》에 의거 수정함.

官、州縣守令，齊坐審勘，每七月一日，臨問員親齎上來。凡決訟，小事五日，中事十日，大事二十日，徒罪以上，按三十日，滯獄者罪之。杻、校、鉗、鎖長短廣狹之制，今不得以考焉。

顯宗九年閏四月，侍中劉瑨等奏："陰陽愆伏，民遘[36]疫癘，皆刑政不時所致也。謹按《月令》'三月節，省囹圄，去桎梏，止獄訴；四月中氣，挺重囚，出輕繫；七月中氣，繕囹圄具桎梏，斷薄刑，決小罪'，又按《獄官令》'從立春至秋分，不得奏決死刑'，乞令所司施行!"從之。德宗三年七月，教曰："省刑部奏讞，法在必誅，然罪疑惟輕，前王令典。其毆家主及謀殺人强盜者，杖流無人島；縱犯强盜傷人以下，竄有人島。"於是京城減死六十九人。文宗二年正月，制："犯罪配鄕人，有父母年老，權留侍養，父母沒還配。"三十三年，江陰縣有盲人謀姦人妻，因殺人當死，依律文，八十以上十歲以下及篤疾，例論減死配島。睿宗六年，判："四月放輕囚，五月重囚緩枷鎖，以爲永式。"仁宗元年，淸州有人因救父殺人，除配島，移其鄕。十四年，判："囚徒無養者，官給食。"明宗十五年，南原郡人與郡吏有隙，至其家縛吏于柱，火其家燒殺之，議以鬪殺。論制"鈒面充常戶"，蓋高麗議刑動居於厚，類如此。

辛禑三年二月，令中外決獄一遵《至正條格》。六年六月，憲府上疏曰："凡大辟，必三覆奏，君臣同議斷決者，乃

36 遘：《高麗史·刑法志》《劉瑨傳》에는 "庶".

先王成憲，而今中外斷死罪，輒擅決不以聞。請自今中外大辟，所在官吏具報都堂，施行。”從之。十四年[37]八月，又上疏曰：“近年姦臣柄國，士風日[38]變，賢姦佞而鄙廉恥，奔走權門，竊祿曠務。方今更化之初，餘風未殄，各司怠職。願令攸司，各以斷獄決訟之事，當衙日上之，各司日坐本司視事，違者，停職徵祿。如聽訟決事及出物[39]錢穀之司，交通私書，顚倒是非，耗竊官物，一切禁斷。請者許者，皆以不廉論。典校一官，皆文學之臣，無他所掌。願委刪定刑書，以惠萬世。凡朝廷儀禮，中外官司相接之節，文書相通之格，亦使刪定頒行。”

九月，典法司上疏曰：“政以立法，刑以輔理，自古理國家者，必修其法典，明啓胥占。前元有天下，制以《條格》、《通制》，布律中外，尙懼其煩而未究，復以中國俚語爲律，名曰《議刑易覽》，欲令天下爲吏者皆得以易曉也。然本國俚語，與中朝不通，尤所難曉。且無講習者，俗吏妄施其意，上下以爲姦，或受賄賂，或怵[40]權勢，縱釋有罪，枉陷無辜，愁怨之氣，仰干天象。致災怪屢現，民生不遂者，職此由也。竊見《大明律》考之《議刑易覽》，斟酌古今，尤頗詳盡。況時王之制，尤當倣行，然與本朝律不合者有之。

37 十四年：저본에는 없으나，《彙纂麗史》에는 있음．《高麗史·刑法志》를 확인하여 보충함．

38 日：《高麗史·趙浚傳》에는 “一”．

39 物：《高麗史·趙浚傳》에는 “納”．

40 怵：《高麗史·刑法志》에는 “諂”．

乞命朝臣通中國與本朝文、俚者，斟酌更定，訓導京外官吏，一笞一杖，依律施行，如有妄意輕重者，以其罪罪之。

司掌刑之官而國中刑憲，不得總知，非立官之意也。今後京外官司，一切刑戮，須通報於司，毋得擅行。州、縣則罪之合於笞者，依律直斷，杖以上，報觀察使施行。大辟，具狀報觀察使，轉呈于司，司按律可殺，報都評議，具以上聞。上察而命司，依律移文後，斷決施行。洪武三年十二月，判付內田民推決等事，付版圖、都官，典法司，專掌刑讞禁亂。近年不遵判旨，因循前習，田民之事，日繁月積，而所掌刑決禁條[41]，反爲餘事，案牘停滯，冤苦實多。今後田民事，一依前判，各還都官、版圖，而本司專修職掌。"判：付都評議使擬議施行。

恭讓元年十二月，憲司上疏曰："'罰不及嗣'，'罪人不孥'，近世以來，殺人而滅其族，猶恐有後，不仁甚矣。乞法三代聖王之制，有罪者，妻子毋隨坐，以示聖王[42]不忍之政。"四年三月，又上疏曰："典獄，罪人所聚，癘[43]氣蒸染，疾病易生，死非其罪，甚可恤也。乞醫官一員，六朔相遞，全任[44]典獄，每日察病囚症候，劑藥救療，令刑曹郎官，考察獄吏、醫官勤慢。"從之。此其當世所施行而著見者，其餘不足記也。

41 條：《高麗史·刑法志》에는 "亂".

42 聖王：《高麗史·刑法志》에는 "盛朝".

43 癘：《高麗史·刑法志》에는 "厲".

44 任：《高麗史·刑法志》에는 "仕".

聖人系《中孚》之象曰"議獄緩死",《豐》之繇曰:"折獄致刑",一主於仁,一主於斷,此其互相爲用,而不可偏廢也。以《書傳》所載考之,雖舜、皐陶、武王、周公,論刑之旨要,皆不出乎此也,故曰"好生之德,洽于民心",又曰"罰蔽殷彝,用其義刑義殺"。蓋斷獄之體,或由重卽輕,或由輕適重,輕重舒慘之際,自有天然一定之則焉,不可以一毫私意,參錯上下於其間也。

若高麗政刑,一切不論輕重,專以慈仁姑息爲心,寬惡惠暴,綱紀不振,委靡頹墮,以迄于亡。蓋自太祖蠲泰封之苛政,更立疏網,蕩然在宥,不以法度繩下,禮遇群臣,恩而不肅,立法創制,未盡善也。然方是時也,德澤旣深,風俗淳厚,足以維持數世而無弊,亦庶乎扉屨赭衣而不純者,殆其然乎。

顯宗南幸,制軍令,私洩謀於敵,及敵入軍中,知而不告者,皆杖二十。及其還都,刑部奏趙容謙、柳僧虔、李載、崔棫、崔成義、林卓等驚動行宮罪,請除名支配,從之,君子以爲失刑。

仁宗初年,李資謙構逆,宗社幾亡,僅乃克之。資謙於仁廟爲外祖,待之以不死,雖謂之以恩掩義可也。至於資謙親黨助逆煽禍者,一皆赦而不誅,法宮縱火之賊,枷于市三日以恥之,其政刑之不肅如此。自是以後,憲律輕薄,姦不輒得,君臣之分,日以陵夷,兇逆之儔,狃而莫懲。迨乎毅宗,仲夫之亂作,此豈一朝一夕之故也哉?

明、神以來,武臣相繼執權,朝臣忤輒見誅。有被告者,未嘗置[45]獄驗問，一切沈之水中，以脅衆立威，薙獮衣冠，椎剝生靈，其毒虐所被，自古以來未嘗有也。於是得罪亡命及婦女姦淫、臣叛主、子背其父者，競萃於其門，輒加庇護，法司莫敢問，政刑大壞，無足紀者。人主屛居深宮，飮食動靜，不得自由，涕泣恐畏，不敢出一語，如是者幾百年。蓋麗氏政素寬弛，武臣乘之以猛。崔氏父子用刑尤酷，故權力一集，而不可復動，其所由來漸矣。故曰"仁者制亂而弱者縱之，剛彊非不仁，而柔弱者，仁之賊也"，豈不信哉?

烈、宣以來，壓於大國之威，東國粗安，僅而無事。然金方慶藏甲之誣，宮禁巫蠱之事，連歲而作，獄禍未嘗絶也。辛禑旣立，崔瑩用事，禑日事誅殺，以無道行之，而瑩亦嗜殺立威，洪仲宣、金濤之死也，斷獄果[46]嚴，國人不勝其冤。

恭讓旣立，國家多事，麗室舊臣，或陰圖自全，或謀搖國柄，互相猜懼，訴訐日盛，逮繫滿獄。凡大獄有五：曰沮復王氏扶立辛昌者，曹敏修、李穡也；謀迎辛禑求絶王氏者，邊安烈、李乙珍、李庚道、元庠、李貴生、鄭地、禹玄寶、洪壽、王安德、禹仁烈及穡也；遣間中國，請天下動兵者，穡、安烈、敏修、玄寶、地、李琳、金宗衍、李崇仁、權近、李種學、慶補、陳乙瑞、崔七夕、張夏、權仲和也；與宗衍謀內應者，朴可興、池湧奇、李茂、鄭熙啓、李彬、尹師德、朴葳、金軾、李龜哲也；陰養國庶謀

45 置：《彙纂麗史》에는 "致".

46 果：《彙纂麗史》에는 "過".

變者，亦湧奇也。

諸獄方興，而穡染於三案，累年不決，一時臺諫附會鄭道傳等，乘時輒中傷，人人自危。於是侍中鄭夢周上疏曰："諸罪人，按驗累年，獄情未白，必於其間，有罪者，曲蒙肆宥；無辜者，未克昭雪。是以言者紛紛，至今不已。宜令省憲、法司，更加[47]商確，將連涉人文案，詳覆奏呈。殿下坐朝門，召宰輔諸僚，親臨檢覈，悉加裁斷，然後加以罪黜，施以肆宥，則人心服而公道行矣。"王然之，令省憲刑曹，論列五罪。御正殿，召夢周及判三司裴克廉、大司憲金湊、評理柳蔓[48]殊、左常侍許應、右常侍全五倫、諫議朴子文、全伯英、獻納權軫、正言柳沂、金汝知、掌令崔咸、金畝、持平李元緝、李作、刑曹判書具成祐、總郎成溥、正郎河係宗、佐郎朴徛等，議定五罪，李琳、曹敏修、邊安烈、金宗衍已死，餘或無供辭，或見於他人供亂。

王乃曰："曺敏修手握重兵，欲立辛昌，私問於李穡，穡畏敏修而從之。穡實怯懦，罪可恕也。"夢周對曰："然。穡但無節操耳，有何[49]罪乎？"湊駁之曰："穡旣知非王氏，而倡立子昌，是成辛氏爲君也。成辛氏爲君，則殿下以辛氏之臣，簒辛氏之位矣。穡爲世大儒，就斷國論，貪生忘義，罪可恕乎？"諸郎舍唯唯，汝知獨希旨曰："臣亦謂穡等無罪也。"王又欲原禹玄寶、朴可興，湊曰："殿下有私意。"王艴然變

47 更加：《彙纂麗史》에는 "共議".

48 蔓：《彙纂麗史》에는 "曼".

49 有何：《高麗史·鄭夢周傳》에는 "何有".

色曰："卿以予私耶?"乃釋穡與玄寶。敏修、安烈籍其家，湧奇、可興依舊付處，仁烈、安德、葳，外方從便，餘皆釋之。夢周因啓，王著令曰："今後有論上項人罪犯者，以誣告論。"是時，王柔懦，欲赦諸人，畏臺諫不敢赦，積年滯獄，一朝而決者，夢周之謀也。夢周又取《大明律》、《至正條格》、本朝法令，參酌刪定，撰新律以進。是歲，夢周見殺，高麗亡。

噫！麗氏刑法，雖以唐爲法，而太祖好佛敎，以慈悲爲本，此所以終於不振。然仁慈惻怛，使人有不忍叛之心，亦所以爲長久之術也。及其衰也，斷獄之權，出於臣下，亂獄滋豐，卒以此亡國。蘇軾曰"漢獄之逮最多者，皆在末造"，豈不信哉？嗚呼！可不監哉！

兵志

夫兵，奚而設也？天以生爲德，以殺爲威，故聖王象之仁以類其生育，義以類其肅殺，兵之設久矣。要之，有本有末，捨本而言末者，非也，末之不足爲，而吾將專事乎本者，亦非也，而況有兼其本末而竝失焉者乎？故兵制之得失，王者不可不盡心焉，存諸簡冊者，可稽已。夫有國者之與有天下，規摸雖別，其得失奚以遠哉？

我東有國，肇箕受封，鼎峙之際，干戈日尋，兵制之詳，邈焉難考。惟麗祖立府衛之兵，頗有足稱焉。蓋古者兵法，起於井田，周衰王制壞。至於唐，立府兵，始寓之於農，行之數十年，府兵罷，兵農分，迄于宋、元，終不能復，而麗祖六衛三十八領之制，體統相維，頗以唐府兵爲法，其驗[50]丁授田，又有得於井田之遺意，可謂良法也。然其敎養動作，節目纖悉，固不能如古之盛也，及其子孫，時有沿革，以苟利趨便，而卒亦莫得其要。於是兵無常制，法無常守，而王室陵夷，兵柄下移，甚至國有方張之寇，而公無一旅之師，國勢無復可爲矣，猶得扶持延引，百年而後亡者，特幸耳。

蓋高麗有國四百餘年，而兵之大勢，三變其間。蓋自有六衛，又有五軍，自是或爲三軍，或復五軍，而竟皆罷。及其末也，將多力分，職任不專，於是復三軍之號，而高麗遂亡，其措置之得失，安危之所係，可不審歟？若乃州、鎭之制，翼軍之屬，不可得以悉記，特記其大者，以爲世戒云。

太祖二年正月，置六衛：曰左右衛，有保勝十領、精勇三領；曰神虎衛，保勝五領、精勇二領；曰興威衛，保勝七領、精勇五領；曰金吾衛，精勇六領、役領一領；曰千牛衛，常領一領、海領一領；曰監門衛，一領衛，皆有上將軍、大將軍，以統諸領。領皆有將軍一人、中郎將二人、郎將五人、別將五人、散員五人、尉二十人、隊正四十人。每領，正軍一千、望丁六百，而軍統於領，領統於衛，衛統於兵部令。後置鷹揚、龍虎二軍，凡三領軍，各有上將軍、

50 驗：《彙纂麗史》에는 "檢".

大將軍，稱近仗而在六衛上。

靖宗二年，令戶部給諸衛軍名田，不足者以公田，而諸衛散亡者衆。初扈駕、內外力役，皆正軍望丁當之，及屢經禍亂，丁人多闕，使六十、祿官，代爲其役。由是領役艱苦，爭相閃避，伍衛、隊正莫能堪。十一年五月揭榜，令五部坊里，除各司從公令史、主事、記官、有蔭品官子，有役賤口外，兩班及內外白丁，選出充補。依前田丁連立，遇十將、六十有闕，竝以領內丁人轉報。文宗十八年，更氏族帳籍。

毅宗二十一年，府兵入屯于闕庭，時王荒淫，忌諸弟，擁兵以備不測。簡其勇，號內巡檢，分爲兩番，擐甲衣紫弓劍，分立仗外，雨雪不得休。夜則巡警達曙，諸衛士不堪其苦，遂謀亂。初二軍在六衛上，而不相統，後使二軍上大將軍及六衛諸將軍，同會一處議事，號曰“重房”，而權力集于一，武臣始强。及是，上將軍鄭仲夫與別將李義旼、散員李義方、李高等作亂，用內巡檢軍，大殺朝之文士，大小無遺類，放王而弑之。自是武臣用事，重房之權益重。將軍慶大升既誅仲夫，尋卒，李義旼爲攝將軍崔忠獻所殺，而忠獻遂執國命，磔戮朝紳，毒痡生靈，甚於仲夫、義旼，而懲其忽於防衛也。於是自文武官吏、閑良軍人有勇力者，悉招致之，分爲六番，更日直宿其家，號曰“都房”。

當金山兵之至也，以鄭叔瞻爲中軍元帥，趙沖爲副，李延壽都知兵馬事，率五領軍禦之。叔瞻等點兵於順天館，獷勇之士，皆爲忠獻父子所占，而官軍皆老羸不堪戰，諸將心懈，莫有戰意，而忠獻閱家兵，自左梗里至右梗里，重重作隊，槍竿縣銀闊口三四事，誇示國人，以募勇士。已而五軍潰，國內洶洶，而忠獻父子擁兵數萬以自衛。及再遣趙沖破退丹兵，而忠獻忌之，不酬其勞。自是六衛之士，日就損耗，而都房兵力日盛。忠獻死，怡、沆、竩繼之，四世柄國，罪惡貫盈，而當時忠臣猛將環視，莫敢討，以其有都房之士也。

明宗嘗因西征衛士，少選良家子弟四百人，執戟衛毬庭，號衛國抄猛班。然自是禁旅益懈散，爭附都房，惟金方慶以牽龍行首入直王宮，盡心宿衛。別將金仁俊誅崔竩，郎將林衍誅仁俊，廢元宗，益用事。一權臣除，一權臣生，首尾百年，禍變益烈，由王室不能自討權臣，而世之有權力者，因衆怒輒誅之，取其位故也。及元宗復位，外藉大元兵力，誅除林氏而後權臣之禍始息，而三別抄之亂作。

初崔怡患國中多盜，募勇士，行夜警守，因名“夜別抄”，及諸道盜起，分遣別抄以捕之，軍勢寖盛，遂分爲左右。又以國人自虜中撥還者號“神義”爲一部，是爲三別抄。豐其餼資，優其給賜，以爲爪牙之用，故權兇所欲爲，輒爲之致死。金俊之誅竩，林衍之誅俊，松禮之誅惟茂，皆藉其力。

及王還都舊京，三別抄懷二心不從，王遣將軍金之氐入江華，罷三別抄，取其籍。三別抄疑遂取以聞于元將軍，裵仲孫與別抄指諭盧永禧等作亂，逼承化侯 溫爲王，署置官府，悉載公私玉帛子女，南下入珍島。時百官咸出迎王，而妻孥皆爲賊掠去，慟哭聲振天地。明年金方慶與蒙古元帥忻都擊破島，餘衆竄入耽羅，方慶進攻破之。於是屢經變亂，府衛兵不滿其額，閱文武散職、白色雜丁及緇髡而充之。當誅俊也，簡勢家子弟，入衛殿內，稱"後壁"。忠烈王卽位，以禿魯花分番宿衛，號曰"忽赤"。恭愍王置忠勇四衛，祿之同於八衛，南幸時，無一人扈駕者，遂罷之。二十年，教給府兵田，二十二年，設義勇左右軍。

恭讓卽位，憲司上疏曰："府兵領於八衛，八衛統於軍簿，四十二都府之兵十有二萬，而隊有正，伍有尉，以至上將，以爲統屬，所以嚴禁衛禦外侮也。事元以來，武備寢弛，乃以近侍護軍，代禁衛而祿之，八衛之制，皆爲虛設，迂達赤、速古赤、別保、各愛馬【《元史》注云：各愛馬，所統軍兵也。】寒暑夙夜，勤勞甚矣，而不得食斗升之祿。食五員、十將、六十之祿者，非弱子弟卽賤隷，或食祿而曠職，或勤於王事，而不得食，豈祖宗忠信重祿之意哉？願倂近侍於左右衛，司門於監門衛，忠勇於神虎衛各愛馬，以類倂於諸衛，使之番日入直，考其勤怠而祿之，則省食而嚴禁衛矣。"二年，置宮城宿衛府，以密直、奉翊置散者，爲提調宮城宿衛事，三四品，提擧宮城宿衛事。都總制府旣立，三軍分番宿衛。

自置後壁以來，禁旅散落，王宮無衛，而終獲安全，及時三軍入衛，若是其盛，而猶未免於危且亂者何也？蓋自太祖置六衛，垂五百年，中間雖迭建五軍，而府兵未嘗廢也。六衛主侍衛，五軍主征伐，雖迭爲用，而名不可廢。名不廢則太祖之法猶在也。至是以三軍入衛，則六衛之名廢而太祖之法亡矣，惡得以免於危亂乎？

夫所謂五軍者，亦太祖遺制也。太祖之破百濟也，大相堅權等爲左綱，大相洪儒等爲右綱，大匡王順式等爲中軍，其制未詳，而建軍之號始此。

定宗二年，選兵三十萬號“光軍”，置光軍司。

肅宗七年，女眞入定州，命尹瓘禦之。軍敗，請盟而還，告諸王曰：“臣之所以敗者，賊騎我步，不可敵也。”王發憤圖再擧。於是建議立別武班，自文武散官、吏胥，下至商賈、僕隷及州、府、郡、縣凡有馬者爲神騎，無馬者爲神步，年二十男子非擧子，皆屬焉。號諸班，十有一：曰神騎，曰神步，曰梗弓，曰精弩，曰石投，曰大角，曰鐵水，曰剛弩，曰跳盪，曰射弓，曰發火。班有左右，各置都領及指諭，而中軍置兵陣都指諭及都將校、五兵都指諭與將校都業師，左右前後軍，亦各置兵陣都指諭，是爲五軍。會肅宗薨，師不果出。

睿宗二年，女眞復叛，以瓘爲元帥，吳延寵爲副，王御威鳳樓授鉞遣之。瓘、延寵屯兵長春驛，凡十七萬號二十萬。遂擊女眞大破之，盡復句麗舊疆，城九鎭。女眞尋乞和，涕泣祭天爲誓，竟以九城還女眞，論者咎瓘敗事。然自是女眞甚德之，不復生事，及稱大金帝中州也，遇高麗特厚。

金富軾討妙淸也，始用三軍，及至西京，設前後軍。毅宗三年，中軍兵馬使奏：“古制，天子六軍，大國三軍，請更五軍爲三軍。”制曰“可”。

軍制變而仲夫之亂作，所謂軍無常制，而兵柄下移者也。然尹鱗瞻之破位寵、趙沖之破丹兵，皆以五軍取勝，而東征之役，金方慶將中軍，金侁爲左軍使，金文庇[51]爲右軍使，號“三翼軍”，旣渡海不利，旋師。

恭愍十年，紅賊渡鴨江，以安祐爲上元帥，金得培爲都兵馬使，李芳實爲都指揮使。明年，賊陷開京，祐、芳實、得培、黃裳、韓方信、李餘慶、安遇慶、李龜壽、崔瑩勒兵二十萬屯東郊，以鄭世雲爲總兵官，督諸軍進復王京，而五軍之號無聞。征濟州也，以崔瑩爲都統使，廉興邦爲都兵馬使，李希泌、邊安烈、睦仁吉、林堅味、池湍、羅世、金庾皆有元帥之號。自是，諸道皆有元帥，又有都元帥、上元帥、副元帥、知兵馬使、兵馬使、節度使之屬，不可勝記。號令多門，軍政無統，上下相蒙，功罪莫白。

數十年間，島倭構釁，竊發摽掠，無歲不有。辛禑元年，募楊廣、慶尙、全羅各道軍號“翊衛軍”，屯東西江。二年，遣使諸道點兵，楊廣道騎兵五千、步卒二萬，慶尙道騎三千、步二萬五[52]千，全羅道騎二千、步八千，交州道騎四百、步兵四千六百，江陵道二百騎、步四千七百，朔方道[53]三千騎、步卒七千，平壤道騎六百、步卒九千，西海道騎五百、步卒四千五百，總九萬四千五百。又點五部街里戶數，率十間出一丁，九間以下令出軍具。秋，倭報急，於都城諸門，皆置元帥，分領五部坊里。約束部伍，畫地而守

51 庇 : 저본에는 “庀”. 《高麗史·李貞 附 金文庇》와 《彙纂麗史》에 의거 수정함.

52 五 : 《彙纂麗史》에는 “二”.

53 道 : 저본에는 없으나 《彙纂麗史》에 의거 보충함.

之，失畫地者斬，令百官率其屬，赴沿海戍，不與焉者，惟門下省、憲府、茶房、藝文、春秋館及各司城上而已。 時楊廣、全羅、慶尙三道，倭賊大熾，千里蕭條，不見人煙，烽火自江華書擧不絶，京城戒嚴。

四年，都堂議，置翼軍，憲司論罷之，而諫官又上言："《易》曰'長子帥師弟子輿尸，凶'，今元帥甚衆，體統紊亂，請依舊制，置一元帥，餘則罷之，加以他號，竝聽元帥節制。"不從。則曰："國家，已於各道置三元帥，近來一有小寇，三元帥外，別遣諸元帥、諸兵馬使，委任不專，難以責成功也。"攻遼之役，以曺敏修爲左軍都統使，沈德符等九元帥屬焉。以我太祖爲右軍都統使，鄭地等七元帥屬焉，加崔瑩八道都統使以統之，閫號之紊，至是極矣。

恭讓卽位，憲府啓曰："一道三將，各擁重兵，事旣無統，軍政不肅。或身在京輦，遙領各道，鄕、社、里長，亦皆隷屬，當無事時，下牒郡縣，徵聚軍民，累朔留連，人馬疲困，妨廢農務。請每一道置一節制，放還軍民，勸農安業，三軍、六衛使上下相維，軍政統于一。"於是以我太祖統中外諸軍事，悉收諸元帥印章。二年冬，立三軍都總制府。三年正月，以我太祖爲三軍都總制使，裵克廉爲中軍總制使，趙浚爲左軍總制使，鄭道傳爲右軍總制使。時道傳密輸忠於本朝，實欲得兵柄，故僞讓以堅王意，乃曰："三軍之作，臣在中朝，憲司所建白，臣不知也。然罷元帥爲三軍，以臣爲總制使，則諸帥一朝失職，必怏怏。舊家世族，無其役而食其田，一日名屬軍籍，役加於身，臣恐大小歸怨於臣也。革私田、改冠服，非臣事也，左右皆目臣。今又冒處此，則讒言日至，臣其危乎。敢辭。”王曰：“大國三軍，古制也，中爲權臣所廢，宰相各稱元帥，一民莫非其有。今革元帥立三軍，此復古之機也。斷自予心，卿何與焉？保無此謗也。”道傳曰：“臣若得謗，必達於聰聞，則殿下亦知臣無其事而得此謗，皆此類也，而臣之他謗亦明，豈非幸之中者乎？”遂不辭，王悅。明年，王遜于原州，高麗亡。

所謂州鎭之兵者，鎭戍是也。太祖時屢遣將領開定軍，戍西北界，號曰“鎭頭”。自是每於西北置戍，因號曰“翼軍”，西京有十翼軍，安州府有八翼軍，義州府、泥城府、江界府皆有四翼軍，而忠烈以後，東南亦置戍矣。

凡州鎭於農隙，每月六衙日習射，令界官行首員親監，弓四十步，弩五十步爲的，十發中五者，職事員進祿，年加散職，南東班敍用，人吏從自願任事。凡以前銜、散職及在京兩班輪番赴防者，號曰“鎭邊別抄”。凡戍軍令巡撫鎭邊使，酌郡縣殘盛，而定其數目。

恭愍五年，教各處別抄，勒令遠戍，往來疲頓，逋竄相繼，其令沿海軍民，悉充防戍，而蠲其役，在遠者，代供其役，而停赴戍。且令東界之軍以戍雙城，西海以戍鴨江，三南專以禦倭。十八年，諸翼軍皆置上副萬戶。

辛禑三年，新置安州二翼，安遂爲十翼，與西京同。四年，都堂議於各道，依西北面例，皆置翼軍，限倭寇寢息。其制自奉翊至四品爲千戶，統千丁，五六品爲百戶，統百丁，參外爲統主，統十丁。閑散，分屬各翼，備衣甲，以兩班、百姓、才人爲軍、驛戶，公私賤爲煙戶軍，聽自備弓、箭、槍、刀五丁、爐臼一、斧三、鎌二令。帥府及軍目長官點檢，無事歸農，有變押令[54]赴征。

於是分遣元帥，計口徵發，而守令不顧大體，惟務刻剝集事，令單丁、寡婦，皆出子孫、俠居，至於身故及遠宦者，亦悉付籍。方値農月，囚繫滿獄，斬尸梟首，人情洶懼，而各翼頭目，必差有職，屬丁往來，多自懸遠服役，糜費不可勝言。憲府因曰："西北面全委軍務，貢賦雜役，一切蠲免，收其田租，悉供各翼，所以軍政無缺，而弊不及民也。他道則不然，大小貢賦，皆由而出。今乃加以翼軍，三農失業，民不聊生。請罷翼軍，而籍其壯者，無事歸農，有變則徵發，以爲常。"禑下其書，都堂擬議，遂罷翼軍。

馬者，兵之用也，站驛，所以傳命也，監牧，所以養馬也，故略述焉。麗朝置驛凡二十一道：曰狻猊道，掌十驛；曰金郊道，掌十六驛；曰岊嶺道，掌十一驛；曰興郊道，掌十二驛；曰興化道，掌二十九驛；曰雲中道，掌四十三驛；曰桃源道，掌二十一驛；曰朔方道，掌四十二驛；曰青郊道，掌十五驛；曰春州道，掌二十四驛；曰平丘道，掌三十驛；曰溟州道，掌二十八驛；曰廣[55]州道，掌十五驛；曰忠清州道，掌三十四驛；曰全公州道，掌二十一驛；曰昇羅州道，掌三十驛；曰山南道，掌二十八驛；曰南原道，掌十二

54 令：《彙纂麗史》에는 "領".

55 廣：저본에 "慶".《彙纂麗史》에 의거 수정함.

驛；曰慶州道，掌三十三驛；曰金[56]州道，掌三十一驛；曰尙州道，掌二十五驛。

第其沿路要、僻，受役閑、劇，分爲六科：一科七十五丁，二科六十丁，三科四十五丁，四科三十丁，五科十二丁，六科七丁，懸鈴傳送。以事緩急，爲一急二急三急，以日長短，爲給驛多少。置供驛署，掌諸道，又設程驛別監，員少人微，使節絡繹，豪勢侵暴，郵戶凋弊，不成貌樣。恭讓元年，初置五品丞，保擧，如守令例，給半印。

設牧場凡十：在黃州曰龍驤，洞州曰隴西，白州曰銀川，開城曰羊欄，貞州曰左牧，淸州曰懷仁，見州曰常慈院，廣州曰葉戶峴，曰江陰，曰東州，差黃、靑草節給豆。驢、騾、駱、駝皆有養，而島馬產於耽羅者最盛。耽羅屬元以來，歲貢甚少，每遇親朝助征，令百官品斂馬，又奪民馬，內外苦之。忠烈十三年，置滋畜別監。

食貨志

蓋聞國之興也，法簡而事省，故其取諸民也輕。取諸民也輕，則民生遂，田野闢，而財不可勝用矣，則不可勝用，而用之有節，則其國日富，上下俱給，禮俗興行。

及其旣富也，生物之理，不能無盈虛盛衰之變。於是財

56 金：저본에 "全".《彙纂麗史》에 의거 수정함.

日就於耗，而人心日趨於驕奢，如隄決河潰，不可禁遏，而以日耗之財，供無窮之欲，則用不可節，用不可節，則其取諸民也重。取諸民重，則流逋衆而田野日蕪，其國必貧。

國貧則弱，綱紀未振，而先王之法壞，內而權豪，蠹竊潛蝕，外而隣敵，侵暴噬齧，百弊俱興，其端無窮，而不可勝杜。於是乎事不可省，事不可省，則設爲法，多方以取諸民，法愈繁而民愈困。愈困愈極，則國勢不可支持，以至於亡焉，斯乃有天下國家者之通患也。夫如是則立法善，而繼之以不善，況於始之立法有未善者乎？ 中國尙然，況於小邦乎？

三韓之地，非四方舟車之會，無物產之饒，貨殖之利，國用民產，專仰地力，而鴨綠以南，大抵皆山，野無百里之廣，陵崖洲岸，崎嶇犖角，零瑣瘠脆，中歲所墾，不出六十萬結。二結當一頃，則僅比中國大州三十萬頃而已。故經界不正，則其利害較之中國相萬也，可不愼哉？

高麗略倣唐制，文武百官、府衛軍、吏胥徒凡執國役者，皆授以田。然唐授民口分，而取之以租庸調之法，非世祿之意也。高麗受田者皆無稅，至於百官，俸祿之外別有授田，皆非唐制也。夫爵不可世襲，執役者，或有連立丁，或無丁繼而爵，執役者無窮，而土田有限。曾授者身故，不得不[57]納官，而又以其妻女子嫁從仕而爲之法，分割久近，委曲繁密，不可勝稽。要之未可以行於久遠，此其立法有未盡

57 不 : 저본에는 없으나 《彙纂麗史》에 의거 보충함.

善者也。

當其創國之初，人心質朴，賢主節儉於上，資財充溢於下，邊境晏然，政簡而事省，則法雖未善而疵弊不作。中世以來，國家多事，權姦斲喪於內，强國誅求於外，家抽戶斂，徵科百端，戶口日耗，國勢遂弱。方是時也，田制大壞，田柴之科廢而爲私田。【惟西北面、東北面，無私田。】

權有力者田連阡陌，不供王稅，而良民之供賦役者，偏被其害，則幾何不潰敗壞亂，不可收拾，以至於亡乎？故田法之弊，未有若麗時之甚者也。至於版籍、貨幣[58]、鹽法、常平之屬，皆無畫一之法，廢復無常，卒莫能行，而食貨出入之制，屢經兵燹，不可備考。今略採其見於史牒者，作《食貨志》。

義烈傳

嗚呼！士之節義，遇亂世而後見焉，豈不悲哉？高麗 顯宗之初，已有契丹之亂，仁宗以後，王室寢多故矣。蓋麗朝權兇之禍始於李資謙，極於鄭仲夫，及至崔忠獻四世柄國，則其禍酷矣。資謙之變，大臣侍從有仗節而死者，其餘不附者尙多也，祖宗養士，遺[59]風餘澤，猶有存者。仲夫之亂，不

58 幣：저본에는 "弊". 《彙纂麗史》에 의거 수정함.

59 遺：저본에는 "流". 《彙纂麗史》에 의거 수정함.

問賢愚高下，凡戴文冠者，皆殺之，擧朝爲之一空。其間必有成仁取義之士，特玉石俱焚，高下難別耳。

忠獻當國，前後斬殺朝士，無慮七八十人，皆度其終不附也，而後[60]殺之，則凡被害於忠獻者，蓋皆名節之士也。繇是以還，懦脆成俗，一時英人傑士，無不煦嫗於忠獻父子之門，鮮能自拔者，名節隳隤，於是極矣。

烈、宣以降，逆豎之亂不絶於內，瀋王之變，繼作於外，非無曉逆順不貳心之臣，跡其本末，完節少矣。然則國家治亂安危，實係士流名節，爲之扶持而相與汚隆，有國者可不鑑哉？

舊史作《忠義傳》，摭載未該，今輒增取而釐正，然死節、死事宜有別矣。若敵王所愾，勇往無前，或授任內外，思死其職，或不幸陷賊，義不辱己，雖所處不同，俱爲忠義之上者。至於銜命出疆，審義就死，蒼黃遇難，終恥苟免，抑又其次歟。悉依史家凡例，定爲差等，然亦以其所遇之時，所處之事或殊，而義理隨以低昂，論其慷慨捐軀，蹈義不悔，則有何差別於其間哉？作《義烈傳》。

儒學傳

嗚呼！孟子沒而千載無眞儒。其在漢、唐時，以董、韓二

60 後 : 저본에는 없으나 《彙纂麗史》에 의거 보충함.

子當之，尙論之士未敢許也。夫以中國之盛數千年，無一人焉，況於東國乎？

其在東國新羅 薛聰氏號爲儒者，然其言論文彩不表乎後，何以稱焉？中國至于宋朝，程夫子兄弟作，有以接孟氏之緖，在東國爲文宗之世。程氏之學三傳而得朱氏，集成諸子，其道愈益顯，在東國爲神、熙之世。然程、朱氏之在世也，宋朝擯斥而困苦之，天下尊其道者寡，而譁然攻之者皆是也。中國尙如此，況在東國其能知尊而慕之乎？

且自南渡以來，高麗與宋絶不相通，是時東國未聞有程、朱之學也。宋末德安之潰，姚樞得儒生趙復者，乞死甚苦，樞竟携以北，復業程、朱之學，槖其書，至燕。許衡等學而習之，其說始大行於北方，在東國爲元宗之世。

白頤正從其父文節在燕京，得其書以歸。自是東國之士始知於詞華之外有所謂性理之學焉，然知其道者，亦寡矣。知尊其書而篤好之者，得二人焉，曰禹倬、吉再或庶幾焉。作《儒學傳》。

卓行傳

嗚呼！士之以卓行稱者，世未嘗無其人也。意高麗五百年間，草澤之士、方外之英必有以絶德殊行聞於世者，何其闃然鮮覯也哉？豈以毀跡冥遯，自絶於世，人不得而聞之歟？抑以東國無好事者，不肯傳其事，遂致湮沒歟？

嗚呼！以顔子之賢不遇仲尼，則名不彰。士之有特行殊操於文辭，不少槪見者，何可勝數哉？夫自范蔚宗傳隱逸於《漢乘》，其後史家多效之，蓋高蹈之士，激厲頹波，有補於風敎，殆不可少也。

當睿宗朝，或有一二目以隱者，顧非其人也，何足取哉？及毅、昭以後，權兇顚國，濁亂極矣，一時士大夫，安其位食其祿，充然無復廉恥色。當是時也，果能超然遠逝，不受其祿，則合於君子出處之道，不但以隱遁槪之也。得一人焉，曰韓惟漢。

高麗政刑，弛而不肅，名義堙而不明，從賊者無譏，不從則速禍。能於是時竭忠秉義，抗賊而賊不敢害，事定而不居其功，蓋古之義士也。得一人焉，曰洪立功。

夫孝者，百行之源，王者顯孝悌，以勵百姓，其爲政莫尙焉，史當得書。今得六人焉：曰文忠、崔婁伯、徐稜、金遷、黃守、鄭愈。

至若婦女之守節者，在東史不必錄也，夫錄善何？將以勸來世也，則東方女則之懿，何待於勸哉？在漢時已稱"東國貞信不淫辟[61]"，其俗然也。麗末制爲之法，三品以上妻守節者無旌，固不必旌也。蓋東韓士大夫婦女鮮行再醮之禮者，習俗旣久，風流彌盛，家有伯姬，人詠《柏舟》，其臨亂蹈義，特其餘事耳。行之者，不以爲難，聞之者，不以爲異，何待於勸哉？玆不錄焉。

61 辟：저본에 "僻". 《漢書·地理志 下》에 의거 수정함.

行人傳

《史記》, 行人無傳, 此有之何也? 夫使事之重也尙矣, 春秋時列國遣使相朝, 夫子皆錄之。又嘗言之曰: “使於四方, 不辱君命, 可謂士也”, 其微旨可見已。漢、唐以來, 帝有天下, 四方萬國, 無敢與朝廷抗禮者, 奉使之臣受命撫綏而已。其在東國則不然, 恪謹侯度, 愼簡使价, 將下國之誠意, 導達於天子之聽。譬之列國朝聘, 其體不尤謹嚴歟?

中國史行人無傳, 而東國有之, 則豈以其輕若彼, 其重若此哉? 且夫東國南北皆有敵國, 日以習兵爲事, 而東國介於其間, 獨雍容文具爲治, 疆場有警, 輒以玉帛將事, 使事得失, 其在東國尤重也審矣。然奉使之體, 以專對爲能, 以廉操爲尙, 其或黷貨取侮, 則辱國何異? 蒸豆之喫, 馨風遠播, 則使本國隱然增九鼎之重, 是故恪于敷對, 而蒙帝撤回, 十年之兵, 獎其淸節, 而大明遽歸千里之域者, 伊誰之功歟? 斯眞使乎而賢於十萬師者, 詎不信哉? 今取鄭文以下九人立傳, 嗚呼! 可不監哉?

文苑傳

古之君子, 務明道, 不務爲文。惟其深明乎道, 發於言者, 燦然而成章, 非以爲文也。不務明乎道, 而徒事乎文, 則言雖工, 而不達乎理, 況未必工乎? 則東國之陋也。

噫！天下之好文辭，莫我國若也。東國之士，所讀者聖賢之書也，其用功之勤，非不逮中國之士也。然而不若之矣，此其故何也？或曰："生乎中國，得其氣之全；生乎東國，得其氣之偏，則氣化囿之也。"雖然彼中國之士，若皐陶、伊、傅、周、召、孔、孟氏七君子者，皆聖者也。其見於言者，爲《詩》、《書》、《禮》、《易》、《春秋》。夫聖者，體道卽氣化，不足以贊其大也。

自秦、漢而下，司馬、董、韓氏之文，雖不純乎道，考其淵源所自，可謂得六藝之遺者，已謂之稟其氣之全，奚不可也？雖然楚，蠻也，春秋時中國不齒也。屈、宋二子，崛起於戰國之季，文辭馳騁於風雅。蜀，羌也，去中國數千里，吾東夷也去中國數千里，東國自周 武時，殷王子遯而東來，被以詩書禮義之化。是時蜀猶未通於中國，戰國之末，始與秦通，僻遐固陋，奚翅東國？然而揚雄、王褒、蘇軾迭駕而起，則文章炳然，與中國爭衡。

東國之士，瞠乎其後於絶塵矣。夫以東方好學之士，卽不逮中國，顧反出楚、蜀下，庸非可恨也哉？彼楚、蜀者去中國遠也，烏在其爲氣化囿也哉？東方之士，若崔文昌、李益齋、牧隱，北學於中國，文章號稱爾雅，然終不能若彼之盛也。其餘數者，或薾而不振，或俚而不雅，則工程局之也。有人於此，其一生於詩禮之家，優游而浸漬之；其一生於田舍，夷固僻違而野，則用功同而雅俗舛者，所處之勢殊也。

若夫近世之爲文也，高者務詭音竄句，自謂標軌《史》、

《漢》, 然語其格力, 猶不逮晩宋; 下者纖脆粗諺, 輕儇而決裂, 方自以爲是, 俯視中國, 語及嘉、隆, 則謂玉巵無當、瓠落無用者, 眞不自量已。夫嘉、隆誠險怪矣, 門路亦正, 特其庀材也, 皆《左》、《國》、《荀》、《馬》, 東人不知而呰之耳。

吾東以平易爲主, 然得其門而入者寡矣。不得其門則不可謂之文也, 故曰"莫若先明乎道", 誠卓然有見乎是, 則體之於身, 會之於心, 而其見於言者, 自然沖夷渾雅, 一軌于正道, 超然有得於氣稟工程之表矣, 彼中國之士, 何足畏也哉?

今取朴寅亮以下八[62]人, 次其行事立傳, 以著麗時文翰之盛。然八[63]人者於道, 槪乎其未聞也, 其文烏足尙也哉?

世家一

唐社旣屋, 羅祚告終,
麗祖統三, 奄宅大東。
却戎臣宋, 旣絶而通,
傳序致治, 媾金保疆。
國步中否, 倒持太阿,

62 八 : 저본에는 "七". 《彙纂麗史》에 의거 수정함.
63 八 : 저본에는 "七". 《彙纂麗史》에 의거 수정함.

黥髡介冑，軒冕嵬峨。
世濟權兇，弁髦神祚，
讋伏海島，廟貌顚倒。
元師殄逆，還復舊物，
金張而蹶，宋羸而覆，
皇明威燀，蒙竄于北。
國小而存，大者先亡，
入貢金陵，正議孔揚。
楚歇亂芊[64]，策誤攻遼，
運訖德盡，旣於王瑤。
嗚呼！
陰雲廓而太陽昇，眞人作而禮教興。
作三十二王世家。

王后

嗚呼！《易》基乾坤，《詩》首《關雎》。夫婦，人倫之始，風化之原。國家理亂，罔不由之，可不愼哉？
歷考中朝東國帝王家法之不正，未有若高麗之甚也。麗王氏嘗謂“王族至貴，不可與群下交配”，王氏自相通婚，定爲一代之制。往往以公主，正位中壼，諱稱外姓，其瀆亂人

64 芊：저본에는 “芉”.《彙纂麗史》에 의거 수정함.

紀，淫穢宸極，可謂甚矣。國統不卽勦絶，迄五百年而亡者，特幸耳。豈非可異也哉？

《春秋》書吳孟子卒，譏取同姓也。吳與魯，屬疏矣，《春秋》猶譏之，況於至親之間乎？《傳》曰：“同姓之婚，子孫不蕃。”王氏滅絶無後，豈非天道也？

木齋集

卷十一

附錄

贈通政大夫、弘文館副提學、知製教、兼經筵參贊官·春秋館修撰官、行通訓大夫·司諫院司諫府君行狀

府君諱汝河，字百源，姓洪氏，義興 缶林縣人。在麗朝有諱鸞，位至宰相；又有諱佑，諡忠肅；諱敍，位僕射，凡三世大顯。入本朝有諱貴達，位至參贊，再典文衡，數諫燕山主，遂遇害，中廟改玉，贈諡文匡，於府君爲五世祖也。高祖諱彥國，成均生員，號訥菴，丙寅後除齋郎，不赴，蓋與仲氏寓菴之意同焉。【遺命神主不書職銜】曾祖諱景參，祖諱德祿。考諱鎬，官至大司諫，號無住，淸名直節，爲世所推仰。妣長興 高氏，霽峯先生諡忠烈諱敬命之孫，臨陂縣令贈吏曹參判諡孝烈諱從厚之女。府君以萬曆庚申四月十日丁巳巳時，生于安東府 城東里第。

幼有異質，穎悟非凡。嘗從群兒遊街上，得一蜜缸，群兒爭欲分食，府君止之。俄而失者至，遂全而歸之。又遇村童採松蕈而去，群兒欲劫奪之，府君又止之，乃以粟易之。曾王考府君嘗以光海朝，遯居于春陽縣 召羅村，權安神主于所寓之旁室，府君未嘗背而坐。旣入學，才思日發，作詩有驚人語，授《書傳》朞三百、璣衡等註，如迎刃[65]而解。

嘗隨曾王考，謁愚伏 鄭先生於漢陽。愚伏問《中庸》首章集註義，府君對曰："'氣以成形而理亦賦焉'，似氣先而理後也。以'本具'字代'亦賦'，則義較著矣。" 愚伏曰："此兒已解理氣先後，異日必成大儒矣。"【蘆洲金公所撰狀文，此條下有曰："及先生稍長，乃言曰'吾前日看得錯。「賦」如朝廷命令頒布四方之意，天命流行而賦於物，亦猶是也。若下「具」字，義反晦矣云云。'"】

癸酉，高夫人下世，哀毁如禮。甫冠，文詞汪洋大肆，得作者軌範。澤堂 李大學士植寄詩曰"斯文千古的，期子一矢貫"云。曾王考學於愚伏，得聞爲學之方。府君濡染家庭，夙聞緖言，天才卓越，見到超高，以爲聖學路脈在於四書，朱子工程在於《集註》，自是尤用力於《四書集註》。

又以爲東史猥釀不堪讀，乃寄書于李活齋 榘曰："讀《四書集註》，先須理會句法。中國搢紳先生訓蒙學，口授此法，尋常人文字，字法助語，皆用四書法。我國不曉句法，故文不取重於天下耳。且東史俚俗不雅馴，薦紳先生羞道之。我國法制、風俗、關防、機務，不曾取考，日閱中國事，是猶抛却自家事，而談隣家契券也。今斷自麗史，依《左氏》例，書宋、金、元事，文章要出入軼宕，存亡事業，要隱映關涉，方成史家。"

己卯，《麗史》屬草删煩，提要《綱目》俱擧，事增於舊十之一，文省於前十之六，蓋據經立法，依史定例，志各有論，傳各有序。閱累歲而書成，龍洲 趙先生寄書曰："擺落

65 刃 : 저본에 "办". 의미에 의거 수정함.

穢史，持衡《左》、《國》，此宇宙間盛擧也，何幸？未死老物，得見足下名山之筆於斯世也。"

丙戌，作《四書發凡口訣》，蓋發其凡例口授旨訣之意也，以爲朱子文章用意妙處，非韓、歐諸公見得到，直將四書說得，渾然無迹，自有條理脈絡，一字不可換得。如章有大旨，語有來歷，經中照應，註中收結，莫不各盡推究，以明其例，要使學者求其例，以窮其義，窮其義則可以知聖賢立言之本意也。秋曾王考捐館舍，府君廬于墓次，不脫絰帶，喪祭一遵朱子《家禮》。

甲午秋，登進士，又登明經科。乙未春，拜藝文館檢閱，秋遷待教。一日晝講，講《詩·七月》篇"二之日其同"註"同竭作以狩也"，上問"竭作"義，又章下有"歙"字，上問何音，筵臣皆不能對。府君退謂進講官尹鏶曰："竭作，齊起也，語在《周禮》，歙，古吹字也。"翌日講，鏶進曰："臣聞諸待教臣洪汝河，竭作齊起之義，歙，古吹字也。"上命取《周禮》考之，爲之嘉悅。

丙申正月，遷奉教。將薦代以李公象震、李公元禎應薦，下番宋奎濂力沮之。府君乃上疏斥奎濂，堅執不撓。由是李公元禎得預選，公論快之。八月，拜侍講院說書，例陞成均館典籍，九月，遷司憲府監察。十一月，拜司諫院正言，上疏曰："王者，一言而爲法，一動而爲則，近日批旨，抑揚失中，但快一時之憤。昔人論學，以養心爲主。殿下姑將一切酬應，都休照管，收拾已放之心，遊神昭曠之原。如是者十日，未有得焉，益致其工，又加十日。猶未也，則[66]

又加十日焉，本心之體，庶幾可驗矣。張思叔詬罵僕夫，程子曰：‘何不動心忍性？’呂祖謙性躁，因讀《魯論》祛其病，朱子稱其可法。伏願殿下性褊[67]難克處，加意焉。”

丁酉，出拜高山道察訪，春秋館記事官，條陳弊瘼十餘事，皆蒙允。冬罷歸。戊戌七月，拜鏡城判官，爲政，一以輕賦興學褒善爲本。鏡府一年一夫出布十疋，府君乃計支供上納容入，令一夫出布三疋。民慮其太約，有加備以待者。府君省費節用，不復斂。民大悅。城壕頹覆，器械毁缺，率皆營繕修造，而一新之。且地僻不被文教，乃聚鄕里俊秀者，建齋以處之，授經史而親課之。府有儒生李鵬壽當壬辰之亂，倡義旅討叛賊，復九鎭後戰死。府君爲銘題墓，以彰其烈。又有一女早寡，事姑至孝，姑歿，居墓側泣血終喪。府君捐俸存問，又至其家，設宴以奬之。本府與淸人有財貨相贈之例，府君不受而又贈之淸人稱謝不已。

明年己亥閏三月，雪。有求言之敎。時府君憂北方軍政及本府弊瘼，每欲一言。又以爲“聖上開筵講學，而無體驗之實；設鎭講武，而非時措之宜。【營將之設，自孝廟時始焉。】刑賞錯施於贓廉，是非混淆於上下，用舍異於同罪，俸祿薄於大臣。時賢秉銓而循私，擧世好朋而病國，至於祈天永命之理，又不可不并陳”，乃慨然草疏，萬言立就。

其略曰：

66 則：저본에는 없으나《木齋集》권3〈辭職疏〉에 의거 보충함.

67 褊：《木齋集》권3〈辭職疏〉에는“偏”.

臣在南方, 聞北方士馬精强, 及今目覩。不習技藝, 寒餒羸瘁, 甚於南軍。所賴北營奴兵, 獷悍精鋭, 緩急可用, 但閫帥不恤, 蘊憤蓄怨, 民苦剝割, 志在從北。本府號稱重地, 北關創立, 酬應極煩, 奴婢替立。法久弊生, 大小策應, 一府當之, 隣皆奠枕, 而鏡民獨不息肩, 勞逸不齊。伏願殿下從長措畫, 以祛一府之弊焉。臣又請就聖教, 一一條析。

所謂體驗之實者, 講學而驗諸身[68]之謂也。天下之事無窮, 而應事之綱在心。殿下日御經筵, 討論墳典, 然研究不出於文義句讀, 講誦只關於應文備數, 其於講學, 不亦遠乎? 伏願殿下加工於窮格, 體驗於動靜, 以立萬事之綱焉。

所謂時[69]措之宜者, 因時順俗, 而不拂民心之謂也。東國之俗, 所喜者文藝, 所諱者武藝。今遽改紀其政, 付之於手生之將, 責效於時月之間, 其於時措, 不亦疏乎? 伏願殿下繕甲練兵, 動中機會, 以適夫時措之宜焉。

刑賞者, 人主之大柄。先王刑約而嚴於贓汚, 賞穠而先於廉白。今廉幹之吏, 或以準職, 或以陞敍, 其權在於銓曹, 圖囑或施, 否輒廢棄, 豈所以激勸一世之道[70]也?

是非者, 公議所由行也。殿下嘗下教曰: '我國士

68 身 : 《木齋集》권3 〈應求言教疏〉에는 "本心".

69 時 : 《木齋集》권3 〈應求言教疏〉에는 "施". 이하 "時措"는 모두 그러함.

70 道 : 《木齋集》권3 〈應求言教疏〉에는 "地".

大夫，旣指東爲西，則雖知其非，堅執不變。'近來上下同然，雖以聖上天覆之量，不敢保其不然也。殿下宜先自反，祛其好勝，深戒諸臣，矯其偏習，則是非之混，尙何難正哉?

臣聞："賞諫者興，拒諫者危。"如洪宇遠之疏，雖引喩失當，固出於忠赤。其後殿下惕然動念，三兒親屬，悉令入京，宇遠之言，適與之符。夫何被斥之臣，皆重齒淸班，獨於宇遠猶未釋然? 言路之塞，不亦宜乎? 伏願殿下禮遇直士，俾諫者有勸焉。

紀綱者，尊以統卑之謂也。國初立制，尊禮大臣，使不親庶務，所以權在銓府。喪亂以來，騶從僅比於省郞，常祿纔足以代耕。安得每人如柳寬[71]、李元翼而相之? 則關節必行，賄賂必章。身居糾率，自毁廉隅，汚吏何禁? 名流何勵? 紀綱頹弛，實由於此。伏願殿下禮遇大臣，尊位重祿，以嚴朝廷之體焉。

臣旣略陳聖敎，此外又豈無所論? 夫收拾人才、恢張公道爲國第一義。我國之制，以門地爲限。萬分用一，黨論之後，又用一邊，尤親且舊，得以擬望。今幸擢授銓衡，佇看漸釐宿弊，而年少蔭官，輒擬咨議，以老成避而不居之禮，加之於新進之士，非所以培養謙厚之俗也。

麗祖寬仁，委任大臣。其終也，有權臣之禍。本朝

71 寬 : 저본에 "觀". 《木齋集》권3 〈應求言敎疏〉에 의거 수정함.

懲之，尊其體面，而奪其權柄，於是權移下僚，而有朋黨之患。欲革今日之弊，略倣國初之法，擇諸臣有公直之稱者，委任釐正。《洪範》曰："人無有比德，惟皇作極。"伏願殿下端本建極，勖勵臣工焉。

嗚呼！國之興亡，必有天命，而召公有"祈命"之語；人之壽夭，亦必有數，而周公有"無逸"之訓。夫召公之說，歸於敬德以誠小民，周公之訓，繼以則知小人之依。知小人之依者，誠民之謂也。竊覵今日之政，榷利既多，京輔失業，催科日峻，東南先竭，守令掊克，胥徒侵暴。伏願殿下禁抑橫斂，量入爲出。東南則減田稅，西北則減貢物。誠民之實，庶幾可盡，而祈命之道，亶不外是。子程子深識周、召之旨，曰"爲國而祈天永命，養生而至於壽考，力學而至於聖賢"，分明有此理。伏願殿下惕念而奮發焉。

時王候纔經違豫，故復陳程子之言，以爲聖上養生延壽之道矣。疏入而孝廟昇遐，顯宗卽位，命疏本改搆以進，吏判宋時烈陳疏求退焉。秋府君作《天君》詩八首，以閑邪、愼獨爲第一義。又作《視》、《聽》、《寢》、《食》、《坐》、《立》、《臥》、《步》八箴，條目詳悉，檢身纖密。蓋府君以公務煩劇，事物交侵，妨於工程，故要詩以內省，箴以外警，語意理到，交修無闕。

又以爲《大學》入德工夫，重在本末終始，固宜循序而勉其未至，不可詭經而妄道已到。乃爲文反覆論之曰：

物格矣而知或有未至者矣，物不格而知已至者未之有也，有之乎則臧文仲、東方朔之知也。知至矣而意或有未誠者矣，知不至而意已誠者未之有也，有之乎則楊朱、墨翟之行仁義也。　意旣誠而心不正者有之矣，未有意不誠而心先正者也，有之乎則告子之不動心也。心旣正而身不修者有之矣，未有心不正而身能修者也，有之乎則於陵 仲子之潔身修行也。身修而有家不齊者，未有身不修而家能齊者也；家齊而有國不治者，未有家不齊而國先治者也，有之乎則管仲、齊 桓之所以行乎家國者也。故曰："物有本末，事有終始，知所先後，則近道矣。"

鏡人與淸人，互市鹽斛，例徵於民，歲適大侵，兵馬使權堣出貸營鹽。未幾堣徵鹽價，怒該吏語犯，又追留鄕所，府君就見堣。堣又發不遜語，府君卽出舍城外。堣始悔欲留之，而府君志已決矣。遂請遞於方伯，堣亦誣報。府君乃始詳報鹽事。觀察使趙啓遠黨於堣，張皇啓聞，府君遂罷歸，行李蕭然，百姓遮道而泣。諸生相聚而嘆曰："我侯政績文敎，無異韓子之潮州，當廟享百世也。"於是不悅者，左右構陷，遂就理，仍羈管于湖西之黃澗。

庚子，蒙宥歸栗里，依山築齋，齋前鑿池，名之曰山澤齋，蓋取懲忿窒慾之義也；又名之曰木齋，取木訥之義也。府君遵養時晦，沈潛經書，日與學者，講論旨訣，而反躬兢惕。夙興夜寐，身無跛倚，口絶戱談，蓋於戒謹修省之道，尤致意焉。府君於四書中，尤加工於《庸》、《學》，又記釋集註，作爲一書，名曰《庸學口義》，蓋又口授旨訣之義，而尤加詳焉，逐字而明其訓釋之義，逐句而明其關鎖之義，逐章而明其照應之義。性·道·教之支分節解、三綱領之脈絡貫通暨《庸》、《學》之旨，互相往來處，亦莫不表而出之，發其歸趣。又以爲"知止有定"一段，宜別有釋，先以己意略加註解，又取朱子之言以證其義。

又以爲《大學》之旨都在於明德，而明德之工，又在於敬。乃作《明明德贊》，有曰：

> 格物者，明德之通，致知者，明德之充。誠意爲明德之實，正心爲明德之貞。修身乃明德之成，齊家乃明德之行。治國則明德之發，平天下則明德之達也。明德之通，以敬徹之，明德之充，以敬盡之，明德之實，敬以實之，明德之貞，敬以一之，明德之成，敬以明之，明德之行，敬以形之，明德之發，敬以翼之，明德之達，敬以篤之。故曰："明明德，爲綱領之一大綱領，而敬者，所以徹始徹終而成聖功也。"

府君平生耽看《朱書節要》，嘗貽書權尚書大載曰："閑居十年，眞是學人好機會，用力散漫，不入腔窠，但以合眼靜坐爲事。時或開眼，看朱子書，至與呂子約、林擇之等書，偶有意會處，輒欣然忘食，不知飢渴之爲苦也。"又就其書言句要切處，刪節作句，以備家庭子弟便覽。朱子詩，讀者以爲多疑晦，乃取以註解，并考日月，以記行蹟。又嘆退陶文體時有與西山相近處，以爲詩意簡奧，又有法度，亦爲之註解。又取朱子《求放心銘》釋之，引《大傳·樂記》語以證之。又邃於《易》學，以爲《本義》得伏羲、文王之旨，而尊尙之。每嘆東人讀《易》，拘於名利，不尙《本義》，與隔靴搔痒無異也。於辭、變、象、占，無論淺深，究覈其旨，或文或韻，又成一帙，多有契合於文王、朱子之言矣。

庚戌，移寓于醴泉之北福泉村，構數楹，扁以尊性齋，蓋以加工於朱子之學之意也。乃記之曰：

"宋之季，謬以朱爲道問學而陸爲尊德性，不知朱子之道問學乃所以眞尊德性也，而陸氏之所尊，非眞德性也，而乃其氣質之偏[72]也。夫陸氏之爲人與爲學，穎悟超詣，高視千古，而德性之體，不能無虧欠矣。蓋天質太高，挾以好勝，見人議其學，輒東出西沒以閃避，私意分數較多，則於仁之德之性，爲有虧欠矣。聞伊川說而心不悅，若傷於己，朴實敦厚之不足，於義之德之性，爲有虧欠矣。三年上食，公侯大夫禮缺，惡知其不逐有乎？漢、唐以來，大夫皆視公侯，夫豈過禮而不可行乎？陸氏而不知此禮，於禮之德之性，爲有虧欠矣。朱子註六經，功德被萬世，而陸氏獨不知。又不知濂溪《太極圖》爲宋一經，於智之德之性，爲有虧欠矣。若吾夫子則不然，生稟之美，具仁義禮智之性之全體，得天地之中正，猶自以稟氣之偏於剛，力學以矯之，以求其所未至。故曰："朱子之道問學乃所以眞尊德性也，陸氏之所尊，非所謂德性，而乃其氣質之偏也。"讀者以爲發前輩未發之論也。

72 偏：《木齋集》권6〈尊性齋記〉에는 "性".

壬子，自福泉還栗里，又取《東國通鑑》，刪其煩亂，整頓綱維，名曰《東史提綱》。亦爲凡例，與《麗史》凡例大同小異，記中國之事，存史體也。起自箕子，依《遷史》黃帝例也；書孔子作《春秋》，依《遷史》舊例也。尊箕準主新羅，嚴正統也。至於諸國之始末、國都之變遷、城邑之錯置、山川之源委、渤海·遼·金之五京，或據本史先儒之說而定之，或援《漢》、《魏》、《唐》、《宋》之志而質之。數千里之疆域、數千年之事蹟，無不詳考謹述，若指掌焉。且論井田及三韓、四郡，則取韓久菴之博雅，而猶病其不知馬韓之復還平壤也。論弁韓則深斥權陽村之謬，而又取其踰年紀元，合於《春秋》也。此又微顯闡幽之意也。

又嘗致意於氏族之學，作爲一書名曰《海東姓苑》。源其祖之所出，則三代之遠，莫不窮考而書之；考其音之所屬，則五聲之分，亦莫不辨別而繫之；推其鄕貫之所自，則遠而中國，近而東國，亦莫不窮搜分派而載錄之，使之各得其譜，而尊君之義，敬祖之誠，又有竝行於其中，蓋亦類族辨物之道也。

府君文章，以四書、五經爲本，以《左》、《國》、《遷》、《固》爲輔，以朱子《集註》爲準則。嘗答李參奉允諧論文體書曰：

> 《馬》蕭爽而《左》工緻，讀《左》不讀《馬》，則有澁滯之患；讀《馬》不讀《左》，則踔厲壯浪，而欠裁約，必相資而後盡其美也。韓文公目《左》爲浮誇，近來窺破昌黎一生文字，皆從《左氏》推演出。晦菴《四書集註》文

法血脈，皆從《左氏》門戶來，東人不曉晦菴門路，亦坐不讀《左》耳。雖然讀《左》、《馬》，不讀朱註，則猶爲僻古而不切事情。須讀《左》、《馬》以求朱註，讀朱註以求六經，斷不相誤。

又答李察訪瑄論句法書曰：

大抵累字爲句，一字可至十餘字爲句。其中字意緊重者，撥轉居句首，聯接字不錯先後，與句末字相應，方爲一句。累句爲章，句緊重者，居章首，聯接句皆要歷落分明，至末句與首句相應，方爲一章，晦菴書牘箇箇如此。先就經一章、冠·鄕·聘·義、《孟子》首二章·好樂·好辯·《午山章》、郜鼎、《伯夷》·《范雎》·《荊軻傳》，痛理會一番後，就《庸》、《學》序文，潛玩血脈，熟看而則字下法，可以了然無疑。

又以爲朱夫子整頓句法，在於用"而"、"則"字，"而"字有兩例，"則"字有三例，乃就集註中，考其例而明之，引其文而證之，各有箚記焉。

府君之學旣以經術爲本，而致治、利用之具又皆博考而熟講之。嘗曰："井之號，始於黃帝，頃之號，始於禹。東國之結，以井計之則一家所耕也，以頃計之則五結可當二頃也。"又曰："自古賦稅之法，蓋四變：授民以田而稅十一，三代之制也；隨田在民而稅之，秦、漢之制也；授田而收租，計戶而收調，計丁而收庸，唐之制也；隨民有田，而斂以春秋，自唐至今之制也。三代與唐之制，主於密，秦、漢及今之制，主於簡。法密則唯聖人行之，衆人不能行也，故井田行於三代蓋數千年，而租庸調僅行數百年也。法簡則聖人行之，衆人亦行之，故兩稅之行，于今千有餘歲也。”又曰：“周之制亦不出租庸調，以我國論之，租最重，庸次重，調最輕。雜色賦稅旣出於田，而薪蒭氷炭又出於田，故曰最重；國中良民、公賤納布於公家，私賤納布於私家，故曰次重；煙戶所出只供官家之役耳，故曰最輕，其論古今田賦，各盡其實矣。”又嘗曰：“昔楚人城沂，三旬而成，今築一城，先擇有幹局、有精計者，度築幾里高廣幾丈，則調夫幾丁，用糧幾石，鐵物若干，凡費若干，幾日而畢，然後命。事旣成，視所料不差毫釐，則有重賞，凡後等城，視此爲準。苟城之廣狹與前等，而加丁五十，增日二十以上，有重罰。”又曰：“今築一城，宜免其地租稅十歲，歲役民二十日，一結一年之租，可以供一人廿日糧也。以萬結之邑論之，一結出一丁，則是日役萬丁，年役二十萬丁，十年役二百萬丁，夫何城之不築？”其論事詳密，盛水不漏如此焉。

癸丑，李奉朝賀觀徵之按節嶺南也，以田結、城池兩事，作文贈之，其略曰：

> 自壬、癸以來，田政大壞，擧八路之田，姦胥隱占三之一，而用全數上戶曹，曹賦其全，而各邑責其半。戶曹賦萬結，各邑例以五六千結當之，生民之困，無異麗季也。監司請于朝，令選郞廳一兩員，使各邑，擇鄕官，嚴明約束，誅賞行焉，庶乎瘳矣。孟子曰“仁政必自經界始”，朱子爲州以度田爲務，公其師法矣。若夫目前最緊者，守禦也。昔人守邊，以城柵、舟師相待爲用。

夫壓海而城之，扼其要害，則賊不敢下陸，盤桓於海洋，而舟師得以掩截而髆之，此舟師待城寨而效力也。築城以池爲固，況海以爲池乎？艨艟大艦環內外城之，壯固隱然有金湯之勢，此城池待舟師以爲恃也。孰若引敵入於架山、金烏之下，蔽野禾穀，盡以與敵，獨嬰孤城於高峯絶頂之上哉？今擇海路數州，寬其征，使其民築城，如古人臨戰壁壘之制，十日可成也。蓋府君所嘗講定，思欲一試而發之。

李公竟不用焉。

先是孝廟之喪，宋時烈獻議，定行大王大妃趙氏服朞年，許穆、尹善道爭之不得。丙午，嶺儒將叫閽，遂屬府君草疏。諸議以疏語切直，不用，識者恨之。甲寅，仁宣王后張氏昇遐，禮判趙珩又議奏大王大妃服大功，蓋紹述己亥議也。嶺儒都愼徵上疏，又論之，顯廟大悟，將欲釐正，遽爾禮陟。肅宗卽位，克遵先志，乃改正服制，遠竄議禮之臣，諸賢廢錮者咸被擢用。府君初拜兵曹正郎，俄以特旨拜司諫院司諫。時府君久病，入冬轉劇，令子弟筮得《革卦》，彖、象、爻、辭皆誦。

一日聞是因山，嘆曰："新政之初，猥承恩命，不得奔走效力於大事，有臣如汝河不如無也。"令侍者加冠服擧哀。翌日酉時，正席怡然而逝，乃十二月十四日也，享年五十五。遠近聞者皆曰："吾道不幸，斯民無祿。"眉叟許相國以書弔之曰："自悼半生失學，垂死又失師友。此路茫茫，心事益孤。"鏡城儒生洪藎忠等數十人列名致賻。乙卯二月，卜葬于醴泉之西黑松里酉坐卯向之原。

嗚呼痛哉！ 府君孝友之行出於天性。 幼事曾王考，愉色婉容，終日侍坐，應唯必謹。事繼妣尹夫人，曲盡誠敬，不失歡心。伯姊早寡來居，仲姊又來居，府君事兩姊，盡其和樂之道，撫愛甥姪，無異己出。事寡嫂甚謹，財產無分限，若一家焉。每遇家忌，致齊如禮，凡享物，要精潔，不要豐腆。設祭之頃，依《儀禮·饋食禮》，酌定久近。

誨子弟，以忠信爲本，不以詞藻，爲文戒之曰：

門戶衰旺在天， 然不可委於天而不勉在我也。 譬之五穀，地雖膏美，播種不時，蕪穢不鋤，則西成有減裂之患；地雖瘠薄，穮蓘以勤，糞漑以時，則秋來有鋅穫之效。夫祖先積德，膏美之田也，勤學業文，糞漑之道也。人能如是則門戶益昌， 而福祿不可量也。 雖或先世積累不厚，門戶衰替，然有能慨然以積善爲陰功，學問爲工程，冀有以迓續先緖，則天必降福，其興勃然，譬如瘠薄之田，加以糞漑之功也。苟或席先人之業，恃門戶之盛，荒墜學業，自謂無傷則是猶有美田而不耕者也。

又曰："言及帝王則尊而敬之， 言及高曾則愛而敬之，言及有道，則慕而敬之。待宗族以誠心，事從叔如從父，事從兄如同氣。貧窮者，必周恤之，遇災厄者，必拯救之，一門和氣藹然，人不得以間之也。御婢僕以平恕，不加詬罵。"又爲文戒之曰："見士夫家婦女，偶因細事遽發暴怒，將婢僕等不遑加捶，卽令以頭觸柱，或取履打面，夫頭爲百脈之宗，非觸柱之物；面乃神明攸宅，非受履之地。宗脈掀捶，神明汚辱，姑施輕罰，徐致重傷，既不深創，徒增憤毒。凡吾子孫切宜戒之，接引後生，勤於教導。”

時從學者日衆，或質疑義，或問疑禮，證解各當，酬應有據。至於選擧之文，亦加品題，從長誘進。故諸公皆考德問業，奮發激厲，各自成就，文行見稱焉。處鄉黨恭而謹，故舊之喪，不廢弔祭。賓客至，必留與講磨，稱貸以供之。尤惕念貧交，以溫袍輕事相資。

一日，嶺伯、尙牧來訪，嶺伯謂尙牧曰：“吾按道，君又作宰，百源家糶，可蠲免耳。”府君曰：“我在，豈無償糶之日？若欲念窮交，所當先者乃亡友鄭鳳輝也。”尙牧歎曰：“君言及此，可以感動人也。”嶺伯曰：“此所以爲百源也。”平生不治家産，口不言財利，苟有一毫可疑，若將浼焉。家有良産奴婢，興海守權公悅，素不相識，遣吏推刷奴婢。吏聞奴屬入於府君家而來，又不敢質言。奴方負薪而入，府君卽計口出給，權公委書以謝之。

府君聰記絶人。少時偶閱《唐鑑》，旁人欲試之，請誦所閱。府君乃縱橫誦去數十板，不錯一字。權大學士愈謂仲父曰：“吾少從先大夫遊，近世洪正郞楢、李判書玄錫俱以聽明稱。然李比洪特半減，洪比先大夫又特半減耳。

家居十五年，與世相忘，嘆義理之難窮，慮學問之不進。嘗作詩曰：“回首平生事，茫茫墮暫年。《敬箴》晨夜誦，猶冀補前愆。”又寫字有箴，則要端莊以爲學；居室有箴，則驗工夫於晝宵；屋漏有銘，則戒幽獨之易肆，要戰兢而無怍，莫非以敬爲本，而隨處盡道之意也。

少時，於言論是非，擇執不撓，人或以爲有圭角矣，迨其晩年，充養旣深，德性渾厚。矜持者和平，嚴厲者純熟，而威儀容止之間，自有成法而各當。讀書以爲學，因學以明理，而論著講述之際，皆有根據而不差。至於朋友間書尺言語，皆以謙退和順爲本。以爲所論雖有邪正之分，而亦不可恃吾之正，務勝彼之邪，致有至於乖激之境也；所見雖有愚智之敻判，而亦不可信吾之智，務屈彼之愚，終有轉成爭詰之端也。

論出處則勉以擺脫虛名，做得事業，而徒尙偃蹇者不貴也；論學問則諭以本之經義，輔以四書，而註誤句法者不取也。又驗之於身，而嘆其於學問上，全欠著力，旣無分寸及人之事，而於今同歸於坐禪、靜攝之類云也。

嗚呼！惟我府君以超卓之才蓄雄剛之德，魁偉傑卓，而稟天地之間氣，淸明純粹，而蘊金玉之美質。皭然乎，其志行之高潔也！儼然乎，其器度之峻整也！發之爲文章則一字不苟，光明俊偉，而自成一家之則；推之爲氣節，則六年立朝，正直牢確，而不爲時世浮沈。卷而懷之，鳳凰翔于千仞，憂則違之，龍德隱而中正；富貴功名，視之如浮雲，學問思辨，體之於身心。以爲聖人之道在於四書，乃能硏窮訓釋，以發集註之微意；以爲朱子之學在於《節要》，又能詳味旨訣，以求講論之本意。知道之不在高遠，則行務平常，言皆切實；知敬之唯在嚴恪，則終日正冠，謹於容貌。辨陸氏尊性之非眞，正東史記事之不綱。吟詠之間，益致存察之工，箴警之語，皆以交修爲本，旣無一事之非學，亦無一日而不學也。

蓋府君學問本於四書，工夫專於朱書，句法得於集註，而所學之正、踐履之確、識見之高，固皆已有可考而可驗者矣。然府君兢兢自持，孜孜不已，求之於書，而探索義理則猶恐其有未盡；反之於身，而點檢道理則猶恐其有或違。居家之節則孝友平恕，各得其理；持己之道則謙恭儉素，本於天性；言論之間則渾厚和平，有犯不較。至如論田賦，則以爲古今異制，簡密不同，而必尙恤民之政；論關防，則以爲陸、海之備，互相爲用，而尤謹築城之法。

蓋府君所以論學也、論文也、論法制也，無不恢張所見、窮極到底。要使可行而可成，夫豈與世之好苟且之言、務姑息之論者同日道哉？當世仰之如山、斗，士林依以爲師宗，卜其出處，以爲斯世汚隆，而一陽初復，旌招纔降，遽捐館舍，竟不得擧措其所學、展布其所蘊，世道之不幸也。然見聞於家庭，考覽於遺集，則府君於學問工夫，用意勤摯，常懷惟日不足之心矣。往時諸公所撰行狀成於初年，較諸遺集，闕漏頗多，蓋以道村 金公狀草猶有未詳故耳。玆就集中，閱其所論著，以證言行之一二，使後之秉筆者有以知府君體用之學如是云耳。

肅廟己巳，廷臣陳達，贈通政大夫、弘文館副提學、知製敎、兼經筵參贊官·春秋館修撰官。府君前娶長水 黃氏，翼成公 喜之後、吏曹參判孝獻之玄孫、持平紐之孫、郡守德柔之女。後娶聞韶 金氏，鶴峯先生誠一之玄孫、別坐煃之女。生四男四女：男長相文，官英陵參奉；次相民，生員壯元，官翊衛；女長適金命基，都事；次適鄭錫玄，寡；次適權壽元，黃夫人出也。次相勛；次相晉；女適李世瑗，進士，金夫人出也。側室子：相賓，進士；相連。

參奉生四男二女：男大龜；瑞龜，生員後翊衛；命龜；守龜；女適李守謙，今定山縣監；次適金鍾萬，生員。

相勛生二男五女：男益龜，生員；次必龜；女適李世璜，夭；次適李鼎厚；餘幼。相晉生四男：範龜；禹龜，生員；應龜，進士；世龜。

都事生二男四女：男昌鉉；次良鉉；女適柳經河，參奉；次適李仁溥；次適張英杰，夭；次適李齊泰，寡；鄭錫玄繼子達源。

權壽元生二男二女：男悅、次忯，女適李之確、次適李敏培。

李世瑗生三男二女：男允中，夭；次達中，生員；次學中；女適權世長，進士；次適洪濟輔。

相賓生三男三女：男聖龜、履龜、福龜，女權山重、申之福、琴敬翕。相連生四男二女：男順龜、寶龜、得龜、敬龜，女蔡厚徵、金希奎。

大龜以守龜子虎吉爲後，有一女：適金泳河，夭，有一子一女。瑞龜有二女：適鄭宜瑚，寡；次適柳澐。命龜生二男四女：男龍吉，女適金龍釆、次適柳演，餘幼。守龜又有一子，幼。

益龜生三男三女：女適鄭仁模，餘幼。

範龜有三女：禹龜有一子一女；應龜有二女；世龜有

一子，皆幼。

孫大龜謹狀。

碣銘【幷序】

今上初卽位，正邦禮，振廢淹，知木齋洪公坐直道堙替，特旨拜司諫，未赴命而沒。後十六年筵臣白，上贈弘文館副提學，蓋以時之所歸望者，顯其魂也。生窮而死榮，此而謂達天之所賦予耶？士林益悼慕之。

公諱汝河，字應圖，木齋，號也，缶溪洪氏。國朝左參贊、大提學文匡公諱貴達五世孫也。文匡用道德文章光顯，燕山時枉歿。第五子諱彦國，進士，有文行，號訥菴，是爲公高祖。曾祖諱景參，司果；祖諱德祿，司正；考諱鎬，大司諫，用淸直名於世。妣濟州高氏，贈左贊成文烈公敬命之孫，贈參判從厚之女也。

公儒門世德之後，幼而有志行，喜讀書，其自錯有率，疑難經義，出於等輩所不能意者。愚伏鄭先生甚奇之曰："兒必爲大儒。"長益篤學，治六經四書極意，主其心而贊稽千古事，一於道而旁通百家語，以定趨舍，以證得失。性敏悟，一經眼，輒誌于心，無所漏。余少時遇公于漢京，歷擧經書小註，試問公。公應口誦，盡其條乃已又取傳記、諸子，摘句語以問，輒誦其上下五六行，使聽者通其文之首尾。凡十餘問，無所疑礙，雖古之號聰明至今稱者，不能過也。

爲文疾而贍, 一筆千言, 紙不窮不休。然未嘗下意追時好, 故久不第。甲午, 始選進士, 是年登明經第。其明年, 薦入藝文館爲檢閱, 轉待教。每入待經筵, 上所疑問, 筵臣不能對者, 輒去所釋其義以對。或奏事者有飾匿, 輒辨白之, 以此時人疾公甚。

丙申, 遷奉教、兼侍講院說書, 陞典籍, 由監察拜正言。上疏言: "殿下言動多失中, 願上明理居敬, 動靜交修。變化氣質只在此。" 孝廟批納之。然當路者恐公在朝則譎主便私難, 斥補高山察訪, 一年罷。戊戌, 復出爲鏡城判官, 二歲中再出嶺北, 鏡又極北。然公無恨色, 惟所如而盡吾職。鏡府迫近胡, 俗武不事文學。節度使所住營, 供應費衆, 聽博事煩, 爲北州劇。取於民無藝, 而吏多隱沒, 邊民苦之。

公至庸所學爲政, 政寬民和; 度所需爲經入, 尺布不妄賦, 毫毛無所犯, 民賦減三之二, 府無曠事。選邑中子弟可教學者, 置齋而州處之, 講授經史, 躬課以誘進之, 作九箴以勖之。聞邑儒李鵬壽南寇之難, 死王事, 銘其墓以著其義, 以風厲之, 士民大悅服。治城池, 修兵械, 不以邊無警而怠於守禦備。

己亥春, 上下教求言, 公上疏言聖學治道之要, 且曰: "大臣廉於國廩, 取於藩閫。" 疏至, 孝廟薨, 顯廟新卽位, 政院請令改疏辭以聞。宋時烈嘗辭祿謂公言指斥己, 大怒。時輩益疾公, 啓寢改疏之命。會節度使乘民之疾, 用爲好言, 貸與民戶鹽, 已又急徵賈, 欲漁利, 怒典負者。覺其情, 將傳致罪, 公入明之。節度使恚出悖言, 公出城, 求解。或曰:“彼帥通潛商，數犯主守。盜罪不先發，恐陷害公。”公曰:“持伏罪以制人，吾不爲也。”節度使果引他事，誣奏罷之。及歸，所自隨唯數篋書，士民送者擁道涕泣，悲公之去而惠政文敎絶也。於是時，輩心深疾公者幸其隙，轉相解搆奏，配公于黃澗。明年，赦歸故里，築堂居之，名山澤齋，《損》之象“懲忿窒慾”之義也。自是十五年廢不用，然嶺南士皆倚公爲重。

甲寅春，顯廟覺宋時烈誤禮，下二品以上議。諸臣齊言時烈禮是。上怒斥之，不及後命而薨。今上卽位，承先旨，釐擧舊禮，以國論罪時烈及議禮臣，收召坐言禮及忤强黨見擊逐者諸臣。公始拜兵曹正郎，已而特除司諫。時公病濆甚，而山陵近，公泣謂家人曰:“吾廢錮久，上簡拔臣，擢置之言地。阻疾不得趨謝恩命，又不得與於帷扆陪列，臣罪大矣。”至下玄宮日，扶出庭，北向哭良久止，以此疾益篤。十二月十四日卒，距其生庚申四月丁巳，得年五十五。居得行而不少延，中外痛惜之。明年二月丁酉，葬于醴泉 黑松里卯向之原。

公行得之性，學本於經，家庭之內，持撿奉先。凡所承師而致心焉者，皆得禮意，遇人和易，坦懷相待，亦未嘗爲戲言相舞。燕居整冠服，未嘗有惰容，處稠人中，衆或諧笑呶聒，公超然不顧，或聲妓相徵會輒不赴，唯恐漫已。

早以文學行誼有重名，及廢退，幷心力求道。旣洞曉義理大原，日取舊所習典訓及伊、洛之書及歷代史，反復窮研。溫所已知，守所已至者，而益求其所未知未至者，謂:

"晦菴、陶山書吾儒正脈在是，致好之精而熟之竟其生。"

江西之學亂道，陳發其本末不相坐者，辨闢之，業日廣，德日修，充養純固，識致明正。得於己見於外者，洒然無塵俗氣，脩然以古君子自期。教學者，要不襲於當世之操，不驅於險巇之俗，勖帥以實行。不徒以文藝相進，樂與之講索淵微，雖難極終日夜，而無倦色。經、史奧義險句人之不曉爲何語者，聞公之解之，而莫不言下卽解，嶺之士益歸向之。

己亥大喪，宋時烈謂孝廟庶子，體而不正，奏降大王大妃服制爲期。或有駁議輒坐錮，國人莫敢言。後八年，嶺中多士欲上疏論之。或曰："久矣，無及也!"公曰："宗統壞亂，久而後言之，猶可以開後來之惑，何論早晚?"議遂决，請公製疏，旣屬草，見者謂討謫不少宛言，恐禍起。革草疏以進，當路者茀然欲陷敗。多士人蕩恐。公笑曰："無恐！此天下大是非，藉令諸君受枉，其言立於後，何恐爲?"後九年而禮始正，其剛毅自立如此。

公在約能施，聞人窮，亟必贍恤，雖至傾匱不顧也。常曰："理無不該於事，事無不根於理，明理將以致用。"凡王政綱紀，佐世之具、通變之道，無不講畫而宿蓄之，若用，皆有所行之，而卒不能出一二，少助我光明教治。所著有《四書發凡口訣》、《周易口訣》、《儀禮考證》、《彙纂麗史》、《東史提綱》、文集若干卷，統觀之，可以審公之志業。

公再娶，初配長水 黃氏，郡守德柔之女，持平紐之孫；後配聞韶 金氏，別提烇之女，鶴峯先生之玄孫。凡有四男四女：男長相文，參奉；次相民，魁生員主簿；女長適都事金命基；次適鄭錫玄；次適權壽元：黃氏出。男相勛；次相晉；女適生員李世瑗：金氏出。側室男相賓，進士；相連。相文有四男二女：男大龜、瑞龜、命龜、守龜，女適李守謙、金鍾萬。相民無子，子瑞龜。相勛有一男一女，幼。金命基有二男四女：男昌鉉、良鉉，女適參奉柳經河、李仁溥、張英杰、李齊泰。權壽元有二男二女：男悅、忕，女適李之確，餘幼。李世瑗有一男一女，幼。

銘曰：

如其學之博也，其行之卓也，

其文藝之達也，其志守之確也。

本末終始，略該於身，

有方之士，王者之人。

其承顧詢，胡瑣而靡決？

登之偉仕，何事之不徹？

人利忌惡，我與道際。

傀然獨立，統理巨細，

言以類使，士蒙義厲。

殆累十年，逆斥不通，

拂乎其時，曷維其同？

甫受主知，大命俄窮。

生若死若，公不負天。

歿而贈而，其慰來情。

嶠南舊學，誰與繼者？

敬銘之石，維後學之則也。

資憲大夫、前行禮曹判書、兼大提學權愈撰。

近嵒書院常享祝文

金楷

穎悟之資，篤實之學，

修辭立誠，斯文準則。

木齋集

卷十二

附錄

附錄

祭文

門人李東標

年月日，門人眞城 李東標聞先生卒之四十餘日，乃始擧一觴，及靈車未發，慟哭柩前而訣焉。

嗚呼！始東標自十餘歲時，知讀書，聞今之世，有木齋洪先生者。其人學博而德鉅，位卑而望隆。正色立朝，不憚權貴，朝之士大夫莫不竦肩縮頸，畏避而不敢近。以故與世抹摋，不能以其身一日安於朝廷之上，其窮甚矣，而先生不爲變。

東標固已藏之胸中，意其爲人正直剛毅，凜然不可犯也。旣而東標年益進而壯，先生德益進而卲，四方之望，益進而山斗。於是乎有願見之心焉，顧自度愚魯無似，無以自見於門者。

歲己酉，始遇於郡之霽谷里，蓋一見而師事焉。及其接話論承敎誨，諄諄乎若昵朋也。退而東標私喜幸，自語以爲今而後獲遂十年之願也。

先生不以愚魯爲不可教，使得侍左右而加誘掖焉。由是東標亦傾囷倒廩以請教。內而心術隱微之際，外而天地事物之變，近而立身行己之方，遠而至於歷代治亂之故，知無不言。言無不協，融乎其莫違，浩乎其無礙，終日不厭，終夜不寢。其相得之樂、相與之好，不啻魚之川、鳥之雲，而上下四方，不願離也。豈東標之愚有以辱先生之知哉？抑先生之獎進後學，若斯之勤歟？況福泉僑軒，相距又一舍，則庶幾源源昵侍，益聞所不聞，啓發我憤悱，而先生又挈而西矣。然亦何遠之有哉？可朝發而夕至也。

顧東標家禍重仍，零丁漂泊，科擧詞章之業，又從以縶之，其於大人君子之門，蓋未遑也。雖然其所景慕之心，亦何嘗少衰哉？

嗚呼！先生以不世之才，而加之以確實之工；以俊拔之氣，而持之以謙虛之量，礱磨乎事業，而奮發乎文章；淬礪乎志節，而沈浸乎道術，當今之世，一人而已。使先生得大行於世，其功烈豈少哉？

昔者先生未出而處也，人固以公輔期之矣，其位於朝，則百僚已動色矣，旣而不容也，則士林爲之喪氣矣。四方觀其出處，以卜國家之安危者，一十有六年。先生再膺薇垣之命，此誠一陽來復之候，而致澤素志，豈可無展布之望哉？聖上虛席於上，都民加額於下，而先生逝矣。嗚呼！其命耶？天而不欲斯道之昌耶？先生而厭濁世耶？擧觴而哭之，其聲不得不大而悲也。

又

門人金宇泰

維河嶽之毓秀兮，先生稟之以篤生，
質既純粹而可愛兮，宛玉潤而金精。
絶瑕謫而渾樸兮，又能廉而不劌，
大襟量而淵默兮，逴高標之揭揭。
粤自舞象之童年兮，服詩禮於家庭，
聞爲學之大方兮，羌浸灌乎古經。
蔚其文之旁達兮，已乙科之大闡，
歷翰院而諫坡兮，最一時之淸選。
逮通判于北塞兮，礪夫淸白而無隳，
惟時明夷之入腹兮，慨國事之日非。
言遑嫌於出位兮，抗危章於扆宁，
何意龍馭之賓天兮，吾疏忽焉而中阻？
敲撼而挫搱兮，竟斥奔於黃溪，
幸宸鑑之明宥兮，旋賜環而歸棲。
靑山窈窕而在上兮，灣碕紆委而在下，
發孤嘯於俯仰兮，理餘徽而不肯。
舍倚書幌而突兀兮，一室闢而虛明，
繙群編而上下兮，迺能咀華而含英。
幽而鬼神之屈伸兮，明而日月之代謝，
小則昆蟲之喘耎兮，大則天地之變化。
暨人物之一本兮，與王霸之殊塗，
恢游刃於肯綮兮，固已洞照而無餘。

且病夫東史之猥釀兮，刪舊文而修潤，
由是歷代之事蹟兮，如珠聯而繩貫。
伊《庸》、《學》亦有《口義》兮，剖以析之精微，
章句賴以復明兮，見者如客之得歸。
誠大有功于後學兮，猶未敢以是而自足，
約損而涵養吾一兮，齋"尊性"以揭額。
儼上帝之臨女兮，奉我天明而欽欽，
幾年閒居而晦養兮，末乃茂於根深。
磬遐邇而傾慕兮，嵬然山斗之雅望，
蓋誠之不可掩兮，名亦遠聞于紸纊。
聲氣彙以相感兮，筮利見乎大人，
將見敍彝倫於既斁兮，贊新化而彌綸。
顧呻伏於窮廬兮，進路呀以劃絶！
雖旌招之沓至兮，柰精力之疲薾？
嗟大命之斯迫兮，奄醫窮而技殫！
卒以道殉身而歿兮，夫孰不曰時運之所關？
增有邦之殄瘁兮，極斯文之禍罰，
諸賢喪朋而竝嗟兮，多士亡師而交怛。
傷哉，吾道之窮兮！彼蒼者天，孰使之然？
胡付畀才德之既厚兮，不竝假以耄期之大年？
藐我小子無狀兮，夙荷誘掖之諄諄，
至今而後失蓍龜兮，復將稽疑於何地？
瞙誰刮以金篦兮？蹇無掣其鞭繩，
竊庶幾奉餘訓以周旋兮，却恐德不恒而羞承。

痛幽明之殊路兮，莫由接夫謦欬，
儀刑邈以日遠兮，精爽恍其如在。
如在兮不可見，但依舊之林塘，
薦泂酌而酹英靈兮，尚克有以鑑余之衷腸。

又

李在寬

嗚呼哀哉!
花水涵虛，青山揷空，
淑氣中亘，磅礴沖瀜。
扶輿儲毓，孕靈胚精，
乃鍾于人，公稟以生。
神凝秋水，姿擢春蘭，
襟期恢廓，器量弘寬。
溫粹之質，金剛玉潤，
清潔之操，霜寒月印。
家學淵源，粤自文匡，
東洛先生，益闡其光。
公惟胤子，展也燕貽，
無忝厥先，式穀似之。
聰穎英資，拔萃高才，
夙承庭訓，旣栽且培。
慄慄盤水，奉以周旋，

經史子集，縱橫貫穿。
過目成誦，日記萬言，
泓涵演迆，沿流泝源。
性、命本原，理、氣蘊奧，
造化精工，道體高妙，
氣朔盈虛，陰陽消長，
事物源委，鬼神情狀，
天理節文，人事儀則，
章程度數，巨細疏密，
爬羅剔抉，默會心融，
神解絶倫，觸處皆通。
其才益肆，其學益博，
蓄爲文章，汪洋灝噩。
左、馬墻壘，屈、賈藩籬，
追入閫域，横伺竪窺。
周卣殷彝，藻飾雖滅，
古意尙存，皆可寶惜。
正聲大呂，金石相交，
操縵自別，一洗哇咬。
美器誰賞？希音孰和？
世無子雲，知者蓋寡。
發爲事業，史法嚴簡，
東鑑提綱，麗乘彙纂。
年表世家，刪煩就正，

整其條目，挈其綱領。
千秋文的，貫破一箭，
餘事科場，芳名大闡。
翰苑秉筆，薇垣搢笏，
衮鉞兼備，風棱振肅。
瑞看丹鳳，價重黃琮，
危言觸諱，直道難容。
十載遯荒，栗里田園，
念絶軒冕，樂在典墳。
時乘暇日，山水徜徉，
村氓野老，課說農桑。
外慕寧涗？內守益固，
當宁更化，萬物咸覩。
首膺旌招，方佇登庸，
一病斯臻，二豎忝攻。
彩晦奎文，災祟鷄妖，
尋眞蓬島，返馭瓊霄。
人方仰斗，公忽騎箕，
吾道其衰，士林失依。
位不稱德，壽未徵仁，
厥理莫詰，誰極誰因？
殄瘁之悲，云亡之慟，
邦國所同，遠邇所共。
緊公偉器，旣降于天，

若將有爲，實非偶然。
宜大厥施，展盡經綸，
上輔治道，下澤斯民。
在公分內，可期可占，
遭時莫與，反嗇空斂。
莫可推究，命物處分，
於公何憾？益播令聞。
遺篇在世，玉輝珠映，
不滅者名，煥赫彪炳。
英靈在天，想應洋洋，
結爲河嶽，壯固封疆。
或作雷霆，鼓煽轟威，
或作列星，昭倬晶輝。
或躡仙班，驂麟翳凰，
或携絳節，朝我先王。
先正諸獻，共侍香案，
亦爲雨露，蘇枯潤旱。
是公精爽，愈久不昧，
曰我疏慵，弗類憒憒。
先代厚分，于今三世，
蓬痲資益，金蘭託契。
昔歲先人，視篆龍城，
維時大爺，遁跡巖扃。
壤地密邇，命駕頻就，

不肖何幸？陪侍左右。
摳衣座上，獲承光霽，
覿德心醉，觀感交際。
退與吾公，得接淸儀，
傾蓋若舊，莫逆莫違。
同庚同隊，同道同志，
我往公迎，公就我喜。
切偲交警，麗澤相規，
思殫駑力，十駕奚追？
相期膠漆，互磨玉石，
淸濁雖分，氣味自合。
壎篪[73]迭酬，心肝炯照，
誓言永好，交道終保。
一時從遊，其樂無窮，
靑燈東閣，把杯開胸。
白雪南山，對榻論詩，
追惟往事，一夢依俙。
中間濶別，歲且閱卅，
時憑簡札，宛對面目。
頃年道院，同祀賢廟，
秋晩江鄕，景物姸好。
波涵玉鏡，山帶錦繡，

73 篪 : 저본에는 "箎". 의미에 의거 수정함.

滕閣四美，不期而偶。

數宵聯枕，穩敍契闊，

笑語款款，情意洽洽。

始言世誼，契分之厚，

各自承述，幸而無負。

中言少年，會合之樂，

卽此衰暮，舊遊莫續。

終言此別，脈脈中心，

期以後日，更謀合簪。

丁寧惓惓，反復申申，

摻袂分手，黯然傷神。

惆悵而歸，心惄如飢，

見月看雲，悠悠我思。

時序屢徂，星霜再秋，

一造高軒，擬討離愁。

此計未遂，遽報不淑，

病未診視，歿未就哭。

愧負幽明，顏厚忸怩，

公其厭濁，棄世如遺？

暮境倚仗，唯公是賴，

今焉已矣，此痛尤最。

一代峨洋，千古斷徽，

獨留衰朽，踽踽何歸？

失我明師，冥途擿[74]埴，

我昏誰警? 我疑誰質?

斯文何託? 吾黨疇憑?

公私遺慟, 到此倍增。

日月易邁, 再朞已臨,

風煙慘慘, 雲木陰陰。

山哀浦思, 不盡余恫,

緘辭侑觴, 庶鑑我衷。

又

李玄逸

嗚呼痛哉!

惟公之生, 才雋學優,

文章、淸白, 世德作述。

早歲騫騰, 逸駕脩途,

中退而休, 脫畢江湖。

因文契悟, 惟道之求,

有來盍簪, 切磋交修。

晚有論著, 《魯史》舊業,

歎《禮》殽訛, 亦勤梳剔。

偃息婆娑, 歲月于荒,

憂時戀闕, 髮短心長。

74 擿 : 저본에는 "墒". 의미에 의거 수정함.

迨其疾革，屬化之更，
弓旌鼎來，而不拜迎，
追還哀陸，命下哭程。
悠悠遺恨，今古一轍，
公實奚憾？後人之怛。
嗚呼痛哉！
嗟余愚蒙，遐鄉晩出，
夤緣世誼，幸厠賓末。
光齋合席，栗里聯枕，
無疑不析，有得必諗。
盤辭奧旨，密微肯綮，
提耳講畫，如指諸掌。
蕪詞拙篇，澁齒刺目，
掩疵韜瑕，不鄙以斥，
感激傾倒，不憚反覆。
一二未契，後幸有得，
準擬陳列，恭竢椎鑿。
私門禍罰，鴒悲胖戚，
我坐未動，公慰且勖。
悠悠數歲，契闊離索，
有懷不祛，銜梗之劇。
公啓手足，我罹荼毒，
斬焉在疚，竟闕匍匐。
我安獲戾，罹此百憂？

拂志違心，不一其塗。
我抱氷炭，末由披豁，
我憒且悱，無路就質。
聞公之病，違執手訣，
建公之葬，阻攀輀哭。
日往月來，荏苒遷貿，
載念音容，遐哉邈矣！
我懷之悲，曷有窮已？
嗚呼痛哉！
念我先兄，金蘭是託，
我與追攀，上下唯諾。
兄先公逝，公惠其銘，
揚闡幽潛，恩莫與榮。
我思我兄，緊公之憑，
公又棄我，吾將曷從？
俛仰天地，形單影隻。
興言及此，憂來塡臆。
聞公諸孤，外除將訖，
今不往哭，恨靡終極。
鷄綿百里，敬薦微忱，
不昧者存，庶幾顧歆。

又

柳千之

惟靈英姿俊邁，粹質淸介。

風儀灑灑，珪璋令望。

金玉美相，睟盎善養。

家學淵源，缶溪名門。

文匡來孫，早承庭訓。

近思切問，不隕厥聞。

貫穿經史，聰穎無比。

一覽輒記，餘事文章，

演迆汪洋，獨步詞場。

莊、騷、左、馬，曹、劉、屈、賈。

擬將追駕，《提綱》、《彙纂》，

東史刪斷，筆法嚴簡。

靑年釋褐，翰苑秉筆。

薇垣搢笏，危言罄衷，

直道難容，何憾於公？

十載丘園，一味典、墳。

所樂斯存，當宁更化，

旌招首下，二豎柰禍。

天不憖遺，哲人其萎。

吾道之衰，云亡之慟，

士林所共，惟我最痛。

先代厚契，各自承繼，

于今卅歲，相期膠漆，
互磨玉石，心情莫逆。
聞公之亡，繫官南鄉，
哭未初喪，流光倏忽。
墓草再宿，今始匍匐，
幽明慙負，顔厚忸怩。
辭不可究，杯漿盂麪，
物雖不腆，庶歆薄奠。
嗚呼哀哉!

又

門人金健

恭惟先生，挺出嶠南。
落落高標，灑灑淸襟。
韶鳴英澈，玉潤蘭馠。
才合王佐，德尊儒林。
博學深造，遠泝窮探。
道紹墜絶，理賾幽深。
言爲世則，行爲士欽。
餘事文章，萬丈光焰。
大闢關鍵，雄視古今。
抱負旣大，兼濟有志。
播芬蓮桂，蔚望際會。

霄漢聲名，虹煙步武。
銀臺秉筆，榮震賜酒。
柏府戴豸，忠激排奸。
謇謇諤諤，正色朝端。
唐虞盛治，慨然思復。
道之將廢，柰世混濁？
衆草孤芳，正邪難竝。
觸彼心兵，陷此語穽。
泣玦湘潭，佩符關嶺。
髭髮勝昔，可想素養。
縱被放赦，仍就閒屛。
一斥不振，十年林壑。
流行坎止，曾不欣慼。
閉門高臥，洛水之濱。
一室圖書，聊以怡神。
恬靜自厲，修養益專。
提撕後學，扶植斯文。
折衷群哲，緝成新篇。
優哉游哉！樂道安貧。
坐看紛競，兒輩瓦丸。
誰能自裕，處屈而伸？
大手未試，寔切輿嘆。
逮我聖上，新繼离照，
旁求碩德，遠斥憸小。

首下旌招，諫以名官。
都人手額，正士彈冠。
庶幾陶鑄，堯、舜君民。
紫誥纔頒，宿疾旋劇。
醫窮技殫，奄至不淑。
虛負側席，痛徹天闕。
樑摧棟折，大廈誰支?
道喪文墜，後生何依?
彼蒼者天，胡寧忍斯?
篤生衰世，似不偶然。
不憖昭代，莫詰其端。
嗚呼哀哉!
小子魯騃，無所肖似。
粤自羈貫，早蒙提誨。
朽木難雕，縱未承教，
尙賴擊蒙，得免禽獸。
景仰不怠，覿德心醉。
雪庭良宵，杏壇春風，
幾陪杖屨，函丈從容。
邇來數年，世故纏縛，
一違門屛，動經時月。
惟冀神扶，壽享耄期。
庶使昏蒙，永有依歸。
何意一疾，遽爾騎箕?

人皆哭公，我痛則私。

嗚呼哀哉!

易簀之日，出遠未還，

手足未啓，含襚不親。

歸路承訃，載奔載哭，

萬事已矣，寢門寂寞。

謦欬難承，典刑莫接。

雙眼淚枯，一痛腸絶。

嗚呼哀哉!

卽遠之期，只隔一日。

門徒咸集，相向而哭。

冥然漠然，不聞不覩。

江上草堂，絳帳蕭瑟，

山中殯幕，素幔飄拂。

追惟平昔，我心如割。

單杯哭奠，萬古長訣。

不昧者存，庶賜歆格。

又

門人洪道翼

嗚呼痛哉!

先生易簀，奄忽再朞。

謦欬難承，儀容永隔。

哀我孤露，疇所寄依？
涕自無從，言猶嗚咽。
單辭敬告，至情無文。
曰惟先生，天資高邁。
以言節義，昭揭日星，
以言文章，載國簡冊，
敢容贅說，更加揄揚？
顧惟先生，一生謙德。
富貴宦達，避而不居。
道德光輝，晦而不出，
天球不琢，孰知粹溫？
淸水芙蓉，孰知去飾？
不肖無狀，受恩最深。
視我猶兒，我視猶父。
見人未見，聞人未聞。
學雖未能，心悅誠服。
銜哀此日，可無一辭？
嗚呼痛哉！
先生一身，繫關時運。
歷筵要閣，匪先生榮。
退處江湖，匪先生困。
君民堯、舜，至治可回。
祖述陶、匡，斯文有賴。
何時罔極？直道難容。

千里潮州，化洽殊俗。
黃岡兩載，髭髮不衰。
一節險夷，復何欣慼？
嗣王繼聖，寵渥重新。
庶幾彙征，羽儀王國。
何天不憖，遽摧山、樑？
嗚呼痛哉！
積德吾家，至今幾世？
業啓虛白，緖傳寓菴。
東洛克承，與道屈伸。
逮公而大，益闡其光。
倚而爲重，惠及同宗。
今其至斯，萬事已矣。
君子澤斬，禍孼連延。
哭公纔旬，從兄又逝，
門戶之託，更在何人？
嗚呼痛哉！
我負先生，罪重山岳。
平生訓誨，一未服膺。
狼狽迷途，玷辱師席。
迨其疾革，藥未侍嘗。
荒詞敍哀，亦在人後。
追惟疇昔，寧不赧然？
文不盡言，言不盡意。

塡胸至痛，惟此一觴，
不昧者存，庶賜歆格。
嗚呼哀哉！

輓詞

姜柏年

久惜周南滯，纔看冀北空。
催招頒紫誥，速奪柰蒼穹？
爵祿形骸外，文章氣槪中。
千秋嘉樹傳，留得諫臣風。

又

柳世哲

東南間氣孕精英，直道雄文擅大名。
丹穴幾時韜鳳彩？紫泥初下屬离明。
洛中輿望方須范，河外凶音奄哭程。
獨有簡編傳不朽，木齋千古水雲橫。

又

李馥

長白之山根盤幾千里兮，龍拏而虎走，留而爲主屹，翼之爲鶴駕、淸涼。二白之雄奇，遙遙乎東際，韓南控蠻，如星羅若雲逗。

洛水發源下，衆峯交流會派兮，萬折而注海，勢同江、漢之朝宗。中開天嶺七十州，淑氣蜿蟺，扶輿磅礴無時休。

山明水麗甲天下，人傑地靈夷而夏，豈論山西山東？

出將又出相，道德、文章、學行之士，接武傳鉢，前後而相望。沿羅入麗代有人。運啓我朝尤彬彬，磊軒天地。載之乎國乘野史，而照人耳目者，皆可考而詳，竝美中華鄒、魯鄉。

氣化有盛必有衰，邇來五六十年，絶無見而聞而知。此地此時，天生吾子豈無意？蓋將復其剝而泰其否。美材秀豫樟，辣性凜桂薑。於學極其博，上自皇王奧邃姚、姒渾厚，下逮商、周以來歷代損益。旁搜諸子百史，天文、地理、卜筮、兵流，無不透涉貫穿會通。其營絡爲文，逼乎古本之風·雅正脈、典·謨眞格。

參以漢、唐作者遷之雄、固之强，韓如海、柳如川，至于宋、至于明，群家衆體，皆能出入咀嚼。方駕而竝騖，眼目旣大力量深，世推領袖于儒林，長松百尺，挺出蓬蒿間。

肯爲三春桃李顏，釋褐初年補藝苑，聲譽蔚然人期遠，豸冠一整鵷鷺行，口吻排擊含風霜。何傷三黜道已直，雉城千里鸞棲棘？誰知賢路轉崎嶇，一葉飄零風雨秋？

宋宰欲殺海南謫，漢主特原長沙客，寧陵賓天事益非，孤忠痛泣將何歸？心期二泉大夫眞，水丘若將終其身。

自從己亥十六載，杖屨不出林泉外。盎無粟米儲，牀有程、朱書。江湖憂未忘，一疾成膏肓。新王聖明念遺賢，初政起廢恩綸宣。伸於久屈時則可，手額孰不私相賀？王陽目見彈禹冠，永叔非關榮范官。

悲來乎！何遽騎鯨朝未趨？天殺之耶？自死耶？高高處分將如何？屋樑初驚三夜夢，寢門那堪一聲慟？

念我不才，何幸與君聯桂籍！託契自況他山石。君忘无友謂得朋，幾多以能問不能？

世事若亡羊，離合安可常？君爲入宮女，我尋樵山侶。中間荏苒積有年，別多會少長縣縣。

昨者我守湖邑日，遠寄長書兼短律，丁寧滿紙，相思相勉繼相箴，謂言"文章小技愼勿過用心"，藥石之言敢忽諸？佩服時時輒起予。

歸田今已再炎涼，念君一念豈不悠悠長？當今時節，只得杜門讀書，不合爲此喧譁藉人口。

居然玉城好會兩度，烏有追思今日恨何及？兩目涔涔胸悒悒。

小子後生，於何考德問業焉？如瞽失相，莫能持其危而扶其顚。悲來乎！空乏拂亂，動忍增益，而終不降以大任，又從以奪其壽，甚哉，天不可必，而孟子之言欺我！無悲來乎？我之悲不悲君不悲我，自有所不悲之悲，而君不欲聞，我不欲言。吁，其可悲也夫！

已焉哉！君已乘化，吾何哀？已焉哉！思君氣節，不可見，仰看星斗時徘徊。

又

安道徵

粤自愚翁棄多士，吾南正道仍墜地，
鄒、魯遺風久寂寞，縫掖迷方誰爲己？
《詩》、《禮》家庭繼文匡，瑞世鸑鷟鳴朝陽，
暫試天衢步武高，史院蓮燭生輝光。
七諍風彩凜臺閣，一字詩義驚筵席，
聖心虛佇讀書人，時議不惜長沙謫。
唐絅一疏觸時賢，獻可明見人誰先？
蒼梧遽爾哭遺劍，黃澗卽是涪江船。
紛紛聚訟誤國是，宗嫡一統分爲二，
朱、程勘破證明嚴，了翁《尊堯》明大義。
觸境年來與世違，公議飜成媒禍機，
元配之封仲子賵，《左史》、麗書明是非。
憂時雖切聽還邈，靜裏徜徉眞得樂，
實地工程踐履深，芻豢遺經恣咀嚼。
餘事文章騁長衢，周《誥》、殷《盤》祖聖謨，
留心史法鑑自空，《彙纂》、《提綱》追董狐。
湖學儒林有宗匠，閩中生徒識趨向，
漢帝將看虛夜席，揚子方爲人想望。

一疾云胡藥難醫？二豎終能催短期，
考德問業更無人，聖主齎咨行路悲。
斯文已矣欲長夜，仁壽如何天不假？
三逕松竹日就蕪，萬軸牙籤塵滿架。
嗟余生世無可觀，猶幸同時元魯山，
傾蠡測海海益深，瑣見何能窺一斑？
有時偲切攻吾短，兩段分明一刀斷，
唱酬詩非劉季野，請教年慙李周翰。
往事陳迹更難追，悠悠此懷人誰知？
命矣其如不我天？長慟爲世非爲私。

又

全翼耉

慟傷慟傷誰慟傷？木齋之亡吾道亡，
欲向蒼穹攄哀怨，但見九萬空茫茫。
嗚呼！木齋天下士，聰明文藝眞餘事，
見解操戈考亭室，筆法奪胎龍門史。
衆推才氣逈出群，我愛天分剛而溫，
沖襟炯徹玉無瑕，對之每覺惺惰昏。
非無聖主命屯蹇，十年厄窮寧撓悶，
虛抛大木支大廈，空老王臣之謇謇。
功收磨琢玉于成，過者望履皆推誠，
譬彼青天與白日，奴隷亦能知淸明。

固守行藏非係我，要得責成在己者，
一室書史樂其樂，所樂豈樂窮而下。
天享閑中日月多，風清栗里 淵明家，
久矣不夢軒冕榮，捨不得此東岡坡。
否傾初値大來運，离明出震召諫院，
居然未濟失利涉，可無天不憖遺怨？
豈知吾黨籲天欵？剩敎道路賫咨皆，
時乎鬼乎漠難究，不慟斯文誰慟哉？
可也平生心莫逆，一片襟期兩淡若，
淸儀一閉何處尋，白首人間長惻惻。
高名肯與九原冥，哲人雖亡道則亨，
唯有後世子雲知，八秩羅乘明大經。

又

金履基

天地之間碧海東，再生男子姓爲洪。
百年事業羲、軒小，千古文章太史雄。
已向涪州看舍達，能回浙學入昭融。
于嗟！有道竟無命，鴻渥空垂鷄夢中。

又

全五益

南嶺儒園蕪，東韓學海枯。
宮墻誰翦棘？鄒、魯便昏衢。
幸荷人豪挺，多承帝眷紆。
精騰河嶽萃，材降棟樑需。
瑞彩鳴岐鳳，清光貯月壺。
峨冠爰闊步，直轡儘高驅。
大闢文章鍵，深探道義腴。
狂瀾身自障，墜緒力能扶。
六籍梳頭面，百家辨主奴。
寧嫌譏越雪？漸覺變胡蘆。
興學風猷遠，敷文景化殊。
却欣幽有燭，寧歎器無觚？
直道匡時態，高風範士趨。
慨今矇史法，倡古述訏謨。
發墨、公羊室，開扃左、馬郛。
麗、羅編紀傳，《綱目》倣規模。
淹緯千年事，昭蘇萬匠區。
演綸宜掌制，乘運忽諧須。
碧漢津無礙，丹梯步可踰。
三台光欲動，七寶坐奚拘？
諫諍言無隱，朝廷氣欲蘇。
一千運際會，二八還都兪。

奄値雲埋日，還嗟紫亂朱。
孤忠憐貶謫，正議慴姦諛。
俄幸鷄蒙赦，那堪鼠嚇雛？
欒行違致澤，潦止泥曳塗。
巷臥扶皇極，林居倚道樞。
珠璣森武庫，菽粟滿書廚。
咀嚼飢猶樂，研窮志未渝。
許身期稷、契，憂國處江湖。
聖主思非虎，朝臣屛莫狐。
鳴臯聲自聞，夢弼氣相孚。
錫爵紆深眷，招旌騁遠圖。
方期明禮義，佇待鑄唐、虞。
仁覆天何戾？哲委我自吁。
贖身悲莫及，加額望終孤。
已見斯文喪，其誰大寐呼？
總爲關世運，徒切怨洪爐。
小子慙迷道，先生幸砭愚。
搶揄嗟鷽鴳，觀海愧潢汚。
執贄曾期日，擔簦擬就途。
所圖今永失，此志更誰輸？
痛割雖爲衆，盡傷豈若吾？
牖居初闕候，燭執又違隅。
無限公私慟，有如骨肉剞。
緘辭題短幅，揮淚替生芻。

又

門人李東標

先生一擧白雲鄕，海山千里無晶光，
天寒日照雲錦裳，羽旗何處高翱翔？
蓬萊殿裏筆如椽，尙記朝陽鳴彩鳳，
大醉呼來七寶牀，力士扶出天恩重。
天恩如海不可忘，殺身肯避斧與斯？
讒邪吮血舌作刀，太空無語空蒼蒼。
白頭山高一萬丈，南溟水闊昏炎瘴，
歸來閉戶碧溪上，一室圖書樂天放。
邇來一十六年間，世事飜覆太無端，
木齋堂中春睡足，任看兒輩爭瓦丸。
淹中卷裏三千字，龍門筆下今古史，
大闢緇帷勤教育，青衿濟濟如雲委。
三韓千載降聖人，再見陰谷生陽春，
都人加額望陶冶，九重虛席思忠勤。
孰謂儒林相慶日，轉灑千秋志士泣？
天上催還鸞鳳馭，人間謾驚奸諛骨。
先生自是謫仙倫，靈襟炯炯無纖塵，
已向扶桑掛高名，更上青霄爲列辰。
小儒碌碌不足評，幾荷黥刖醫天刑？
竹里淸江百花發，鳳山秋雨一燈明。
不憚徒步侍文席，世故其如若纆縛？
邇來自有無限恨，此心耿耿公應識。

白日晼晚若逝波，嗚呼！吾道堪咨嗟，
中宵不寐獨憯歎，感涕倒盆吾柰何？
已焉哉！
天實爲之吾柰何？

又

權國樞

經史沈潛學業專，克尋遺緖擬丕傳。
名推嶺外文章伯，望屬儒林宿德賢。
諫府新恩隆此日，鑾臺直筆著當年。
託隣幸荷深知義，忍送斯人入九泉？

又

張璶

十年經史坐爐烘，天厄斯人做業隆。
不向明時有展布，空留述作啓群蒙。

又

朴堅

雅望英才冠海東，邦家蓍蔡士林宗。
閑中事業書千卷，世上浮雲祿萬鍾。

踐義行仁身自潤，多聞博識道方通。
斯文大喪今何速？長使吾儕痛不窮。

又

全五福

先生稟得湖山氣磅礴，上應文星合在天東壁。笙簧五典，金玉三墳，聱牙佶倔歸咀嚼，鑊然若蛟龍騰，蔚然若麟鳳躍。際會風雲鵬路長，鼇山 鶴天紆恩光。天垂玉音經席上，吐論正葩聲價傾。鵷行北斗，黃流雨露深，螭陛醉扶，袖裏凝天香。

史局編摩秉直筆，《麟經》鈇鉞反遭時。眼側北嶺，連天道路艱，忠悃慆慆，頭上日悲纆。弓劍萬事，變更何人？大壞天地經，獨噴丹血，直欲回聖聽，糾躔張、璧紛盈庭，邅廻忳悒不得進，濁涇、清渭誰能辨？孤鶴獨宿天霜寒，瑞鳳垂翅雲梯遠。

慷慨剞劂歲已晚，丹霄白日，謾傾葵藿戀。棲遲丘壑樂清貧，洒落襟懷，秋月無纖塵。胡氏拔徒導淵源，董子下帷窺天人。

麗、羅汗青，筆削百千年事，聖賢簡集，闡發吟外之精神，士林喜有依歸地，吾道方看賴不墜。名高日月雲霄縣，望重喬嶽東南峙。

蓂階旭日屬重明，回鸞起鳳林壑生。恩榮丹書，再下五雲殿，聖心如渴。日望公來致太平，痾魔揶揄時，在羸跰裏，圖經品類無功耳。

曉來講堂開素帷，哲人其委邦國瘁。星斗沈輝宇宙冥，慟哭斯文長已矣。方今廊廟孰能濟蒼生？轉看泰階陰霏淸，公時病裏纔聞正議開，應知地下歸報先王靈。小子摳衣二十載，淨几幾多承淸誨？金聲玉色，永閟泉臺，著眼陳迹，只自摧肝腑。

靑山何忍起佳城？皇天照嗟歎兮，行路霑雙纓。

峨金曉發鑾玉鳴，紼謳導翣杠兮，茫茫天地送丹旌。

又

權憕

前稱盧白後東洛，忠孝傳家繼有公。
統接先賢紹緖業，功多後學發昏蒙。
邦人仰待來章吉，多士還嗟大耋凶。
緬昔陪遊叨世誼，可堪回首涕盈瞳？

又

金賓

孤忠曾受聖君知，正色朝中玉立時。
疏出赤心眞剴切，讒成白眼任嶔崎。
聲名萬古江河遠，事業平生簡策遺。
雷雨喚來龍奄逝，士林憔悴涕空垂。

又

全五倫

天開東井耀奎精，孕出三韓蓋世英。
學業文章江海闊，危言直筆日星明。
遜荒時旣遺賢輔，樂道心何慕宦榮？
纔見大來還不壽，如公誰復在朝廷？

玉佩瓊裾大放辭，《陽春》不許俗士知。
北天身遠孤忠炳，南紀名高學世師。
正議纔聞龍御日，恩銜旋下鳳藏時。
斯文已喪嗟何說？更爲邦家却一噫。

又

趙元胤

衆短忠貞賈，人宗廢錮膺。
敢言蘇內翰，先見呂中丞。
聖作恩初渥，樓成帝忽徵。
公私無限痛，題誄涕珠凝。

又

琴聖徽

冥觀今古洞玄機，掃盡人間大小兒。

海內文章推賈、馬，斗南標望若蓍龜。
天心默運亨嘉會，御筆新除諫諍姿。
東壁忽驚奎彩晦，玄亭無路更聞奇。

又

李瑄

不道招賢日，飜成殄瘁悲。
蒼生深缺望，明主失同時。
宇宙高才盡，東南間氣衰。
千秋志士淚，感慨爲公垂。

又

金光源

北闕聖人催特起，南方君子奄長辭。
如何道屈身沈久，却負陰消陽長期?
千古文章餘事業，一時名論許宗師。
儒林實慟空吾國，老淚元非獨爲私。

又

趙稜

雋望淸才冠一時，士林聲價衆爭推。

文章自是君家事，懿行無非世德貽。
揚子方爲人想望，宣公嗟未至京師！
茫茫天道終難詰，私悼公哀涕自垂。

又

沈弘弼

痛矣吾夫子！如何遽至斯？
抗章藏遯日，探學繼開時。
望宿儒林仰，恩深聖主知。
皇天如假壽，糠粃鑄軒羲。

又

權迪

鄒、魯吾南近就燕，公能俶駕騁高衢。
緖論指掌開矇瞽，的見尋頭辨陸朱。
今日朝廷須正士，斯文艱厄失賢儒。
曾聞東史刪釐盡，沒世猶多惠後徒。

又

李英甲

來緣底事去何爲？公去公來我未知。

運千一逢不數月，間五百出尙遲期。
將敎正印傳諸後，莫指文章謂在玆。
前席方虛還奄忽，割腸非但哭吾私。

又

高世章

大家前閥擅儒林，虛白遺風永世欽。
直道已聞無住舊，英華親見木齋今。
心游學海波瀾闊，眼覷天機理窟深。
積善更看餘慶在，諸郎才稟重南金。

翰苑當年眷注隆，江湖晩作獨醒翁。
先生妙契《羲經》業，傳世文章史學功。
問《禮》可能排黨議，坐春猶足啓群蒙。
鶴書纔訪人長逝，重爲蒼生慟不窮。

又

金楷

日先照國又奇男，道學文章冠吾南。
良史才稱韓吏部，危言忠似宋澹菴。
東山久擬蒼生望，司諫還符洛士談。
五十五年被徵卒，行藏略與伯淳參。

著者 **洪汝河**

1620(광해군12)~1674(숙종1). 영남의 유학자로 자는 백원(百源), 호는 목재・산택재(山澤齋), 본관은 부림(缶林)이다. 홍귀달(洪貴達)의 5대손으로, 35세에 대과에 급제하여 검열(檢閱)・봉교(奉教)・장령(掌令)・감찰(監察) 등의 관직을 역임했다. 39세 되던 해에 올린 상소가 송시열(宋時烈)을 비방했다는 모함을 받아 함경도 영변 판관(寧邊判官)으로 좌천되고, 이듬해에 충청도 황간(黃澗)으로 유배되었다. 그 무렵 효종의 죽음으로 해배(解配)된 이후 관직을 버리고 고향 율리로 돌아와 저술과 강학활동에 매진하였다. 저서로는《목재집(木齋集)》12권을 비롯하여《휘찬여사(彙纂麗史)》,《동사제강(東史提綱)》등을 남겼다.

校勘標點

宋熹準

1958년 大邱 達城에서 태어났다. 경북대학교 사학과를 졸업하고 고려대학교 국어국문학과 한문학전공으로 박사학위를 받았다. 계명대학교 한학촌 교수를 역임하였고, 현재 韓國古典飜譯院 圈域別據點研究所 慶北大學校 嶺南文化研究院 責任研究員으로 재직하고 있다. 역서로는《시미헌집》권1~권3,《내봉운부군옥》권11~권20(공역)이 있고, 편저로는《心經註解叢編》10권과《近思錄註解叢編》10권 등이 있으며, 저서로는《조선의 마지막 문장》이 있다.

金崇浩

1969년 大邱의 俗稱 갓바위에서 태어났다. 漢文學專攻으로 博士學位를 받았다. 現在 韓國古典飜譯院 圈域別據點研究所 慶北大學校 嶺南文化研究院 研究員으로 在職하고 있다. 漢文 工夫 모임인 周德會 會員이다. 譯書로《전쟁은 속임수다》,《朱子大全》(共譯),《木齋集3》(共譯),《九思堂集3》(共譯) 等과 編書로《草訣歌·草千字》가 있다.

圈域別據點研究所協同飜譯事業 研究陣

研究責任者　**鄭炳浩**(慶北大學校 漢文學科 教授)
共同研究員　**黃渭周**(慶北大學校 漢文學科 教授)
責任研究員　**宋熹準**
先任研究員　**金英玉**
　　　　　　金崇浩
補助研究員　**李美珍**
諮問　　　　**李甲圭(國學振興院 大邱講院 教授)**
　　　　　　李世東(慶北大學校 中語中文學科 教授)

校勘標點
木齋集

洪汝河 著 | 宋熹準·金崇浩 校點
初版 1刷 發行 2018年 12月 31日
編輯·發行 경북대학교출판부
登錄 1973년 10월 10일 ㉣97호
住所 대구시 북구 대학로 80
電話 053-950-6741~3 | 팩스 053-953-4692 | 이메일 press@knu.ac.kr

값 30,000원
ISBN 978-89-7180-508-4 93810